enVision® Matemáticas

Volumen 2 Temas 8 a 16

Autores

Randall I. Charles
Professor Emeritus
Department of Mathematics
San Jose State University
San Jose, California

Jennifer Bay-Williams
Professor of Mathematics
Education
College of Education and Human
Development
University of Louisville
Louisville, Kentucky

Robert Q. Berry, III
Professor of Mathematics
Education
Department of Curriculum,
Instruction and Special Education
University of Virginia
Charlottesville, Virginia

Janet H. Caldwell
Professor Emerita
Department of Mathematics
Rowan University
Glassboro, New Jersey

Zachary Champagne
Assistant in Research
Florida Center for Research in
Science, Technology, Engineering,
and Mathematics (FCR-STEM)
Jacksonville, Florida

Juanita Copley
Professor Emerita
College of Education
University of Houston
Houston, Texas

Warren Crown
Professor Emeritus of Mathematics
Education
Graduate School of Education
Rutgers University
New Brunswick, New Jersey

Francis (Skip) Fennell
Professor Emeritus of
Education and Graduate and
Professional Studies
McDaniel College
Westminster, Maryland

Karen Karp
Professor of Mathematics
Education School of Education
Johns Hopkins University
Baltimore, Maryland

Stuart J. Murphy
Visual Learning Specialist
Boston, Massachusetts

Jane F. Schielack
Professor Emerita
Department of Mathematics
Texas A&M University
College Station, Texas

Jennifer M. Suh
Associate Professor for
Mathematics Education
George Mason University
Fairfax, Virginia

Jonathan A. Wray
Mathematics Supervisor
Howard County Public Schools
Ellicott City, Maryland

SAVVAS
LEARNING COMPANY

Matemáticos

Roger Howe
Professor of Mathematics
Yale University
New Haven, Connecticut

Gary Lippman
Professor of Mathematics and
Computer Science
California State University, East Bay
Hayward, California

Consultores de ELL

Janice R. Corona
Independent Education Consultant
Dallas, Texas

Jim Cummins
Professor
The University of Toronto
Toronto, Canada

Revisores

Katina Arnold
Teacher
Liberty Public School District
Kansas City, Missouri

Christy Bennett
Elementary Math and Science
Specialist
DeSoto County Schools
Hernando, Mississippi

Shauna Bostick
Elementary Math Specialist
Lee County School District
Tupelo, Mississippi

Samantha Brant
Teacher
Platte County School District
Platte City, Missouri

Jamie Clark
Elementary Math Coach
Allegany County Public Schools
Cumberland, Maryland

Shauna Gardner
Math and Science Instructional Coach
DeSoto County Schools
Hernando, Mississippi

Kathy Graham
Educational Consultant
Twin Falls, Idaho

Andrea Hamilton
K-5 Math Specialist
Lake Forest School District
Felton, Delaware

Susan Hankins
Instructional Coach
Tupelo Public School District
Tupelo, Mississippi

Barb Jamison
Teacher
Excelsior Springs School District
Excelsior Springs, Missouri

Pam Jones
Elementary Math Coach
Lake Region School District
Bridgton, Maine

Sherri Kane
Secondary Mathematics
Curriculum Specialist
Lee's Summit R7 School District
Lee's Summit, Missouri

Jessica Leonard
ESOL Teacher
Volusia County Schools
DeLand, Florida

Jill K. Milton
Elementary Math Coordinator
Norwood Public Schools
Norwood, Massachusetts

Jamie Pickett
Teacher
Platte County School District
Kansas City, Missouri

Mandy Schall
Math Coach
Allegany County Public Schools
Cumberland, Maryland

Marjorie Stevens
Math Consultant
Utica Community Schools
Shelby Township, Michigan

Shyree Stevenson
ELL Teacher
Penns Grove-Carneys Point
Regional School District
Penns Grove, New Jersey

Kayla Stone
Teacher
Excelsior Springs School District
Excelsior Springs, Missouri

Sara Sultan
PD Academic Trainer, Math
Tucson Unified School District
Tucson, Arizona

Angela Waltrup
Elementary Math Content Specialist
Washington County Public Schools
Hagerstown, Maryland

ISBN-13:   978-0-13-496281-8
ISBN-10:   0-13-496281-8

Recursos digitales

¡Usarás estos recursos digitales a lo largo del año escolar!

Visita SavvasRealize.com

Libro del estudiante
Tienes acceso en línea y fuera de línea.

Aprendizaje visual
Interactúa con el aprendizaje visual animado.

Cuaderno de práctica adicional
Tienes acceso en línea y fuera de línea.

Amigo de práctica
Haz prácticas interactivas en línea.

Herramientas matemáticas
Explora las matemáticas con herramientas digitales.

Evaluación
Muestra lo que aprendiste.

Glosario
Lee y escucha en inglés y en español.

SAVVAS realize™ Todo lo que necesitas para las matemáticas a toda hora y en cualquier lugar.

Contenido

Recursos digitales en SavvasRealize.com

Recuerda que tu Libro del estudiante está disponible en SavvasRealize.com.

TEMAS

TEMA 1 en Volumen 1
Multiplicación y división de números enteros

TEMA 2 en Volumen 1
Operaciones de multiplicación: Usar patrones

TEMA 3 en Volumen 1
Usar propiedades: Operaciones de multiplicación con 3, 4, 6, 7, 8

TEMA 4 en Volumen 1
Usar la multiplicación para dividir: Operaciones de división

TEMA 5 en Volumen 1
Multiplicar y dividir con fluidez hasta 100

TEMA 6 en Volumen 1
Relacionar el área con la multiplicación y la suma

TEMA 7 en Volumen 1
Representar e interpretar datos

Propiedades como la propiedad conmutativa te pueden ayudar a sumar y restar.

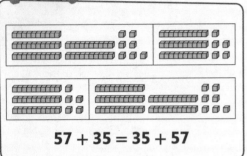

$$57 + 35 = 35 + 57$$

TEMA 8 Usar estrategias y propiedades para sumar y restar

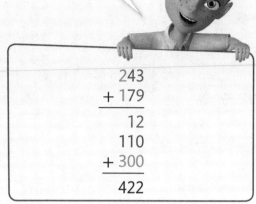

Cuando sumas usando el valor de posición, sumas las centenas, las decenas y las unidades.

$$
\begin{array}{r}
243 \\
+\ 179 \\
\hline
12 \\
110 \\
+\ 300 \\
\hline
422
\end{array}
$$

TEMA 9 Sumar y restar con fluidez hasta 1,000

Puedes usar una recta numérica vacía para representar la multiplicación.

TEMA 10 Multiplicar por múltiplos de 10

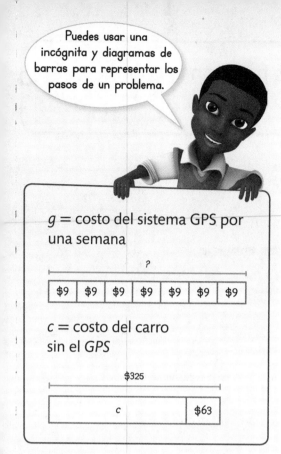

Puedes usar una incógnita y diagramas de barras para representar los pasos de un problema.

g = costo del sistema GPS por una semana

?

| $9 | $9 | $9 | $9 | $9 | $9 | $9 |

c = costo del carro sin el *GPS*

$325

| c | $63 |

TEMA 11 Usar operaciones con números enteros para resolver problemas

11-1   **Resolver problemas verbales de 2 pasos: Suma y resta**. 409

11-2   **Resolver problemas verbales de 2 pasos: Multiplicación y división** 413

11-3   **Resolver problemas verbales de 2 pasos: Todas las operaciones** 417

11-4   **RESOLUCIÓN DE PROBLEMAS Evaluar el razonamiento** 421

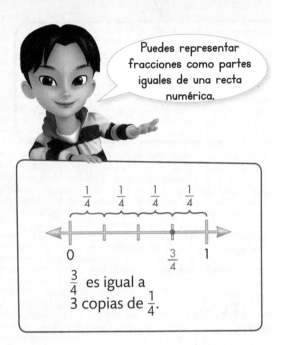

Puedes representar fracciones como partes iguales de una recta numérica.

$\frac{3}{4}$ es igual a 3 copias de $\frac{1}{4}$.

TEMA 12 Las fracciones como números

Puedes usar tiras de fracciones para comparar fracciones

1

| $\frac{1}{8}$ | $\frac{1}{8}$ | $\frac{1}{8}$ | $\frac{1}{8}$ | $\frac{1}{8}$ |

| $\frac{1}{6}$ | $\frac{1}{6}$ | $\frac{1}{6}$ | $\frac{1}{6}$ | $\frac{1}{6}$ |

$$\frac{5}{8} < \frac{5}{6}$$

TEMA 13 Equivalencia y comparación de fracciones

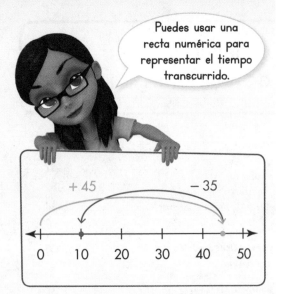

Puedes usar una recta numérica para representar el tiempo transcurrido.

TEMA 14 Resolver problemas sobre la hora, la capacidad y la masa

Un cuadrilátero es un polígono de cuatro lados. Estos son cuadriláteros diferentes.

Trapecio   Cuadrado   Paralelogramo

Rombo   Rectángulo

TEMA 15 Atributos de las figuras bidimensionales

Puedes hallar el perímetro de una figura sumando las longitudes de sus lados.

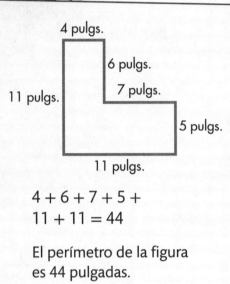

4 pulgs.

6 pulgs.

7 pulgs.

11 pulgs.

5 pulgs.

11 pulgs.

$4 + 6 + 7 + 5 + 11 + 11 = 44$

El perímetro de la figura es 44 pulgadas.

TEMA 16 Resolver problemas sobre el perímetro

Manual de Prácticas matemáticas y resolución de problemas

El **Manual de Prácticas matemáticas y resolución de problemas** está disponible en SavvasRealize.com.

Prácticas matemáticas

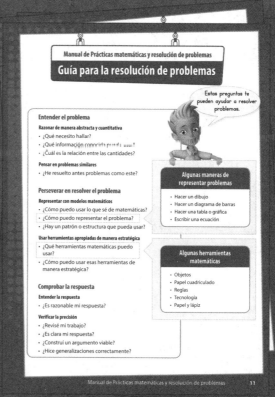

Guía para la resolución de problemas

Resolución de problemas: Hoja de anotaciones

Diagrama de barras

Usar estrategias y propiedades para sumar y restar

Pregunta esencial: ¿Cómo se pueden estimar y hallar mentalmente las sumas y las diferencias?

Proyecto de enVision STEM: Rasgos y el medio ambiente

Investigar Usa la Internet u otras fuentes para averiguar sobre el medio ambiente y cómo puede influir en las plantas o animales. Describe un rasgo de un animal o una planta que pueda cambiar debido al medio ambiente.

Diario: Escribir un informe Incluye lo que averiguaste. En tu informe, también:

- haz una tabla que incluya la planta o animal, el rasgo y los cambios en el medio ambiente. Anota datos relacionados sobre el medio ambiente, como la temperatura o lluvia.

- incluye información sobre la razón por la cual el rasgo es útil.

- escribe y resuelve problemas de suma usando los datos. Usa estimaciones para ver si son razonables.

Nombre _____

⭐Repasa lo que sabes⭐

A-Z Vocabulario

Escoge el mejor término del recuadro.
Escríbelo en el espacio en blanco.

• diferencia	• recta numérica
• ecuación	• suma

1. La cantidad que sobra después de restar es la _____.

2. Una recta que muestra números en orden de izquierda a derecha es una _____ .

3. El total al sumar es la _____ .

4. Los dos lados de una _____ son iguales.

Estrategias de suma y resta

Halla la suma o diferencia. Muestra tu trabajo.

5. 32 + 58

6. 27 + 46

7. 73 − 52

8. 63 + 16

9. 88 − 28

10. 76 − 49

Expresiones numéricas

11. Atif colocó 45 rocas en una caja expositora. Tiene 54 rocas en total. ¿Qué expresión se puede usar para hallar cuántas rocas no están en la caja expositora?

(A) 45 + 54   (B) 45 + 45   (C) 54 − 45   (D) 54 − 54

Contar dinero

12. Tony tiene las monedas que se muestran a la derecha. ¿Tiene suficiente dinero para comprar un carro de juguete que cuesta 86¢? Explícalo.

Nombre _____

PROYECTO 8A

¿Cuánto cítrico se cultiva en la Florida?

Proyecto: Planea un bosque de cítricos

PROYECTO 8B

¿Te gustaría viajar por todo el país?

Proyecto: Crea y representa un *sketch*

¿Cómo puedes sumar y restar números grandes sin usar una calculadora?

Proyecto: Inventa un juego de cálculo mental

¿Cuánta gente vive en tu país?

Proyecto: Diseña un censo de la clase y presenta una prueba de estimación

Nombre _____

Resuélvelo y coméntalo

Olivia acomoda vasos con botones en tres bandejas. Olivia anota la cantidad de botones que hay en cada vaso. ¿Qué bandeja tiene más botones? Usa bloques de valor de posición o dibujos para ayudarte a resolver el problema.

Puedo...
usar el valor de posición y las propiedades para entender la suma.

También puedo buscar patrones para resolver problemas.

¿Calculas de la misma manera más de una vez? ¿Cómo puedes usar la estructura para ayudarte a resolver el problema?

Bandeja A

18 24 22

Bandeja B

18 22 24

Bandeja C

22 18 24

¡Vuelve atrás! Olivia pone todos los botones de la bandeja A en un recipiente. Luego reparte los botones en cantidades iguales en 8 vasos. ¿Cuántos botones hay en cada vaso? Explícalo.

Pregunta esencial

¿Cuáles son algunas propiedades de la suma?

A

Puedes usar propiedades de la suma para juntar grupos.

Los paréntesis indican qué se debe hacer primero.

Propiedad asociativa (o de agrupación) de la suma: Puedes agrupar sumandos de cualquier manera y la suma será la misma.

$(18 + 14)$ $+$ 15 $= 47$

18 $+$ $(14 + 15)$ $= 47$

$$(18 + 14) + 15 = 18 + (14 + 15)$$

B

Propiedad conmutativa (o de orden) de la suma:

Puedes sumar números en cualquier orden y la suma será la misma.

$$57 + 35 = 35 + 57$$

C

Propiedad de identidad (o del cero) de la suma:

La suma de cero y cualquier otro número es ese mismo número.

$$39 + 0 = 39$$

¡Convénceme! **Usar la estructura** Escoge una de las propiedades de arriba. Explica cómo puedes usar una recta numérica para mostrar un ejemplo de esa propiedad.

Nombre _____

☆ Práctica guiada

¿Lo entiendes?

1. Ralph dice que se puede volver a escribir $(4 + 5) + 21$ como $9 + 21$. ¿Estás de acuerdo? ¿Por qué?

2. ¿Qué propiedad se muestra con la siguiente ecuación? ¿Cómo lo sabes?

$$65 + (18 + 38) = (18 + 38) + 65$$

¿Cómo hacerlo?

Para **3** y **4**, identifica las propiedades.

3. $4 + (15 + 26) = (4 + 15) + 26$

4. $17 + 0 = 17$

Para **5** a **7**, escribe los números que faltan.

5. ____ $+ 90 = 90$

6. $42 + 23 = 23 +$ ____

7. $(2 +$ ____ $) + 36 = 2 + (23 + 36)$

☆ Práctica independiente

Para **8** a **11**, identifica las propiedades.

8. $19 + 13 = 13 + 19$

9. $18 + 0 = 18$

10. $16 + (14 + 13) = (16 + 14) + 13$

11. $(39 + 12) + 8 = (12 + 39) + 8$

Para **12** a **19**, escribe los números que faltan.

12. $25 + 62 =$ ____ $+ 25$

13. $(22 + 32) + 25 =$ ____ $+ (22 + 32)$

14. $23 +$ ____ $+ 11 = 23 + 11$

15. $10 + (45 + 13) = ($ ____ $+ 45) + 13$

16. $($ ____ $+ 0) + 14 = 7 + 14$

17. $(12 + 2) + 20 =$ ____ $+ 20$

18. $34 + (2 + 28) = ($ ____ $+ 28) + 34$

19. $(50 + 30) +$ ____ $= 50 + (30 + 20)$

Resolución de problemas

20. Entender y perseverar Gino colocó sus lápices azules y verdes en cajas. Colocó 8 lápices en cada caja. ¿Cuántas cajas usó Gino?

Color	Cantidad de lápices
Rojo	14
Azul	23
Verde	17

DATOS

21. Agrupa los siguientes sumandos de manera diferente para obtener la misma suma. Escribe la nueva ecuación.

$(42 + 14) + 6 = 62$

22. 🔤 **Vocabulario** ¿En qué se parece la propiedad conmutativa de la suma a la propiedad conmutativa de la multiplicación? ¿Cómo calculaste tu respuesta?

23. enVision® STEM Un pez león tiene 13 espinas en la espalda, 2 espinas más cerca del estómago y 3 más cerca de la cola. Usa una propiedad de la suma para escribir dos ecuaciones diferentes para hallar cuántas espinas tiene el pez león. ¿Qué propiedad usaste?

24. Razonamiento de orden superior Barry dice que puede restar números en cualquier orden y la diferencia permanece igual. ¿Tiene razón Barry? Da un ejemplo para apoyar tu respuesta.

☑ Práctica para la evaluación

25. Usa el valor de posición para hallar la suma de $33 + 42 + 17$.

Ⓐ 89

Ⓑ 90

Ⓒ 91

Ⓓ 92

26. Usa las propiedades de las operaciones para hallar la suma de $22 + 30 + 28$.

Ⓐ 80

Ⓑ 70

Ⓒ 60

Ⓓ 50

Nombre _____

Resuélvelo y coméntalo

Sombrea tres sumas que estén juntas en la tabla de sumar. Suma la primera y la tercera suma que sombreaste. Halla un patrón usando ese total y la segunda suma que sombreaste. ¿Cómo se relacionan el número total que obtuviste y la segunda suma que sombreaste? ¿Es verdadero para otros grupos de tres sumas que estén una al lado de la otra?

Puedo...
hallar y explicar patrones de suma.

También puedo buscar patrones para resolver problemas.

+	10	11	12	13	14	15	16	17	18	19
20	30	31	32	33	34	35	36	37	38	39
21	31	32	33	34	35	36	37	38	39	40
22	32	33	34	35	36	37	38	39	40	41
23	33	34	35	36	37	38	39	40	41	42
24	34	35	36	37	38	39	40	41	42	43
25	35	36	37	38	39	40	41	42	43	44
26	36	37	38	39	40	41	42	43	44	45
27	37	38	39	40	41	42	43	44	45	46
28	38	39	40	41	42	43	44	45	46	47
29	39	40	41	42	43	44	45	46	47	48

Estos son sumandos.

Estas son sumas.

Puedes buscar relaciones en la tabla de sumar. Los números de la columna sombreada y de la fila sombreada son sumandos. Los demás números son las sumas.

¡Vuelve atrás! Explica cómo puedes probar que la relación entre las tres sumas que están una al lado de la otra es un patrón.

Pregunta esencial ¿Cómo hallas patrones de suma?

A

Helen halló la suma de los números morados que están en el cuadrado rojo. Luego halló la suma de los números verdes. Las sumas forman un patrón. Halla las sumas y describe el patrón.

+	30	31	32	33	34	35	36	37	38	39
10	40	41	42	43	**44**	45	46	47	48	49
11	41	42	43	44	45	46	47	48	49	50
12	42	43	44	45	46	47	**48**	49	50	51
13	43	44	45	46	47	48	49	50	51	52
14	44	45	46	47	48	49	50	51	52	53
15	45	46	47	48	49	50	51	52	53	54
16	46	47	48	49	50	51	52	53	54	55
17	47	48	49	50	51	52	53	54	55	56
18	48	49	50	51	52	53	54	55	56	57
19	49	50	51	52	53	54	55	56	57	58

¡Puedes usar varias estrategias para hallar las sumas!

B Usa la propiedad asociativa.

$44 + 48 = 44 + (2 + 46)$
$= (44 + 2) + 46$
$= 46 + 46$

$44 + 48 = 46 + 46$

La suma de los números morados es igual a la suma de los números verdes. ¡Eso es un patrón!

C Calcula mentalmente.

$44 + 48 = (44 + 2) + (48 - 2)$
$= 46 + 46$

$44 + 48 = 46 + 46$

D Usa las propiedades conmutativas y asociativas.

$44 + 48 = (10 + 34) + (12 + 36)$
$46 + 46 = (12 + 34) + (10 + 36)$

Usa las propiedades para volver a organizar los sumandos.

$(10 + 34) + (12 + 36) =$
$(10 + 34) + (12 + 36)$

La suma de los números morados es 92.
La suma de los números verdes es 92.

Las sumas son el doble del número que está en en el medio el cuadrado rojo. Ese es otro patrón.

¡Convénceme! **Generalizar** El cuadrado rojo que está arriba tiene 3 cuadrados de alto por 3 cuadrados de ancho. Sebastián dice que hay otros cuadrados de diferentes tamaños en la tabla de suma que tienen patrones. Describe un cuadrado de otro tamaño y sus patrones.

☆ Práctica guiada

¿Lo entiendes?

1. ¿Son siempre iguales las sumas de dos grupos de números que están en las esquinas diagonales de un cuadrado de 3 × 3 en una tabla de sumar convencional? Explícalo.

¿Cómo hacerlo?

2. Mira la tabla de sumar en la sección A de la página anterior. ¿Por qué los números que están abajo a la derecha en diagonal aumentan en 2 unidades? Explícalo.

☆ Práctica independiente

Para **3** y **4**, usa la tabla de la derecha.

3. Mira las sumas que están coloreadas del mismo color. Describe el patrón que muestran estos pares de sumas. Explica por qué este patrón es verdadero.

+	20	21	22	23	24	25	26	27
20	40	41	42	43	44	45	46	47
21	41	42	43	44	45	46	47	48
22	42	43	44	45	46	47	48	49
23	43	44	45	46	47	48	49	50
24	44	45	46	47	48	49	50	51
25	45	46	47	48	49	50	51	52
26	46	47	48	49	50	51	52	53
27	47	48	49	50	51	52	53	54

4. Halla otros pares de sumas con un patrón semejante y coloréalos en la tabla. Explica por qué escogiste esas sumas.

Para **5** y **6**, usa la tabla de la derecha.

5. Colorea la tabla para mostrar un patrón que observes. Describe el patrón.

+	20	21	22	23	24	25	26	27
44	64	65	66	67	68	69	70	71
45	65	66	67	68	69	70	71	72
46	66	67	68	69	70	71	72	73
47	67	68	69	70	71	72	73	74
48	68	69	70	71	72	73	74	75
49	69	70	71	72	73	74	75	76

6. Explica por qué el patrón es verdadero.

Resolución de problemas

7. Buscar relaciones Greg dibujó un rectángulo en la tabla de sumar de la derecha y sombreó las esquinas. Halla la suma de las esquinas verdes y la suma de las esquinas anaranjadas. ¿Qué patrón observas?

+	36	37	38	39	40	41	42
22	58	59	60	61	62	63	64
23	59	60	61	62	63	64	65
24	60	61	62	63	64	65	66
25	61	62	63	64	65	66	67
26	62	63	64	65	66	67	68
27	63	64	65	66	67	68	69
28	64	65	66	67	68	69	70

8. Dibuja otro rectángulo en la tabla de sumar. Comprueba si el patrón de Greg es verdadero para este rectángulo.

9. Explica por qué funciona el patrón de Greg.

10. ¿Qué operación de multiplicación muestra la recta numérica? Escribe una operación de división relacionada.

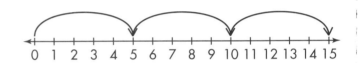

11. Razonamiento de orden superior Pedro hizo una tabla de sumar. Contó de 3 en 3 los sumandos. Halla y describe el patrón en la tabla de Pedro.

+	20	23	26	29	32	35	38
10	30	33	36	39	42	45	48
13	33	36	39	42	45	48	51
16	36	39	42	45	48	51	54
19	39	42	45	48	51	54	57
22	42	45	48	51	54	57	60
25	45	48	51	54	57	60	63
28	48	51	54	57	60	63	66

Práctica para la evaluación

12. Mira las casillas sombreadas en la siguiente tabla de sumar.

+	10	13	16	19	22	25	28
0	10	13	16	19	22	25	28
10	20	23	26	29	32	35	38
20	30	33	36	39	42	45	48
30	40	43	46	49	52	55	58
40	50	53	56	59	62	65	68
50	60	63	66	69	72	75	78
60	70	73	76	79	82	85	88

¿Qué patrón y propiedad de las operaciones se muestran en las casillas sombreadas?

Ⓐ Cada suma anaranjada es igual a cero más el otro sumando; la propiedad de identidad de la suma.

Ⓑ Cada suma verde es 10 mayor que uno de sus sumandos; la propiedad de identidad de la suma.

Ⓒ Cada suma verde es diez mayor que la suma anterior; la propiedad asociativa de la suma.

Ⓓ No hay patrones ni propiedades.

Nombre _____

Resuélvelo y coméntalo

La tienda de una escuela vendió 436 lápices la semana pasada y 7 paquetes con 4 lápices cada uno hoy. Calcula mentalmente para hallar cuántos lápices se vendieron en total. Explica cómo hallaste tu respuesta.

Puedo...
calcular mentalmente para sumar.

También puedo buscar patrones para resolver problemas.

Mira la estructura de las cantidades en el problema.

¡Vuelve atrás! ¿De qué otra manera puedes hallar la suma de 436 lápices más 7 paquetes de 4 lápices cada uno calculando mentalmente?

Pregunta esencial

¿Cómo sumas usando el cálculo mental?

A

La Dra. Gómez anotó cuántas ballenas francas, delfines manchados y focas vio en la costa de la Florida en dos años distintos. ¿Cuántas ballenas vio la Dra. Gómez durante los dos años?

DATOS

Animales marinos vistos		
Animal	**Año 1**	**Año 2**
Ballenas	325	114
Delfines	228	171
Focas	434	212

Puedes usar una recta numérica vacía, estrategias de cálculo mental y propiedades de las operaciones para resolver este problema.

B Una manera

Halla $325 + 114$. Usa la estrategia de sumar por partes.

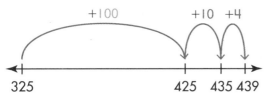

+100   +10   +4

325   425   435   439

Comienza en 325. Descompón 114.

Suma 100 a 325.
Suma 10 a 425.
Suma 4 a 435.

$325 + 114 = 439$

La Dra. Gómez vio 439 ballenas.

C Otra manera

Halla $325 + 114$. Usa la estrategia de formar 10.

Descompón 114.
$114 = 5 + 100 + 9$

Suma 5 a 325 para formar una decena.
$325 + 5 = 330$

Luego suma 100.
$330 + 100 = 430$

Descompón 114 para hallar un número que forma una decena cuando se lo suma a 325.

Finalmente suma 9.
$430 + 9 = 439$

$325 + 114 = 439$

La Dra. Gómez vio 439 ballenas.

¡Convénceme! **Representar con modelos matemáticos** Muestra dos maneras de hallar la cantidad total de delfines que vio la Dra. Gómez.

298   **Tema 8** | Lección 8-3

Práctica guiada

¿Lo entiendes?

1. Compara los ejemplos en "Una manera" y "Otra manera" que aparecen en la página anterior. ¿En qué se parecen? ¿En qué se diferencian?

2. Calcula mentalmente para hallar cuántos animales vio la Dra. Gómez durante el Año 2. Muestra tu trabajo.

¿Cómo hacerlo?

3. Usa la estrategia de formar 10 para sumar $738 + 126$.

$126 = 2 + 24 + 100$

$738 + \underline{\quad} = 740$

$740 + \underline{\quad} = 764$

$764 + \underline{\quad} = 864$

Por tanto, $738 + 126 = \underline{\quad}$.

4. Usa la estrategia de sumar por partes. $325 + 212$.

$212 = 200 + 10 + 2$

$325 + 200 = \underline{\quad}$

$525 + 10 = \underline{\quad}$

$\underline{\quad} + 2 = 537$

Por tanto, $325 + 212 = \underline{\quad}$.

☆ **Práctica independiente** ☆

Para **5** a **12**, usa el cálculo mental o una recta numérica vacía para hallar cada suma.

5. $252 + 44$ **6.** $236 + 243$ **7.** $651 + 150$ **8.** $378 + 542$

9. $473 + 198$ **10.** $319 + 339$ **11.** $208 + 511$ **12.** $523 + 169$

Resolución de problemas

13. Razonamiento de orden superior Maxine trabaja de cajera y gana $8 por hora. Empezó con $233 y hoy trabajó durante 6 horas. ¿Cuánto tiene al final del día? Explica cómo hallaste tu respuesta.

14. Lauren clasificó los 4 sólidos en 2 grupos. Usa términos matemáticos para explicar cómo clasificó los sólidos.

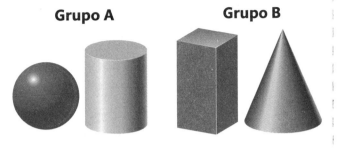

Grupo A   **Grupo B**

---

15. La familia Rodríguez viajó 229 millas el viernes y 172 millas el sábado. Explica cómo puedes usar la estrategia de sumar por partes para hallar la cantidad total de millas que viajó la familia Rodríguez.

16. Evaluar el razonamiento Bill sumó $438 + 107$. Bill anotó su razonamiento abajo. Evalúa el razonamiento de Bill. ¿Hay errores? Si los hubiese, explica esos errores.

Hallo $438 + 107$.
Pienso en 7 como $2 + 5$.
$438 + 2 = 440$
$440 + 7 = 447$
$447 + 100 = 547$
Por tanto, $438 + 107$ es 547.

---

17. Halla $153 + 121$. Descompón 121 usando el valor de posición y luego usa la estrategia de sumar por partes. Selecciona números para completar las ecuaciones.

| 0 | 1 | 2 | 3 | 4 | 5 | 6 | 7 | 8 | 9 |

$153 + \square\square\square = \square\square\square$

$253 + \square\square = 273$

$273 + \square = \square\square\square$

18. Halla $123 + 176$. Descompón 176 usando el valor de posición y luego usa la estrategia de sumar por partes. Selecciona números para completar las ecuaciones.

| 0 | 1 | 2 | 3 | 4 | 5 | 6 | 7 | 8 | 9 |

$123 + \square\square\square = \square\square\square$

$223 + \square\square = 293$

$293 + \square = \square\square\square$

Nombre _____

Resuélvelo y coméntalo

Peyton quiere comprar un objeto que cuesta $425 y otro que cuesta $210. Si obtiene el descuento que se muestra en el siguiente cartel, ¿cuál será el precio rebajado? Explica cómo puedes calcular mentalmente para hallar tu respuesta.

DESCUENTO:
$170 menos
del precio original

Puedo...
calcular mentalmente para restar.

También puedo construir argumentos matemáticos.

Aun cuando calculas mentalmente, ¡puedes seguir mostrando tu trabajo! Puedes construir argumentos usando el cálculo mental.

¡Vuelve atrás! ¿De qué otra manera puedes calcular mentalmente para resolver el problema?

Pregunta esencial

¿Cómo restas usando el cálculo mental?

A

Una tienda vende chaquetas a precios rebajados. Una chaqueta está en oferta por $197 menos que el precio regular. ¿Cuál es el precio rebajado?

$352
¡$197 menos!

Puedes calcular mentalmente y usar la relación entre suma y resta para resolver este problema.

La diferencia es el resultado cuando se restan dos números.

B Una manera

Cuenta hacia atrás en la recta numérica
Halla 352 − 197.

Para restar 197 en una recta numérica vacía, puedes restar 200, y luego sumar 3.

$352 − 200 = 152$
$152 + 3 = 155$

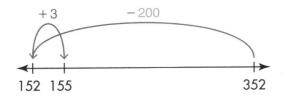

Por tanto, 352 − 197 = 155.
El precio rebajado es $155.

C Otra manera

Cuenta hacia adelante en la recta numérica
Halla 352 − 197.

Para hallar 352 − 197, puedes pensar en la suma:
$197 + ? = 352$

$197 + 3 = 200$
$200 + 100 = 300$
$300 + 52 = 352$

La suma y la resta son operaciones inversas.

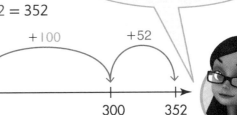

$3 + 100 + 52 = 155$
197 + 155 = 352, por tanto 352 − 197 = 155.
El precio rebajado es $155.

¡Convénceme! Construir argumentos ¿Cuál de las dos maneras de arriba usarías para resolver 762 − 252? Explícalo.

Otro ejemplo

Puedes usar un problema más simple para hallar 352 − 197.

Suma 3 a ambos números.

352 + 3 = 355 y 197 + 3 = 200.

Luego tienes 355 − 200.

Por tanto, 355 − 200 = 155 y 352 − 197 = 155.

Si no puedes seguir adelante usando una estrategia, ¡otra estrategia quizá sea más fácil!

☆ Práctica guiada

¿Lo entiendes?

1. En el ejemplo de "Una manera" de la página anterior, ¿por qué le sumas 3 a 152 en vez de restar 3 de 152?

2. Supón que una computadora cuesta $573. Si la compras hoy, cuesta $498. ¿Cuál es el descuento? Muestra tu trabajo.

¿Cómo hacerlo?

Para **3** a **6**, resuelve calculando mentalmente.

3. 846 − 18
848 − 20 = _____

4. 534 − 99
535 − 100 = _____

5. 873 − 216
877 − 220 = _____

6. 782 − 347
785 − 350 = _____

7. Halla 400 − 138 usando la estrategia de formar decenas.

138 + _____ = 140

140 + _____ = 200

200 + _____ = 400

_____ + _____ + _____ = _____

☆ Práctica independiente

Para **8** a **15**, usa una recta numérica vacía o la estrategia de pensar en la suma para hallar cada diferencia.

8. 128 − 19

9. 887 − 18

10. 339 − 117

11. 468 − 224

12. 784 − 515

13. 354 − 297

14. 853 − 339

15. 638 − 372

Resolución de problemas

16. Sarah tiene $350. ¿Cuánto dinero tendrá después de comprar la computadora al precio rebajado?

17. Representar con modelos matemáticos Jessica tiene una matriz con 9 columnas. Hay 36 fichas en la matriz. ¿Cuántas filas tiene su matriz? Muestra cómo puedes representar el problema y halla la respuesta.

18. De los estudiantes de la escuela de Paul, 270 son niñas y 298 son niños. En la escuela de Alice, hay 354 estudiantes. ¿Cuántos estudiantes más hay en la escuela de Paul que en la escuela de Alice?

19. Razonamiento de orden superior Para restar 357 − 216, Tom sumó 4 a cada número y luego restó. Saúl sumó 3 a cada número y luego restó. ¿Servirán los dos métodos para hallar la respuesta correcta? Explícalo.

☑ Práctica para la evaluación

20. Usa la relación entre suma y resta para hallar 233 − 112. Selecciona números de la caja para completar el trabajo en la recta numérica vacía y en las ecuaciones.

```
0   1   2   3   4   5
```

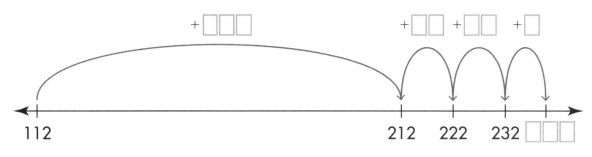

$100 + \square\square + \square\square + \square = \square\square\square$

$233 - 112 = \square\square\square$

Nombre _____

Resuélvelo y coméntalo

Piensa en maneras de hallar números que indiquen *aproximadamente* cuánto o cuántos hay. Derek tiene 277 calcomanías. ¿Qué número puedes usar para describir *aproximadamente* cuántas calcomanías tiene Derek? Explica cómo lo decidiste.

Puedo...
usar el valor de posición y una recta numérica para redondear números.

También puedo hacer mi trabajo con precisión.

Piensa si necesitas hacerlo con precisión.

¡Vuelve atrás! Derek consigue 3 paquetes más de 10 calcomanías. ¿Aproximadamente cuántas calcomanías tiene ahora Derek?

A

¿Aproximadamente cuántas piedras tiene Tito? Redondea 394 a la decena más cercana.

El valor de posición es el valor del lugar que tiene un dígito en un número. Piensa en el valor de posición de los dígitos en 394.

Cuando redondeas a la decena más cercana, hallas el múltiplo más cercano a 10 de un número dado.

Donna 350 piedras

Carl 345 piedras

Tito 394 piedras

B Puedes usar lo que sabes del valor de posición y una recta numérica para redondear a la decena más cercana.

número de la mitad
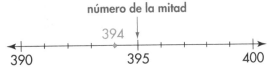
394

390   395   400

394 está más cerca de 390 que de 400; por tanto, 394 se redondea a 390.

Tito tiene aproximadamente 390 piedras.

C ¿Aproximadamente cuántas piedras tiene Donna? Redondea 350 a la centena más cercana.

número de la mitad
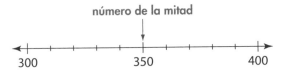
300   350   400

Si un número está en la mitad, redondea al número mayor.

350 está en la mitad de 300 y 400; por tanto, 350 se redondea a 400.

Donna tiene aproximadamente 400 piedras.

¡Convénceme! **Entender y perseverar** Susan dice: "Estoy pensando en un número que tiene un cuatro en el lugar de las centenas y un dos en el lugar de las unidades. Cuando lo redondeas a la centena más cercana, es 500". ¿En qué número podría estar pensando Susan? ¿Qué otros números podrían ser el número de Susan?

Práctica Herramientas Evaluación

Otro ejemplo

¿Aproximadamente cuántas piedras tiene Carl? Redondea 345 a la decena más cercana y a la centena más cercana.

Redondea a la decena más cercana.

345 está en la mitad de 340 y 350, por tanto, 345 se redondea a 350.

Redondea a la centena más cercana.

345 está más cerca de 300 que de 400, por tanto, 345 se redondea a 300.

☆Práctica guiada

¿Lo entiendes?

1. ¿Qué número está en la mitad de 200 y 300?

2. Sheri redondea 678 a 680. ¿A qué lugar redondea?

3. Tito suma una piedra más a su colección en la página anterior. ¿Aproximadamente cuántas piedras tiene ahora, redondeadas a la decena más cercana? ¿A la centena más cercana? Explícalo.

¿Cómo hacerlo?

Para **4** a **6**, redondea a la decena más cercana.

4.
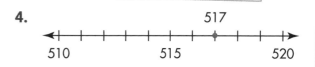

5. 149   6. 732

Para **7** a **9**, redondea a la centena más cercana.

7.
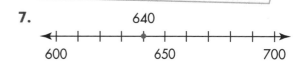

8. 305   9. 166

☆Práctica independiente

Para **10** a **12**, redondea a la decena más cercana.

10. 88   11. 531   12. 855

Para **13** a **15**, redondea a la centena más cercana.

13. 428   14. 699   15. 750

Resolución de problemas

16. Hay 294 escalones en la Torre inclinada de Pisa, en Italia. A la decena más cercana, ¿aproximadamente cuántos escalones hay? A la centena más cercana, ¿aproximadamente cuántos escalones hay?

17. Evaluar el razonamiento Zoraida dice que 247 redondeado a la centena más cercana es 300 porque 247 se redondea a 250 y 250 se redondea a 300. ¿Tiene razón Zoraida? Explícalo.

18. Usa la recta numérica para mostrar un número que, redondeado a la decena más cercana, se redondee a 200.

⟵――――――――――――――――⟶

19. Nombra la menor cantidad de monedas que puedes usar para mostrar $0.47. ¿Cuáles son las monedas?

20. Supón que estás redondeando a la centena más cercana ¿Cuál es el número más grande que se redondea a 600? ¿Cuál es el número más pequeño que se redondea a 600?

21. Razonamiento de orden superior Un número de 3 dígitos tiene los dígitos 2, 5 y 7. A la centena más cercana, se redondea a 800. ¿Cuál es el número? Muestra cómo hallaste la respuesta.

22. Emil dice: "Estoy pensando en un número que es mayor que 142, que a la centena más cercana se redondea a 100 y que tiene un 5 en el lugar de las unidades". ¿Cuál es el número de Emil?

¿Qué más puedes intentar si no puedes seguir adelante?

✓ Práctica para la evaluación

23. Selecciona todos los números que serán iguales a $100 si se los redondea a la centena más cercana.

☐ $10 ☐ $110

☐ $89 ☐ $150

☐ $91

24. Selecciona todos los números que serán iguales a 70 si se los redondea a la decena más cercana.

☐ 62 ☐ 75

☐ 72 ☐ 83

☐ 73

Nombre _____

Resuélvelo y coméntalo

Mira la siguiente tabla. ¿Es la masa de un oso malayo macho y una hembra, juntos, mayor o menor que la masa de un oso negro hembra? Sin hallar la respuesta exacta, explica cómo puedes decidirlo.

Puedo...
usar lo que sé sobre la suma y el valor de posición para estimar sumas.

También puedo hacer mi trabajo con precisión.

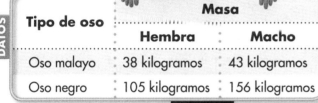
Puedes usar símbolos, números y palabras para ser preciso en tu explicación.

DATOS

Tipo de oso	Masa	
	Hembra	**Macho**
Oso malayo	38 kilogramos	43 kilogramos
Oso negro	105 kilogramos	156 kilogramos

¡Vuelve atrás! ¿Por qué no se necesita una respuesta exacta para resolver el problema?

Pregunta esencial ¿Cómo estimas sumas?

A

¿Pesan más de 500 libras los dos pandas juntos?

Estima 255 + 329.

Puedes hacer una estimación para hallar cuánto pesan aproximadamente los dos pandas.

Panda hembra
255 libras

Panda macho
329 libras

B ## Una manera

Redondea a la centena más cercana.

$$255 \rightarrow 300$$
$$+\ 329 \rightarrow 300$$
$$\overline{ 600}$$

255 + 329 es aproximadamente 600.
600 > 500

Los dos pandas pesan más de 500 libras.

C ## Otra manera

Usa números compatibles.

Los números compatibles son números cercanos a los sumandos, pero son fáciles de sumar mentalmente.

$$255 \rightarrow 250$$
$$+\ 329 \rightarrow 325$$
$$\overline{ 575}$$

255 + 329 es aproximadamente 575, y 575 > 500.
El peso total es más de 500 libras.

¡Convénceme! Hacerlo con precisión Sandy dijo: "Solo mira los números. 200 más 300 es igual a 500. Los pandas pesan más de 500 libras porque un panda pesa 255 libras y el otro pesa 329 libras". ¿Qué crees que quiso decir? Usa números, palabras o símbolos para explicarlo.

Práctica   Herramientas   Evaluación

Otro ejemplo

Supón que un panda comió 166 libras de bambú en una semana, y el otro comió 158 libras. ¿Aproximadamente cuántas libras de bambú comieron los dos pandas?

Puedes estimar 166 + 158 redondeando a la decena más cercana.

$$166 \rightarrow 170$$
$$+\ 158 \rightarrow 160$$
$$330$$

Los pandas comieron aproximadamente 330 libras de bambú en una semana.

☆ Práctica guiada

¿Lo entiendes?

1. Dos sumandos se redondean a números mayores. ¿Es la estimación mayor que o menor que la suma real?

2. Mary y Todd estimaron 143 + 286 y tienen respuestas diferentes. ¿Tienen razón los dos? Explica por qué.

¿Cómo hacerlo?

Redondea a la decena más cercana para hacer la estimación.

3. 218 + 466   _____ + _____ = _____

4. 108 + 223   _____ + _____ = _____

Redondea a la centena más cercana para hacer la estimación.

5. 514 + 258   _____ + _____ = _____

6. 198 + 426   _____ + _____ = _____

☆ Práctica independiente ☆

Para **7** a **10**, redondea a la decena más cercana para hacer la estimación.

7. 138 + 435   **8.** 563 + 289   **9.** 644 + 172   **10.** 376 + 295

Para **11** a **14**, redondea a la centena más cercana para hacer la estimación.

11. 403 + 179   **12.** 462 + 251   **13.** 274 + 443   **14.** 539 + 399

Para **15** a **18**, usa números compatibles para hacer la estimación.

15. 175 + 126   **16.** 167 + 27   **17.** 108 + 379   **18.** 145 + 394

Resolución de problemas

Para **19** y **20**, usa la tabla para responder.

19. La señora Tyler viajó desde Albany hasta Boston y desde Boston hasta Baltimore. A la decena de millas más cercana, ¿aproximadamente cuántas millas recorrió en total?

20. La señora Tyler viajó desde Boston a Nueva York de ida y vuelta. A la centena de millas más cercana, ¿aproximadamente cuántas millas recorrió?

DATOS

Distancias desde Boston, MA	
Ciudad	**Millas de distancia**
Albany, NY	166
Baltimore, MD	407
Filadelfia, PA	313
Nueva York, NY	211
Norfolk, VA	577

21. Razonar Jen tiene $236 y Daniel tiene $289. ¿Tienen Jen y Daniel más de $600 en total? Haz una estimación para resolver el problema y explícalo.

22. Ralph tiene 75¢. ¿Cuánto más dinero necesita para comprar un lápiz que cuesta 90¢? Completa el diagrama.

90¢

75¢	

Dinero que tiene Ralph   Dinero que necesita

23. Razonamiento de orden superior El miércoles por la mañana, Susan viajó 247 millas. Luego, el miércoles por la tarde, viajó 119 millas. El jueves, Susan viajó 326 millas. ¿Aproximadamente cuántas millas viajó Susan en total? Explica el método que usaste para hacer la estimación.

> Recuerda que has aprendido diferentes métodos para hacer una estimación.

✓ Práctica para la evaluación

24. Redondea a la decena más cercana para estimar las sumas.

	Estimación
273 + 616 es aproximadamente	
542 + 338 es aproximadamente	
435 + 441 es aproximadamente	

25. Redondea a la centena más cercana para estimar las sumas.

	Estimación
173 + 139 es aproximadamente	
155 + 177 es aproximadamente	
289 + 18 es aproximadamente	

Lección 8-7
Estimar diferencias

Sara recolectó 220 latas el lunes, 80 latas el martes y 7 cajas con 8 latas cada una el miércoles para reciclar. Pierre recolectó 112 latas. ¿Aproximadamente cuántas latas más recolectó Sara en relación a Pierre?

Puedo...
usar lo que sé sobre la resta y el valor de posición para estimar diferencias.

También puedo entender bien los problemas.

Puedes entender problemas y perseverar. ¿Cuál es una buena estrategia para resolver este problema?

¡Vuelve atrás! ¿Qué estrategia da la estimación más cercana al resultado exacto? ¿Cómo lo decidiste?

Pregunta esencial **¿Cómo estimas diferencias?**

A

Se vendieron todos los boletos para un concierto. Hasta ahora, han llegado 126 personas al concierto. ¿Aproximadamente cuántas personas que tienen boletos no han llegado?
Estima 493 − 126, redondeando.

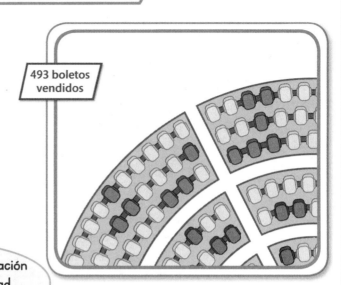

493 boletos vendidos

Puedes hacer una estimación para hallar la cantidad *aproximada* de personas.

B **Una manera**

Redondea cada uno de los números a la centena más cercana y resta.

$$
\begin{array}{r}
493 \rightarrow 500 \\
-\ 126 \rightarrow 100 \\
\hline
400
\end{array}
$$

Aproximadamente 400 personas no han llegado aún.

C **Otra manera**

Redondea cada uno de los números a la decena más cercana y resta.

$$
\begin{array}{r}
493 \rightarrow 490 \\
-\ 126 \rightarrow 130 \\
\hline
360
\end{array}
$$

Aproximadamente 360 personas no han llegado aún.

¡Convénceme! **Representar con modelos matemáticos** Supón que 179 personas llegaron al concierto. Estima cuántas personas no han llegado aún.

Nombre _____

Otro ejemplo

Puedes usar números compatibles para estimar diferencias.

Estima 372 − 149.

$$372 \rightarrow 375$$
$$\underline{- \ 149 \rightarrow 150}$$
$$225$$

375 y 150 son números compatibles con 372 y 149.

☆Práctica guiada

¿Lo entiendes?

1. ¿Qué estimación se acerca más a la respuesta de 295 − 153, redondear a la decena más cercana o la centena más cercana?

2. Un teatro vendió 408 boletos. Han llegado doscientas setenta y tres personas. ¿Aproximadamente cuántas personas más deben llegar? Usa números compatibles y muestra tu trabajo.

¿Cómo hacerlo?

Para **3** a **6**, haz una estimación. Redondea o usa números compatibles. Di cómo hiciste cada estimación.

3. 321 − 182   **4.** 655 − 189

5. 763 − 471   **6.** 816 − 297

☆Práctica independiente

Para **7** a **10**, redondea a la centena más cercana para estimar las diferencias.

7. 286 − 189   **8.** 461 − 216   **9.** 891 − 686   **10.** 724 − 175

Para **11** a **14**, redondea a la decena más cercana para estimar las diferencias.

11. 766 − 492   **12.** 649 − 487   **13.** 241 − 117   **14.** 994 − 679

Para **15** a **18**, usa números compatibles para estimar las diferencias.

15. 760 − 265   **16.** 355 − 177   **17.** 481 − 105   **18.** 794 − 556

Resolución de problemas

19. El domingo la Gran sala de conciertos vendió 100 boletos más que el viernes. ¿En qué día vendió aproximadamente 150 boletos más que los que vendió el domingo?

> Usa estrategias de estimación para ayudarte a hallar las respuestas.

20. Representar con modelos matemáticos Halla la cantidad total de boletos vendidos el jueves y el viernes. Explica qué matemáticas usaste.

Gran sala de conciertos	
Día	Cantidad de boletos vendidos
Miércoles	506
Jueves	323
Viernes	251
Sábado	427
Domingo	?

21. Álgebra Ana y Joe escribieron informes para su clase de Ciencias. El informe de Ana tiene 827 palabras y el de Joe tiene 679 palabras. Redondea el número de páginas de cada informe a la decena más cercana y haz una estimación de aproximadamente cuántas palabras más tiene el informe de Ana. Luego, escribe una ecuación que muestre exactamente cuántas palabras más tiene el informe de Ana.

22. Razonamiento de orden superior Una semana la Sra. Runyan ganó $486 y la semana siguiente ganó $254. Si el objetivo de la Sra. Runyan era ganar $545, ¿aproximadamente por cuánto dinero superó su objetivo? Muestra cómo usaste la estimación para hallar tu respuesta.

23. ¿Aproximadamente cuántas pulgadas más largo que un *tiranosaurio rex* era un *braquiosaurio*?

Tiranosaurio rex
468 pulgadas

Braquiosaurio
972 pulgadas

✓ Práctica para la evaluación

24. Estima 753 − 221 redondeando el número a la decena más cercana.

Ⓐ 540
Ⓑ 530
Ⓒ 520
Ⓓ 510

25. Estima 812 − 369 redondeando el número a la centena más cercana.

Ⓐ 500
Ⓑ 400
Ⓒ 300
Ⓓ 200

Nombre _____

Un estanque contiene 458 pececillos rojos, 212 pececillos blancos y 277 peces dorados. ¿Cuántos pececillos más que peces dorados viven en el estanque?

Puedo...
aplicar lo que sé de matemáticas para resolver problemas.

También puedo resolver problemas de varios pasos.

Hábitos de razonamiento

¡Razona correctamente! Estas preguntas te pueden ayudar.

- ¿Cómo puedo usar lo que sé de matemáticas para resolver este problema?

- ¿Cómo puedo usar dibujos, objetos y ecuaciones para representar el problema?

- ¿Cómo puedo usar números, palabras y símbolos para resolver este problema?

¡Vuelve atrás! **Representar con modelos matemáticos** Explica qué usaste de matemáticas para resolver este problema.

Pregunta esencial

¿Cómo puedes representar con modelos matemáticos?

A

David tiene $583 para gastar en uniformes de fútbol. Compró una camiseta de fútbol y 2 pantalones cortos de fútbol. ¿Cuánto dinero gastó David?

Pantalones cortos $35

Camiseta $109

¿Qué necesito usar de matemáticas para resolver el problema?

Necesito mostrar lo que sé y luego escoger las operaciones que se necesitan.

B

¿Cómo puedo representar con modelos matemáticos?

Puedo

- aplicar lo que sé de matemáticas para resolver el problema.

- usar un diagrama de barras y ecuaciones para representar el problema.

- usar una letra o un símbolo (como un signo de interrogación) para representar el número que intento hallar.

C

Este es mi razonamiento...

Usaré un diagrama de barras y una ecuación.

La pregunta escondida es: ¿Cuánto dinero gastó David en pantalones cortos?

? para los dos pantalones cortos

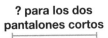

35	35

$35 + $35 = ?
$35 + $35 = $70. Los pantalones cortos costaron $70.

Por tanto, necesito hallar el total que incluye la camiseta.

? gasto total

70	109

$70 + $109 = ?
$70 + $109 = $179. David gastó $179.

¡Convénceme! Representar con modelos matemáticos
¿Cómo te ayuda el diagrama de barras a representar con modelos matemáticos?

Nombre _____

Práctica guiada

Representar con modelos matemáticos

El edificio de oficinas de Harris tiene 126 ventanas. El banco de Morgan tiene 146 ventanas. El banco de Devon tiene 110 ventanas. ¿Cuántas ventanas más tienen los bancos que el edificio de oficinas?

> Una manera en la que puedes representar con modelos matemáticos es usando diagramas de barras para representar cada paso de un problema de dos pasos.

1. ¿Cuál es la pregunta escondida a la que necesitas responder antes de resolver el problema?

2. Resuelve el problema y completa los diagramas de barras. Muestra las ecuaciones que usaste.

? ventanas en los bancos

| _____ | _____ |

bancos | _____ |

oficina | _____ | ? más |

Práctica independiente

Representar con modelos matemáticos

La panadería de Regina hizo 304 pasteles en enero. Su panadería hizo 34 pasteles menos en febrero. ¿Cuántos pasteles hizo su panadería en los dos meses?

3. ¿Cuál es la pregunta escondida a la que necesitas responder antes de resolver el problema?

4. Resuelve el problema y completa los diagramas de barras. Muestra las ecuaciones que usaste.

5. ¿Cómo cambiarían las ecuaciones si la panadería hiciera 34 pasteles más en febrero que en enero?

Resolución de problemas

Alturas de rascacielos

El edificio Empire State en Nueva York tiene 159 metros más de altura que el edificio Republic Plaza en Denver. El edificio John Hancock en Chicago tiene 122 metros más de altura que el edificio Republic Plaza. El edificio Empire State está a 712 millas de distancia del edificio Hancock. El edificio Hancock está a 920 millas de distancia del edificio Republic Plaza. Manuel quiere saber qué altura tiene el edificio Hancock. Responde a las preguntas de los Ejercicios **6** a **9** para resolver el problema.

Edificio Empire State
381 metros

6. **Evaluar el razonamiento** Tom dijo que para resolver el problema, debes sumar 159 a la altura del edificio Empire State. ¿Estás de acuerdo? Explica por qué.

7. **Representar con modelos matemáticos** ¿Cuál es la pregunta escondida a la que necesitas responder en este problema? ¿Cómo puedes representar la pregunta escondida?

8. **Representar con modelos matemáticos** Resuelve el problema y muestra las ecuaciones que usaste.

9. **Usar herramientas apropiadas** ¿Qué herramienta usarías para representar y explicar cómo podrías resolver el problema? ¿Fichas, cubos o bloques de valor de posición? Explícalo.

Representar con modelos matemáticos significa que aplicas las matemáticas que has aprendido para resolver problemas.

Emparéjalo

Trabaja con un compañero. Señala una pista y léela. Mira la tabla de la parte de abajo de la página y busca la pareja de esa pista. Escribe la letra de la pista en la casilla al lado de su pareja. Halla una pareja para cada pista. Una vez que encuentres las parejas, escribe la familia de operaciones para cada una de las operaciones.

Puedo...
multiplicar y dividir hasta 100.

También puedo construir argumentos matemáticos.

Pistas

A El número que falta es 9.

B El número que falta es 10.

C El número que falta es 3.

D El número que falta es 6.

E El número que falta es 7.

F El número que falta es 4.

G El número que falta es 8.

H El número que falta es 5.

□	□	□	□
$42 \div \underline{\quad} = 6$	$24 \div 8 = \underline{\quad}$	$\underline{\quad} \div 5 = 2$	$18 \div 3 = \underline{\quad}$

□	□	□	□
$\underline{\quad}) \overline{30}$ con 6 arriba	$\underline{\quad} \div 2 = 4$	$40 \div \underline{\quad} = 10$	$7) \overline{63}$

TEMA 8 · Repaso del vocabulario

Glosario

Lista de palabras

- calcular mentalmente
- estimación
- números compatibles
- operaciones inversas
- propiedad asociativa de la suma
- propiedad conmutativa de la suma
- propiedad de identidad de la suma
- redondear
- valor de posición

Comprender el vocabulario

Encierra en un círculo la propiedad de la suma que se muestra en los siguientes ejemplos.

1. $17 + 14 = 14 + 17$

propiedad asociativa   propiedad conmutativa
propiedad de identidad

2. $93 + 0 = 93$

propiedad asociativa   propiedad conmutativa
propiedad de identidad

3. $8 + (5 + 9) = (8 + 5) + 9$

propiedad asociativa   propiedad conmutativa
propiedad de identidad

4. $65 + 0 = 0 + 65$

propiedad asociativa   propiedad conmutativa
propiedad de identidad

Escoge el mejor término de la Lista de palabras. Escríbelo en el espacio en blanco.

5. Puedes _____ cuando usas el múltiplo más cercano de diez o cien.

6. La suma y la resta son _____.

7. El/La _____ es el valor dado a la posición de un dígito en un número.

8. Los números que son fáciles de calcular mentalmente son _____.

9. No necesitas lápiz y papel al _____.

Usar el vocabulario al escribir

10. Jim calculó que $123 + 284$ es aproximadamente 400. Explica lo que hizo Jim. Usa por lo menos 3 términos de la Lista de palabras en tu respuesta.

Grupo A | páginas 289 a 292 _____

Puedes usar propiedades de la suma como ayuda para resolver problemas de suma.

La propiedad conmutativa de la suma

$12 + \boxed{} = 15 + 12$

$12 + 15 = 15 + 12$

Puedes ordenar los sumandos de cualquier manera y el resultado de la suma será el mismo.

La propiedad asociativa de la suma

$3 + (7 + 8) = (3 + \boxed{}) + 8$

$3 + (7 + 8) = (3 + 7) + 8$

Puedes agrupar los sumandos de cualquier manera y el resultado de la suma será el mismo.

La propiedad de identidad de la suma

$30 + \boxed{} = 30$

$30 + 0 = 30$

La suma de cualquier número y cero es igual a ese número.

Recuerda que ambos lados del signo igual deben tener el mismo valor.

Para **1** a **6**, escribe los números que faltan.

1. $18 + \underline{} = 18$

2. $14 + (16 + 15) = (\underline{} + 16) + 15$

3. $\underline{} + 13 = 13 + 17$

4. $28 + (\underline{} + 22) = 28 + (22 + 25)$

5. $62 + 21 + 0 = 62 + \underline{}$

6. $\underline{} + (26 + 78) = (31 + 26) + 78$

7. Usa los números 78 y 34 para escribir una ecuación que represente la propiedad conmutativa de la suma.

Grupo B | páginas 293 a 296 _____

Puedes hallar patrones usando una tabla de sumar.

+	4	5	6	7
3	7	8	9	10
4	8	9	10	11
5	9	10	11	12
6	10	11	12	13
7	11	12	13	14
8	12	13	14	15

Las sumas verdes aumentan en 2 hacia abajo en la columna y son números pares.

Las sumas amarillas aumentan en 2 hacia abajo en la columna y son números impares.

¡Usa ejemplos para hacer generalizaciones!

Recuerda que las propiedades pueden ayudarte a entender patrones.

+	0	1	2	3	4	5	6	7
0	0	1	2	3	4	5	6	7
1	1	2	3	4	5	6	7	8
2	2	3	4	5	6	7	8	9
3	3	4	5	6	7	8	9	10
4	4	5	6	7	8	9	10	11
5	5	6	7	8	9	10	11	12

1. Halla las sumas de dobles más 2. ¿Qué patrón observas en las sumas?

2. Explica por qué funciona tu patrón.

Grupo C | páginas 297 a 300

Calcula mentalmente para hallar 374 + 238.

Descompón 238: 200 + 30 + 8.

Suma las centenas, decenas y unidades.
374 + 200 = 574
574 + 30 = 604
604 + 8 = 612

Por tanto, 374 + 238 = 612

Recuerda que puedes descomponer los dos sumandos cuando calculas mentalmente las sumas.

1. 302 + 56   **2.** 463 + 418

3. 222 + 725   **4.** 689 + 115

Grupo D | páginas 301 a 304

Piensa en la suma para hallar 400 − 168.

Cuenta hacia adelante.

168 + 2 = 170
170 + 30 = 200
200 + 200 = 400
2 + 30 + 200 = 232

Por tanto, 400 − 168 = 232.

Recuerda que puedes contar hacia adelante cuando restas mentalmente.

1. 523 − 163   **2.** 847 − 372

3. 768 − 259   **4.** 282 − 125

Grupo E | páginas 305 a 308

Puedes usar una recta numérica para redondear.

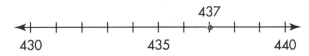

A la decena más cercana: 437 se redondea a 440.

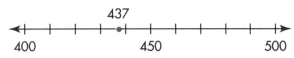

A la centena más cercana: 437 se redondea a 400.

Piensa en el valor de posición cuando redondeas.

Recuerda que si un número está en la mitad, redondea al número mayor.

1. Redondea 374 a la decena más cercana y a la centena más cercana.

2. Redondea 848 a la decena más cercana y a la centena más cercana.

3. La familia de Mark viajó 565 millas. Redondeando a la decena más cercana, ¿aproximadamente cuántas millas viajaron?

4. Sara recolectó 345 conchas marinas. Redondeando a la centena más cercana, ¿aproximadamente cuántas conchas marinas recolectó?

Grupo F páginas 309 a 312 _____

Estima 478 + 112.

Redondea los sumandos a la decena más cercana.

$$
\begin{array}{r}
478 \rightarrow 480 \\
+\,112 \rightarrow 110 \\
\hline
590
\end{array}
$$

Redondea los sumandos a la centena más cercana.

$$
\begin{array}{r}
478 \rightarrow 500 \\
+\,112 \rightarrow 100 \\
\hline
600
\end{array}
$$

Usa números compatibles.

$$
\begin{array}{r}
478 \rightarrow 475 \\
+\,112 \rightarrow 110 \\
\hline
585
\end{array}
$$

Recuerda que los números compatibles son números que están cerca de los números reales y con los que es más fácil sumar mentalmente.

Redondea a la centena más cercana.

1. 367 + 319   **2.** 737 + 127

Redondea a la decena más cercana.

3. 298 + 542   **4.** 459 + 85

Usa números compatibles.

5. 372 + 173   **6.** 208 + 16

7. ¿Puedes obtener una estimación más aproximada de 314 + 247 si redondeas a la decena más cercana o a la centena más cercana? Explica tu respuesta.

Grupo G páginas 313 a 316 _____

Estima 486 − 177.

Redondea los números a la centena más cercana.

$$
\begin{array}{r}
486 \rightarrow 500 \\
-\,177 \rightarrow 200 \\
\hline
300
\end{array}
$$

Redondea los números a la decena más cercana.

$$
\begin{array}{r}
486 \rightarrow 490 \\
-\,177 \rightarrow 180 \\
\hline
310
\end{array}
$$

Usa números compatibles.

$$
\begin{array}{r}
486 \rightarrow 475 \\
-\,177 \rightarrow 175 \\
\hline
300
\end{array}
$$

Recuerda que una estimación está cerca del resultado real.

Redondea a la centena más cercana.

1. 527 − 341   **2.** 872 − 184

Redondea a la decena más cercana.

3. 387 − 298   **4.** 659 − 271

Usa números compatibles.

5. 472 − 228   **6.** 911 − 347

7. ¿Puedes obtener una estimación más aproximada de 848 − 231 si redondeas a la decena más cercana o a la centena más cercana? Explica tu respuesta.

Piensa en estas preguntas, pues te ayudarán a **representar con modelos matemáticos**.

Hábitos de razonamiento

- ¿Cómo puedo usar lo que sé de matemáticas para resolver este problema?

- ¿Cómo puedo usar dibujos, objetos y ecuaciones para representar el problema?

- ¿Cómo puedo usar números, palabras y símbolos para resolver este problema?

Recuerda que puedes aplicar lo que sabes de matemáticas para resolver problemas.

Elena tiene $265. Compra una chaqueta que cuesta $107 y un suéter que cuesta $69. ¿Cuánto dinero le queda a Elena?

1. ¿Cuál es la pregunta escondida a la que necesitas responder antes de resolver el problema?

2. Resuelve el problema. Dibuja diagramas de barras para representar el problema. Muestra las ecuaciones que usaste.

Toni leyó 131 páginas el lunes, 56 páginas el martes y algunas páginas más el miércoles. Leyó 289 páginas en total. ¿Cuántas páginas leyó Toni el miércoles?

1. ¿Cuál es la pregunta escondida a la que necesitas responder antes de resolver el problema?

2. Resuelve el problema. Usa ecuaciones para representar tu trabajo.

Nombre _____

1. ¿Cuál es la suma de 243, 132 y 157?

2. Halla una estimación razonable para la suma de 171 y 69. Selecciona todas las que apliquen.

- ☐ 175 + 70 = 245
- ☐ 100 + 60 = 160
- ☐ 170 + 70 = 240
- ☐ 175 + 75 = 250
- ☐ 130 + 70 = 200

3. Resta mentalmente 382 − 148. ¿Qué deberías hacer primero para hallar la diferencia?

Ⓐ Sumar 2 a 148 y sumar 2 a 382

Ⓑ Sumar 2 a 148 y restar 2 de 382

Ⓒ Restar 8 de 148 y restar 2 de 382

Ⓓ Restar 12 de 382 y sumar 12 a 148

4. Estima la diferencia de 765 y 333. Explica tu estimación.

5. Mira las sumas de la columna coloreada. Mira los sumandos. ¿Qué patrón observas? Explica por qué este patrón siempre es verdadero.

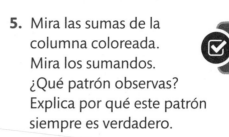

6. Calcula mentalmente para sumar 332 y 154. ¿Cuál de estas opciones muestra cómo descomponer los números en centenas, decenas y unidades?

Ⓐ Se descompone 332 en 320 + 12.
Se descompone 154 en 125 + 29.

Ⓑ Se descompone 332 en 100 + 230 + 2.
Se descompone 154 en 100 + 52 + 2.

Ⓒ Se descompone 332 en 300 + 16 + 16.
Se descompone 154 en 100 + 27 + 27.

Ⓓ Se descompone 332 en 300 + 30 + 2.
Se descompone 154 en 100 + 50 + 4.

7. Calcula mentalmente para hallar $634 - 528$.

8. Selecciona todas las ecuaciones que son verdaderas.

- ☐ $32 + 56 + 10 = 10 + 56 + 32$
- ☐ $(49 + 28) + 5 = 49 + (28 + 5)$
- ☐ $56 + 890 = 890 + 56$
- ☐ $82 + 0 = 82$
- ☐ $45 + 27 = 27 + 35$

9. Mira la tabla.

A	168
B	153
C	161
D	179

Escribe la letra A, B, C y D encima de la recta numérica para mostrar cada número redondeado a la decena más cercana.

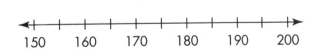

10. Usa el trabajo de resta que se muestra a continuación.

$$\begin{array}{r} 169 \\ - 57 \\ \hline 112 \end{array}$$

¿Qué estrategia muestra una manera de comprobar el trabajo usando operaciones inversas?

Ⓐ Restar 57 de 169

Ⓑ Sumar 57 y 112

Ⓒ Sumar 112 y 169

Ⓓ Sumar 169 y 57

11. Haz una estimación de la suma de 405 y 385 redondeando a la centena más cercana. Explica tu estimación.

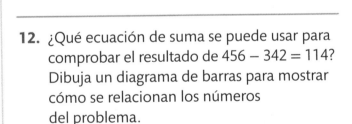

12. ¿Qué ecuación de suma se puede usar para comprobar el resultado de $456 - 342 = 114$? Dibuja un diagrama de barras para mostrar cómo se relacionan los números del problema.

13. Halla la suma de 350, 62 y 199.

A. Dibuja un diagrama de barras que represente el problema.

B. ¿Cuál es el primer paso que necesitas completar para resolver mentalmente este problema?

14. Resta mentalmente 341 – 97. Primero, suma 3 a 97 para obtener 100. ¿Cuál debería ser el próximo paso? ¿Cuál es la diferencia?

Ⓐ Sumar 6 a 341. La diferencia es 247.

Ⓑ Sumar 200 a 100. La diferencia es 100.

Ⓒ Restar 3 de 341. La diferencia es 238.

Ⓓ Sumar 3 a 341. La diferencia es 244.

15. Redondea cada número de la izquierda a la centena más cercana. Selecciona la respuesta apropiada.

	400	500	600	700
668	❑	❑	❑	❑
404	❑	❑	❑	❑
649	❑	❑	❑	❑
489	❑	❑	❑	❑

16. Explica cómo se calcula mentalmente para hallar 620 – 278.

17. ¿Cómo puedes comprobar el resultado de 693 − 231 = 462?

Ⓐ Resto 639 − 300 = 339

Ⓑ Resto 462 − 231 = 231.

Ⓒ Sumo 693 + 231 = 924.

Ⓓ Sumo 462 + 231 = 693.

---

18. Piensa en la suma de 123, 201 y 387.

A. Haz una estimación de la suma redondeando a la decena más cercana. Explica tu estimación.

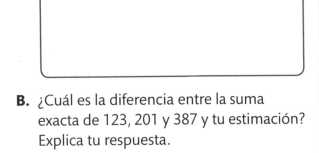

B. ¿Cuál es la diferencia entre la suma exacta de 123, 201 y 387 y tu estimación? Explica tu respuesta.

19. Piensa en la ecuación 360 = _____ + 84.

Usa un diagrama de barras para representar la ecuación. Luego resuelve la ecuación para hallar el valor desconocido.

Nombre _____

Viaje de vacaciones

María está organizando unas vacaciones en Orlando, FL.
La tabla del **Recorrido de María** muestra su recorrido y las millas que viajará.

Usa la tabla del **Recorrido de María** para responder a las preguntas **1** a **3**.

1. Redondea las distancias a la decena más cercana para mostrar aproximadamente cuántas millas viajará María en cada recorrido de su viaje.

   Memphis, TN, a Birmingham, AL:

   [ ]

   Birmingham, AL, a Gainesville, FL:

   [ ]

   Gainesville, FL, a Orlando, FL:

   [ ]

Recorrido de María

Ciudad 1	Ciudad 2	Millas
Memphis, TN	Birmingham, AL	237
Birmingham, AL	Gainesville, FL	422
Gainesville, FL	Orlando, FL	183

2. Calcula mentalmente para hallar el número real de millas que María viajará para llegar a Gainesville. Muestra tu trabajo.

   [ ]

3. María dice: "Birmingham está 185 millas más cerca de Memphis que de Gainesville". Su hermano dice: "No, está 175 millas más cerca". Calcula mentalmente para determinar quién tiene razón. Muestra tu trabajo.

   [ ]

María tiene que reservar una habitación en un hotel y comprar boletos para un parque de diversiones. Las tablas **Precios de hoteles** y **Precios de parques de diversiones** muestran los precios totales para la estancia de María. La tabla **Opciones de María** muestra dos planes que María puede escoger.

4. María tiene $600 para gastar en un hotel y boletos.

Parte A

¿Para qué opción tiene María suficiente dinero? Explica usando la estimación.

Parte B

Haz una opción nueva para María. Completa la tabla con un hotel y un parque de diversiones. Explica por qué María tiene suficiente dinero para este plan.

5. Un parque de diversiones tiene una oferta especial. Por cada boleto que María compra, recibe un boleto gratis. Colorea las casillas en la tabla de la derecha para representar este patrón. Explica por qué este patrón es verdadero.

Precios de hoteles

Hotel	Precio por la estadía de María
Hotel A	$362
Hotel B	$233
Hotel C	$313

Precios de parques de diversiones

Parque de diversiones	Precio del boleto
Parque de diversiones X	$331
Parque de diversiones Y	$275
Parque de diversiones Z	$302

Opciones de María

Opción	Hotel	Parque de diversiones
1	A	Z
2	B	Y
3		

+	0	1	2	3	4	5
0	0	1	2	3	4	5
1	1	2	3	4	5	6
2	2	3	4	5	6	7
3	3	4	5	6	7	8
4	4	5	6	7	8	9
5	5	6	7	8	9	10

Sumar y restar con fluidez hasta 1,000

Pregunta esencial: ¿Cuáles son los procedimientos para sumar y restar números enteros?

Recursos digitales

 Libro del estudiante
 Aprendizaje visual
 Práctica
 Evaluación
Herramientas
 Glosario

Los incendios forestales causan muchos cambios en un medio ambiente.

Un incendio forestal puede ser muy destructivo. Pero también ayuda a que crezca un nuevo bosque.

¡Estoy aprendiendo mucho! Este es un proyecto sobre medios ambientes cambiantes y poblaciones.

Proyecto de enVision STEM: Cambios en el medio ambiente

Investigar Los incendios forestales destruyen, pero también crean espacio para el crecimiento de nuevas plantas. Usa la Internet u otras fuentes para buscar información sobre incendios forestales. Describe las consecuencias de los incendios forestales en el medio ambiente de plantas y animales.

Diario: Escribir un informe Incluye datos sobre las poblaciones que investigaste. En tu informe, también:

- escoge un tipo de animal o planta. Di cómo un cambio en el medio ambiente puede afectar la cantidad de animales o plantas.

- escribe y resuelve una suma y una resta usando tus datos.

⭐Repasa lo que sabes⭐

A-Z Vocabulario

Escoge el mejor término del recuadro y escríbelo en el espacio en blanco.

- números compatibles
- operaciones inversas
- propiedad asociativa de la suma
- propiedad conmutativa de la suma

1. Los/Las _____ son fáciles de sumar o de restar mentalmente.

2. Según la _____ se puede cambiar la agrupación de los sumandos y el total sigue siendo el mismo.

3. La suma y la resta son _____.

Redondear

Redondea cada número a la decena más cercana.

4. 57   **5.** 241   **6.** 495

Redondea cada número a la centena más cercana.

7. 732   **8.** 81   **9.** 553

Estimar sumas

Usa números compatibles para estimar las sumas.

10. $27 + 12$ **11.** $133 + 102$

12. $504 + 345$ **13.** $52 + 870$

14. $293 + 278$ **15.** $119 + 426$

Estimar diferencias

16. Tony y Kim juegan a un videojuego. Tony obtiene 512 puntos. Kim obtiene 768 puntos. ¿Aproximadamente cuántos puntos más que Tony obtiene Kim? ¿Qué método usaste para hacer la estimación?

17. ¿Qué oración numérica muestra la estimación más razonable para $467 - 231$?

Ⓐ $425 - 250 = 175$ Ⓒ $400 - 300 = 100$

Ⓑ $500 - 200 = 300$ Ⓓ $470 - 230 = 240$

Nombre _____

Proyecto 9A

¿Cómo sabes cuál es el edificio más alto?

Proyecto: Haz una investigación sobre las alturas de edificios altos

PROYECTO 9B

¿Cómo puedes anotar lo que compraste a lo largo del tiempo?

Proyecto: Crea una escena sobre sumas

Proyecto 9C

¿Cuánto falta para que despegue la nave?

Proyecto: Escribe un informe sobre tus vacaciones

Representación matemática

Recaudar y divertirse

Video

Antes de ver el video, piensa:

Cuando una escuela necesita dinero extra para una excursión o un club de estudiantes, podría llevar a cabo un evento para recaudar fondos y reunir el dinero.

¡Este cheque es TAN GRANDE que seguramente hemos recaudado una tonelada de dinero!

Juan Pérez $ 1,000,000

un millón de dólares

DÓLARES

Puedo...

representar con modelos matemáticos para resolver un problema relacionado con sumar y restar.

Nombre _____

Resuélvelo y **coméntalo**

Hay 2 cajones con naranjas. En uno, hay 378 naranjas. En el otro, hay 243 naranjas. Halla la suma de 378 + 243. Piensa en el valor de posición.

Puedo...
usar el valor de posición para descomponer y sumar números.

También puedo buscar patrones para resolver problemas.

Puedes usar la estructura. Puedes descomponer el problema para mostrar cada sumando en forma desarrollada.

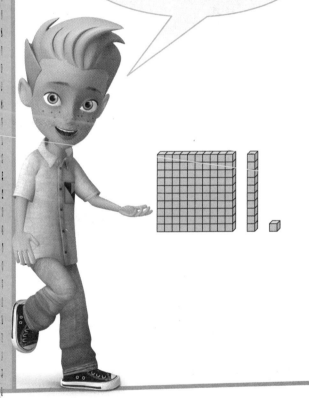

¡Vuelve atrás! Adam tiene 9 bolsas de naranjas con 8 naranjas en cada bolsa. También tiene un cajón con 325 naranjas. ¿Cuántas naranjas tiene Adam en total? Piensa en cómo puedes usar el valor de posición u otras herramientas como ayuda para resolver el problema. Explica tu solución, qué herramienta usaste y por qué.

Pregunta esencial

¿Cómo puedes descomponer problemas de suma para resolver?

A

Margot contó 243 manatíes un año y 179 manatíes el año siguiente. ¿Cuántos manatíes contó Margot en total?

Centenas	Decenas	Unidades

B

 Puedes hacer una estimación y luego usar el valor de posición para sumar los números.

243 es aproximadamente 200.
179 es aproximadamente 200.

$$\begin{array}{r} 200 \\ + 200 \\ \hline 400 \end{array}$$

La suma es aproximadamente 400 manatíes.

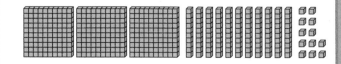

C **Una manera**

Suma cada valor de posición. Comienza con las centenas.

$$\begin{array}{r} 243 \\ + 179 \\ \hline 300 \\ 110 \\ + 12 \\ \hline 422 \end{array}$$

2 centenas + 1 centena
4 decenas + 7 decenas
3 unidades + 9 unidades

300, 110 y 12 son sumas parciales.

243 + 179 = 422 manatíes

D **Otra manera**

Suma cada valor de posición. Comienza con las unidades.

$$\begin{array}{r} 243 \\ + 179 \\ \hline 12 \\ 110 \\ + 300 \\ \hline 422 \end{array}$$

 Cuando sumas según el valor de posición, sumas las centenas, las decenas y las unidades.

243 + 179 = 422 manatíes

422 está cerca de la estimación del 400. Por tanto, 422 es una suma razonable.

¡Convénceme! **Evaluar el razonamiento** Lexi usó sumas parciales para completar el problema. Evalúa el razonamiento de Lexi. ¿Es correcto su trabajo? Explícalo.

$$\begin{array}{r} 249 \\ + 359 \\ \hline 500 \\ 90 \\ + 18 \\ \hline 500 \\ 100 \\ + 8 \\ \hline 608 \end{array}$$

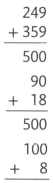

Práctica Herramientas Evaluación

¿Lo entiendes?

1. Supón que sumas 527 + 405. ¿Qué números puedes combinar al sumar las decenas? ¿Por qué?

2. Busca el error. Muestra cómo hallar la respuesta correcta.

$$
\begin{array}{r}
237 \\
+ 285 \\
\hline
12 \\
11 \\
+ 400 \\
\hline
423
\end{array}
$$

¿Cómo hacerlo?

Para **3**, estima la suma. Usa bloques de valor de posición o dibujos y sumas parciales para sumar.

3.
$$
\begin{array}{r}
365 \\
+ 422 \\
\hline

\end{array}
$$

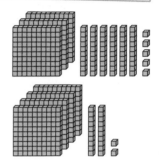

⭐ Práctica independiente ⭐

Práctica al nivel Para **4** a **11**, estima las sumas. Usa bloques de valor de posición o dibujos y sumas parciales para sumar.

4.
$$
\begin{array}{r}
356 \\
+ 123 \\
\hline

\end{array}
$$

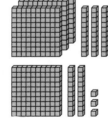

5.
$$
\begin{array}{r}
550 \\
+ 423 \\
\hline

\end{array}
$$

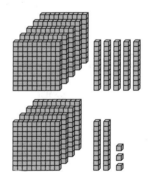

6. 185 + 613

7. 730 + 168

8. 546 + 143

9. 362 + 524

10. 644 + 101

11. 463 + 315

Resolución de problemas

12. Representar con modelos matemáticos
John leyó un libro de 377 páginas. José leyó un libro de 210 páginas. ¿Cuántas páginas leyeron John y José? Usa bloques de valor de posición y sumas parciales para resolver el problema. Dibuja un modelo para representarlo.

13. Explica cómo se pudieron haber agrupado los sólidos que se muestran en el Grupo A y en el Grupo B.

Grupo A   **Grupo B**

14. Henry cree que el resultado de la suma de 275 + 313 es 598. ¿Tiene razón Henry? Usa bloques de valor de posición o dibujos y sumas parciales en tu explicación.

?	
275	313

15. Razonamiento de orden superior
La cafetería de una escuela vendió 255 almuerzos el lunes, 140 almuerzos el martes y 226 almuerzos el miércoles. ¿Vendió la cafetería más almuerzos los días lunes y martes o los días martes y miércoles? Usa bloques de valor de posición o dibujos para resolver el problema.

☑ Práctica para la evaluación

16. ¿Cuál de las siguientes opciones muestra la manera de descomponer 622 + 247 usando el valor de posición para hallar la suma?

Ⓐ 600 + 200; 22 + 40; 2 + 7

Ⓑ 600 + 300; 20 + 40; 2 + 7

Ⓒ 600 + 200; 20 + 40; 2 + 7

Ⓓ 600 + 200; 20 + 47; 2 + 7

17. Descompón 331 + 516 usando el valor de posición. Halla la suma.

Ⓐ 848

Ⓑ 847

Ⓒ 748

Ⓓ 488

Resuélvelo y coméntalo

Supón que un autobús recorre 276 millas el lunes y 248 millas el martes. ¿Cuántas millas recorre el autobús?

Puedo...
usar diferentes estrategias para reagrupar al sumar números de 3 dígitos.

También puedo escoger y usar una herramienta matemática para ayudarme a resolver problemas.

Puedes usar herramientas apropiadas tales como bloques de valor de posición, para sumar números más grandes. ¿Qué otras estrategias puedes usar para resolver este problema?

¡Vuelve atrás! El miércoles el autobús queda atascado en el tránsito. Recorre 8 millas por hora durante 8 horas. El autobús debe recorrer 600 millas en total del lunes al miércoles para llegar a su destino. ¿Llega el autobús a su destino? ¿Por qué es una buena idea estimar antes de resolver este problema?

Pregunta esencial ¿Cómo usas la reagrupación para resolver problemas de suma?

A

La familia de Jason viajó en carro desde Ocala hasta Miami. Recorrieron 139 millas por la mañana y 187 millas por la tarde. ¿Qué distancia recorrió la familia de Jason? Halla 139 + 187.

? millas

139	187

↑ 139 millas recorridas ↑ 187 millas recorridas

Estimación: 139 + 187 es aproximadamente 100 + 200, o 300 millas.

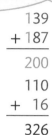 Conoces una manera de anotar sumas parciales.

```
   139
 + 187
─────
   200
   110
 +  16
─────
   326
```

La familia de Jason recorrió 326 millas.

300 está cerca de 326; por tanto, el resultado es razonable.

B

Esta es otra manera. Escribe las sumas parciales.

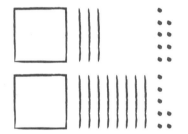

Centenas	Decenas	Unidades
1	3	9
+ 1	8	7
2	11	16

Reagrupa las unidades.
16 unidades = 1 decena + 6 unidades

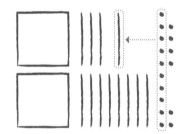

Centenas	Decenas	Unidades
1	3	9
+ 1	8	7
2	11	~~16~~
2	12	6

Reagrupa las decenas.
12 unidades = 1 centena + 2 decenas

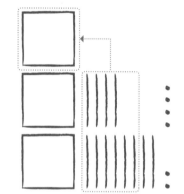

Centenas	Decenas	Unidades
1	3	9
+ 1	8	7
2	11	~~16~~
2	~~12~~	6
3	2	6

139 + 187 = 326
La familia de Jason recorrió 326 millas.

 Cuando reagrupas, le das otro nombre a un número entero.

¡Convénceme! **Representar con modelos matemáticos** Muestra cómo usar bloques de valor de posición para hallar 128 + 235 usando la reagrupación.

Otro ejemplo

Halla 154 + 163.

Centenas	Decenas	Unidades
1	5	4
+ 1	6	3
2	++	7
3	1	7

Puedes hallar sumas parciales. Luego puedes reagrupar los valores de posición para hallar el resultado final.

Reagrupa las decenas.
1 centena + 1 decena = 11 decenas

154 + 163 = 317

Práctica guiada

¿Lo entiendes?

1. Cuando sumas números de 3 dígitos, ¿cómo sabes si tienes que reagrupar?

2. ¿Debes reagrupar para sumar 546 + 327? Explícalo.

¿Cómo hacerlo?

Para **3** y **4**, haz una estimación redondeando. Luego, halla las sumas. Usa bloques de valor de posición o dibujos como ayuda.

3. 538
   + 429

4. 415
   + 198

Práctica independiente

Para **5** a **12**, haz una estimación y luego halla las sumas.

5. 136
   + 252

6. 678
   + 129

7. 564
   + 283

8. 118
   + 335

9. 172 + 534

10. 324 + 508

11. 582 + 230

12. 207 + 238

Resolución de problemas

Para **13** y **14**, usa la tabla de la derecha.

13. ¿Cuántas etiquetas de latas de sopa recogieron los Grados 1 y 2? Primero, haz una estimación redondeando a la centena más cercana. Luego, resuelve el problema. Escribe una ecuación que represente el problema.

14. Entender y perseverar ¿Es razonable tu respuesta en el Ejercicio 13? Explícalo.

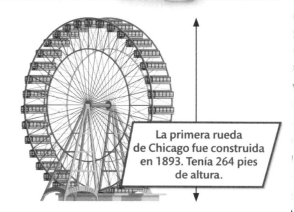

Etiquetas de latas de sopa	
Grados	**Cantidad**
Grado 1	385
Grado 2	294
Grado 3	479
Grado 4	564

15. Sentido numérico La montaña rusa más alta del mundo se llama Kingda Ka y tiene 192 pies más de altura que la primera rueda de Chicago. Usa los símbolos < y > para comparar de dos maneras las alturas de los dos juegos mecánicos.

La primera rueda de Chicago fue construida en 1893. Tenía 264 pies de altura.

16. Razonamiento de orden superior Pedro puede correr 178 yardas en un minuto. Sharon puede correr 119 yardas más que Pedro en un minuto. ¿Cuántas yardas pueden correr los dos en un minuto?

17. Abi practicó flauta 215 minutos la semana pasada y 178 minutos esta semana. ¿Cuántos minutos practicó Abi?

✅ Práctica para la evaluación

18. ¿Cuánto es $126 + 229$?

    Ⓐ   355

    Ⓑ   345

    ©   255

    Ⓓ   245

19. ¿Cuál es el valor de la incógnita en $248 + \boxed{} = 521$?

    Ⓐ   248

    Ⓑ   263

    ©   273

    Ⓓ   283

Resuélvelo y coméntalo

Una tienda de mascotas tiene 162 peces dorados, 124 peces ángel y 6 recipientes con 9 peces globo en cada uno. ¿Cuántos peces tiene la tienda en total?

Lección 9-3
Sumar 3 números o más

Puedo...
sumar 3 números o más usando lo que sé acerca de sumar números de 3 dígitos.

También puedo hacer generalizaciones a partir de ejemplos.

Puedes generalizar. Para sumar tres números, usa lo que sabes acerca de sumar dos números.

¡Vuelve atrás! ¿Cómo puedes determinar si tu respuesta es razonable?

Pregunta esencial

¿Cómo puedes sumar más de 2 números?

A

Una tienda de mascotas vende diferentes clases de aves. ¿Cuántas aves hay en venta?

Halla $137 + 155 + 18$.

Redondea a la decena más cercana para hacer una estimación:
$140 + 160 + 20 = 320$.

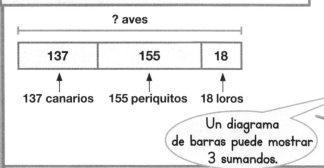

Loros
18

Canarios
137

Periquitos
155

? aves

137	155	18

↑   ↑   ↑
137 canarios   155 periquitos   18 loros

Un diagrama de barras puede mostrar 3 sumandos.

B **Una manera**

Usa sumas parciales.

```
    137
    155
 +   18
 ─────
    200
     90
 +   20
 ─────
    310
```

En total, hay 310 aves en venta.

C **Otra manera**

Usa la suma por columnas.

Centenas	Decenas	Unidades
1	3	7
1	5	5
+	1	8
2	9	~~20~~
2	++	0
3	1	0

En total, hay 310 aves en venta.

La respuesta es razonable, porque 310 está cerca de la estimación de 320.

¡Convénceme! **Representar con modelos matemáticos** Para las sumas parciales anteriores, Billy dijo: "20 más 90 es 110. 110 más 200 es igual a 310". ¿Tiene razón Billy? Usa modelos, propiedades o ecuaciones para representar y explicar tu razonamiento.

Práctica guiada

¿Lo entiendes?

Para **1** y **2**, mira el ejemplo de la página anterior.

1. Si sumas los números en este orden, ¿obtienes el mismo total? Explica por qué.

```
  155
  137
+  18
```

2. ¿Por qué el 20 está tachado en el problema de suma por columnas?

¿Cómo hacerlo?

Para **3** y **4**, haz una estimación y luego halla las sumas.

3.
```
  123
  168
+  36
```

4.
```
  247
  362
+ 149
```

Puedes usar sumas parciales o la suma por columnas para sumar.

Práctica independiente

Práctica al nivel Para **5** a **15**, haz una estimación y luego halla las sumas.

5.
```
  64
  42
+ 88
```

6.
```
  354
   85
+  72
```

7.
```
  307
   37
+ 234
```

8.
```
  714
  163
+  99
```

9.
```
  602
  125
+ 231
```

10.
```
  246
   54
  233
+ 205
```

11.
```
  164
   68
+  35
```

12.
```
  125
   35
  124
+ 239
```

13. 32 + 9 + 56 + 8

14. 481 + 78 + 42

15. 398 + 219 + 23 + 251

Resolución de problemas

16. Usa la foto de la derecha para hallar la altura de la cabeza del presidente Washington esculpida en el monte Rushmore. Escribe una ecuación para resolver el problema.

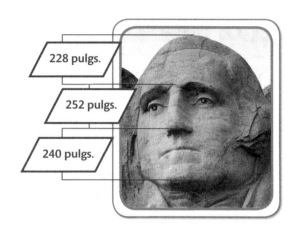

228 pulgs.

252 pulgs.

240 pulgs.

17. Álgebra Julia gasta $74 en un sombrero, unos zapatos y unos pantalones cortos. Si el sombrero cuesta $22 y los zapatos cuestan $33, ¿cuánto cuestan los pantalones cortos? Escribe y resuelve una ecuación. Usa el signo? para representar el costo de los pantalones cortos.

18. Razonamiento de orden superior Mari dice que 95 + 76 + 86 es mayor que 300, pero menor que 400. ¿Tiene razón? ¿Por qué?

19. Razonar Karin desayunó con cereales, un vaso de leche y un plátano. ¿Cuántas calorías había en su desayuno? Haz una estimación redondeando a la decena más cercana y luego resuelve el problema. Escribe una ecuación que incluya tu solución.

Plátano: 105 calorías
Tazón de cereales sin leche: 110 calorías
Vaso de leche: 150 calorías

☑ Práctica para la evaluación

20. Usa el valor de posición, las sumas parciales o las propiedades de las operaciones para hallar las sumas.

Ecuación	Suma
25 + 120 + 175 = ?	
26 + 241 + 324 = ?	
242 + 163 + 312 = ?	

21. Usa el valor de posición, la suma por columnas o las propiedades de las operaciones para hallar las sumas.

Ecuación	Suma
125 + 250 + 125 = ?	
31 + 32 + 337 = ?	
154 + 239 + 574 = ?	

Nombre _____

Resuélvelo y coméntalo

Halla la diferencia de 534 − 108. Piensa cómo puede ayudarte a restar el valor de posición.

Puedo...
usar el valor de posición para resolver problemas más sencillos al restar números de varios dígitos.

También puedo buscar patrones para resolver problemas.

Puedes usar la estructura. ¿Cómo podrías usar el valor de posición como ayuda para resolver el problema?

¡Vuelve atrás! Jim tenía 388 canicas. Le dio 8 canicas a cada uno de 7 amigos. ¿Cuántas canicas le quedaron a Jim? ¿Cómo puede el valor de posición ayudarte a restar números de 3 dígitos?

Pregunta esencial

¿Cómo puedes usar diferencias parciales para restar?

A

Al finalizar la cuarta ronda de un juego de Digit Derby, el puntaje de Marco era 462. Durante la quinta ronda del juego, Marco pierde puntos. ¿Cuál es el puntaje de Marco al finalizar la quinta ronda? Halla 462 − 181.

Fin de la cuarta ronda
Marco tiene 462 puntos.

Fin de la quinta ronda
Marco pierde 181 puntos.

Primero, haz una estimación.

462 − 181 = ?
500 − 200 = 300

El valor de posición puede ayudarte a descomponer un problema de resta en problemas más pequeños.

B ## Lo que piensas

Usa el valor de posición para restar.
Cuenta hacia atrás de centena en centena, de decena en decena y de unidad en unidad.

181 = 100 + 80 + 1

Comienza en 462. Cuenta hacia atrás 100 hasta 362.
Cuenta hacia atrás 80 hasta 282.
Descompón 80 en 60 y 20.
Cuenta hacia atrás 1 hasta 281.

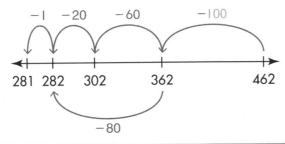

−1   −20   −60   −100

281   282   302   362   462

−80

C ## Lo que escribes

$$\begin{array}{r} 462 \\ -\ 100 \\ \hline 362 \\ -\ 60 \\ \hline 302 \\ -\ 20 \\ \hline 282 \\ -\ 1 \\ \hline 281 \end{array}$$

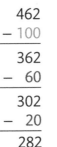

362, 302 y 282 son diferencias parciales.

El puntaje de Marco al final de la quinta ronda es de 281 puntos.

El puntaje está cerca de la estimación. La diferencia es razonable.

¡Convénceme! **Hacerlo con precisión** ¿Por qué 80 se descompuso en 60 y 20 en el cálculo anterior?

☆Práctica guiada

¿Lo entiendes?

1. ¿Por qué necesitas escribir los números que restas en cada paso?

2. Ana está tratando de hallar 634 − 210. Decide comenzar restando 10 de 634. ¿Estás de acuerdo con Ana? Explícalo.

¿Cómo hacerlo?

Para **3** y **4**, haz una estimación y luego usa diferencias parciales para restar. Usa rectas numéricas vacías como ayuda.

3. Halla 374 − 236.

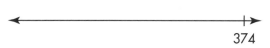
374

4. Halla 369 − 175.

369

☆Práctica independiente

Para **5** a **10**, haz una estimación y luego usa diferencias parciales para restar. Usa rectas numéricas vacías como ayuda.

5. 738 − 523

6. 755 − 315

7. 336 − 217

738   755   336

8. 455 − 182

9. 865 − 506

10. 794 − 355

455   865   794

Resolución de problemas

11. El libro de Daniel tiene 316 páginas. La semana pasada leyó 50 páginas. Esta semana leyó otras 71 páginas. ¿Cuántas páginas le quedan por leer?

12. **A-Z Vocabulario** Explica por qué es necesario *reagrupar* al sumar $172 + 264$.

13. **Usar la estructura** Beth tiene un collar con 128 cuentas. El cordel se rompió y Beth perdió 49 cuentas. ¿Cuántas cuentas le quedaron? Explica cómo puedes descomponer el problema en problemas más pequeños para resolverlo.

14. Escribe de dos maneras diferentes la hora que se muestra en el reloj.

15. **Razonamiento de orden superior**
¿Cuál pesa más, un perro de raza Gran Danés o dos perros de raza Basset Hound? Muestra la diferencia en libras entre los dos Basset Hounds y el Gran Danés. Dibuja un diagrama de barras para representar el problema y ayudarte a resolverlo

Gran Danés
145 libras

Basset Hound
66 libras

✓ **Práctica para la evaluación**

16. ¿Cuál de las siguientes opciones tiene una diferencia de 181? Usa el valor de posición y las diferencias parciales para resolver. Selecciona todas las que apliquen.

☐ $428 - 247 = ?$

☐ $562 - 381 = ?$

☐ $498 - 307 = ?$

☐ $875 - 696 = ?$

☐ $946 - 765 = ?$

17. ¿Cuál de las siguientes opciones tiene una diferencia de 237? Selecciona todas las que apliquen.

☐ $877 - 640 = ?$

☐ $412 - 176 = ?$

☐ $652 - 415 = ?$

☐ $700 - 459 = ?$

☐ $802 - 565 = ?$

Nombre _____

Resuélvelo y coméntalo

El año pasado hubo 347 casas en venta en Mill County y 289 casas en venta en Hunter County. De las casas en venta en los dos condados, 162 se vendieron. ¿Cuántas casas no se vendieron? Resuelve este problema de dos maneras diferentes.

Puedo...

usar el razonamiento del valor de posición para restar números de 3 dígitos.

También puedo hacer generalizaciones a partir de ejemplos.

Puedes generalizar cuando restas números de 3 dígitos. Piensa en todas las estrategias que puedes usar.

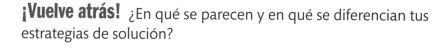

¡Vuelve atrás! ¿En qué se parecen y en qué se diferencian tus estrategias de solución?

Pregunta esencial

¿Cómo puedes usar la reagrupación para resolver problemas de resta?

A

Mike y Linda están jugando un juego. Linda tiene 528 puntos. Mike tiene 349 puntos. ¿Cuántos puntos más que Mike tiene Linda? Halla 528 − 349.

Estimación:
528 − 349 = ?
530 − 350 = 180

B Dibuja bloques de valor de posición para mostrar 528.

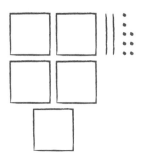

C Resta 9 unidades.

$$\begin{array}{r} 528 \\ -8 \\ \hline 520 \end{array}$$

Primero, resta 8 unidades.

Reagrupa 1 decena como 10 unidades.

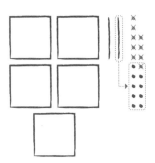

$$\begin{array}{r} 520 \\ -1 \\ \hline 519 \end{array}$$

Luego, resta 1 unidad.

Resta 4 decenas.

$$\begin{array}{r} 519 \\ -10 \\ \hline 509 \end{array}$$

Primero, resta 1 decena.

Reagrupa 1 centena como 10 decenas.

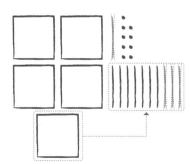

$$\begin{array}{r} 509 \\ -30 \\ \hline 479 \end{array}$$

Luego, resta 3 decenas.

Puedes usar el valor de posición para reagrupar cuando restas.

Resta 3 centenas.

$$\begin{array}{r} 479 \\ -300 \\ \hline 179 \end{array}$$

Resta 3 centenas.

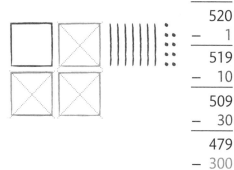

$$\begin{array}{r} 528 \\ -8 \\ \hline 520 \\ -1 \\ \hline 519 \\ -10 \\ \hline 509 \\ -30 \\ \hline 479 \\ -300 \\ \hline 179 \end{array}$$

Linda tiene 179 puntos más.

179 está cerca de la estimación. El resultado es razonable.

¡Convénceme! **Usar herramientas apropiadas** ¿Cómo podrías usar una herramienta para hallar 326 − 143?

Nombre _____

☆Práctica guiada

¿Lo entiendes?

1. En el ejemplo de la página anterior, explica cómo decidir si es necesario reagrupar.

2. ¿Qué estrategias podrías usar para hallar 507 − 348?

¿Cómo hacerlo?

Para **3** y **4**, estima las diferencias y luego usa diferencias parciales para restar.

3.
```
  374
− 176
```

4.
```
  856
− 219
```

☆Práctica independiente☆

Para **5** a **12**, estima las diferencias y luego usa diferencias parciales para restar.

5.
```
  431
− 145
```

6.
```
  276
−  97
```

7.
```
  516
− 402
```

8.
```
  526
− 238
```

9. 574 − 86

10. 629 − 453

11. 979 − 569

12. 764 − 237

Resolución de problemas

13. Al terminar el juego, Laura tenía 426 puntos y Theo 158 puntos. ¿Cuántos puntos más que Theo tenía Laura?

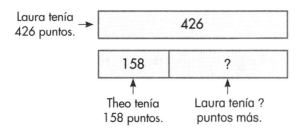

Laura tenía 426 puntos. → | 426 |

| 158 | ? |

↑ Theo tenía 158 puntos.   ↑ Laura tenía ? puntos más.

14. Representar con modelos matemáticos
Zac y Malcolm escribieron cuentos. El cuento de Zac tiene 272 líneas. El cuento de Malcolm tiene 145 líneas más que el de Zac. ¿Cuántas líneas tiene el cuento de Malcolm? Explica cómo puedes representar con modelos matemáticos para resolver el problema.

---

15. La canasta más grande del mundo mide 186 pies de altura, desde la base hasta la parte superior de las asas. ¿Cuánto miden las asas?

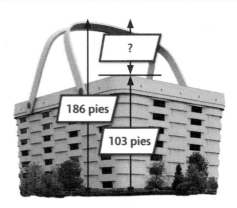

?

186 pies

103 pies

---

16. Razonamiento de orden superior ¿Cuántos nadadores más se inscribieron en la primera sesión de la piscina Oak que en la primera y en la segunda sesión juntas de la piscina Park? Escribe una ecuación que represente el problema y que incluya la solución.

DATOS

Inscripción en la clase de natación

Piscina	Cantidad de nadadores	
	1.ª sesión	2.ª sesión
Oak	763	586
Park	314	179
River	256	163

✓ **Práctica para la evaluación**

17. ¿Cuál de las siguientes opciones muestra la estimación de 627 − 441 redondeando a la decena más cercana y luego la diferencia correcta?

Ⓐ 200; 186

Ⓑ 200; 176

Ⓒ 190; 186

Ⓓ 190; 176

18. ¿Cuál de las siguientes opciones muestra la estimación de 901 − 512 redondeando a la decena más cercana y luego la diferencia correcta?

Ⓐ 390; 389

Ⓑ 390; 379

Ⓒ 400; 389

Ⓓ 400; 379

Nombre ______________________________

Resuélvelo y coméntalo

Rick puede recibir 1,000 mensajes de texto al mes. ¿Cuántos mensajes de texto más puede recibir Rick este mes? Resuelve el problema de la manera que prefieras. Explica cómo hallaste la respuesta.

Lección 9-6

Usar estrategias para sumar y restar

Puedo...
usar el razonamiento del valor de posición para sumar y restar números de 3 dígitos.

También puedo razonar sobre las matemáticas.

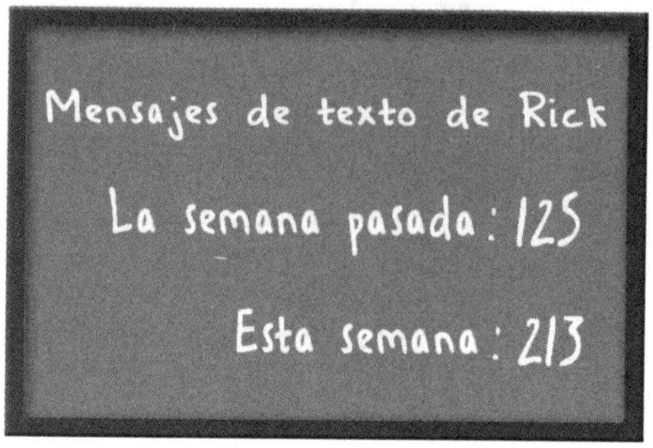

Mensajes de texto de Rick
La semana pasada: 125
Esta semana: 213

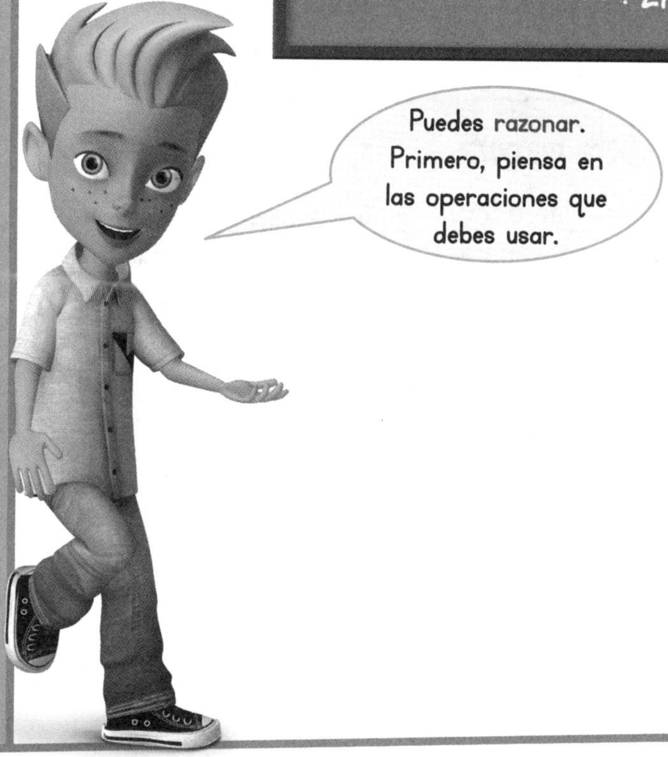

Puedes razonar. Primero, piensa en las operaciones que debes usar.

¡Vuelve atrás! ¿Es razonable tu respuesta? ¿Cómo lo puedes comprobar?

¿Cómo puedes usar estrategias para sumar y restar?

Pregunta esencial

A

Hay 136 torres de teléfonos celulares menos en el condado Jurloe que en el condado Fraser. ¿Cuántas torres de teléfonos celulares hay en el condado Jurloe? Escoge una estrategia y luego resuelve el problema.

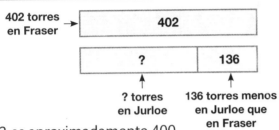

402 es aproximadamente 400.
136 es aproximadamente 100.
La diferencia es aproximadamente 300.

Puedes usar la suma o la resta para resolver.
402 = ? + 136
402 − 136 = ?
La suma y la resta son operaciones inversas.

El condado Fraser tiene 402 torres de teléfonos celulares.

B **Una manera**

Usa la estrategia de sumar de a partes.
Halla 402 = ? + 136.

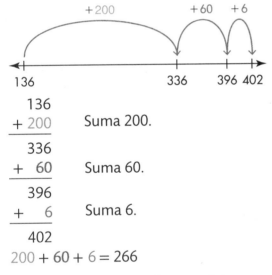

$$\begin{array}{r}136\\+\ 200\\\hline336\end{array}$$ Suma 200.

$$\begin{array}{r}336\\+\ 60\\\hline396\end{array}$$ Suma 60.

$$\begin{array}{r}396\\+\ 6\\\hline402\end{array}$$ Suma 6.

200 + 60 + 6 = 266

Hay 266 torres de teléfonos celulares en el condado Jurloe.

C **Otra manera**

Usa diferencias parciales para restar.

La respuesta es razonable, porque está cerca de la estimación de 300.

Halla 402 − 136 = ?

$$\begin{array}{r}402\\-\ 100\\\hline302\end{array}$$ Resta 100.

$$\begin{array}{r}302\\-\ 30\\\hline272\end{array}$$ Resta 30.

$$\begin{array}{r}272\\-\ 2\\\hline270\end{array}$$ Resta 2.

$$\begin{array}{r}270\\-\ 4\\\hline266\end{array}$$ Resta 4.

Hay 266 torres de teléfonos celulares en el condado Jurloe.

¡Convénceme! **Usar herramientas apropiadas** Muestra cómo puedes usar una herramienta (como una recta numérica o bloques de valor de posición) para resolver el problema anterior.

Otro ejemplo

El río Yellowstone mide 692 millas de longitud. Es 51 millas más corto que el río Kansas. ¿Cuál es la longitud del río Kansas? Escoge una estrategia y luego resuelve el problema. Halla 692 + 51 = ?

> Puedes usar la suma por columnas para sumar.

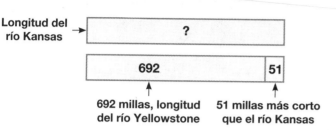

Longitud del río Kansas → | ? |

| 692 | 51 |

↑ 692 millas, longitud del río Yellowstone   ↑ 51 millas más corto que el río Kansas

Centenas	Decenas	Unidades
6	9	2
+	5	1
6	+4	3
7	4	3

El río Kansas mide 743 millas de longitud.

Práctica guiada

¿Lo entiendes?

1. Para restar 507 − 348, ¿cómo puedes reagrupar las decenas si hay 0 decenas?

2. ¿En qué se parece usar sumas parciales para sumar a usar bloques de valor de posición y reagrupar?

¿Cómo hacerlo?

Para **3** a **6**, haz una estimación y luego halla la suma o la diferencia.

3.   816
      − 335

4.   163
      + 50

5.   900
      − 375

6.   508
      − 247

Práctica independiente

Para **7** a **14**, halla las sumas o las diferencias. Luego, usa la estimación para comprobar tus respuestas.

7.   549
      − 167

8.   411
      − 238

9.   560
      + 144

10.   783
      + 68

11. 400 − 219

12. 904 − 703

13. 700 + 64

14. 807 + 38

Resolución de problemas

15. ¿Cuánto dinero más tiene que recaudar el Club de Arte de la Escuela Elm? Completa el diagrama de barras para resolver el problema.

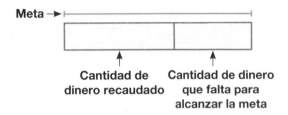

Meta →

Cantidad de dinero recaudado   Cantidad de dinero que falta para alcanzar la meta

Función para recaudar fondos para el Club de Arte de la Escuela Elm

META — $305

$178 recaudados

---

16. Hubo una venta de mazorcas de maíz en una feria local. Se vendieron 388 mazorcas de maíz. Al final, sobraron 212 mazorcas. ¿Cuántas mazorcas de maíz estaban en venta al principio de la feria?

17. Dina estaba añadiendo libros en los estantes de la biblioteca. Colocó 117 libros de no ficción en los estantes. Entonces, había 204 libros de no ficción. ¿Cuántos libros de no ficción había en los estantes al principio?

---

18. Construir argumentos Los estudiantes de la Escuela Cleveland están juntando los anillos de latas de gaseosa. La meta de cada clase es juntar 500 anillos. Hasta ahora, los estudiantes de segundo grado han juntado 315 anillos. Los estudiantes de tercero han juntado 190 anillos más que los estudiantes de segundo. ¿Ya alcanzaron su meta los estudiantes de tercer grado? Construye un argumento para explicar.

19. Razonamiento de orden superior Dylan tenía $405 en su cuenta de ahorros y gastó $253. Brian tenía $380 en su cuenta de ahorros y gastó $48 menos que Dylan. ¿Quién tiene más dinero en su cuenta de ahorros ahora? ¿Cuánto dinero más?

✓ Práctica para la evaluación

20. Usa una estrategia de valor de posición para hallar el valor de la incógnita en $426 + ? = 712$.

  Ⓐ 186

  Ⓑ 216

  Ⓒ 284

  Ⓓ 286

21. Usa la relación entre la suma y la resta para hallar el valor de la incógnita en $? + 334 = 800$.

  Ⓐ 434

  Ⓑ 466

  Ⓒ 534

  Ⓓ 566

Nombre _____

Resuélvelo y coméntalo

Usa los dígitos 0, 1, 2, 3, 4 y 5 una sola vez. Escribe los dígitos en el siguiente espacio para formar dos sumandos de 3 dígitos cuya suma o total sea la mayor posible. Escribe el total de los dos sumandos. ¿Cómo sabes que has formado la suma o total mayor?

Puedo...
construir argumentos matemáticos usando lo que sé sobre la suma y la resta.

También puedo sumar y restar para resolver problemas.

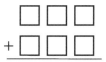

Hábitos de razonamiento

¡Razona correctamente! Estas preguntas te pueden ayudar.

- ¿Cómo puedo usar números, objetos, dibujos o acciones para justificar mi razonamiento?

- ¿Estoy usando los números y símbolos correctamente?

- ¿Es clara y completa mi explicación?

¡Vuelve atrás! **Construir argumentos** Forma diferentes sumandos de 3 dígitos para hallar la menor suma o total posible. ¿Cuál es la diferencia entre la mayor suma posible y la menor suma posible? Construye un argumento para explicar cómo sabes que tu respuesta es correcta.

Pregunta esencial

¿Cómo puedes construir argumentos?

A

Nancy tiene $457 en su cuenta de ahorros y quiere tener $500 al final del año. Christopher tiene $557 en su cuenta de ahorros y quiere tener $600 al final del año. ¿Quién tiene que ahorrar más dinero al final del año?

Mi conjetura: Ambos necesitan ahorrar la misma cantidad.

> Una conjetura es un enunciado que parece ser vedadero. Tiene que ser comprobado o refutado.

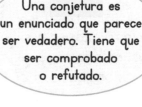

¿Cómo puedo explicar por qué mi conjetura es correcta?

Tengo que construir un argumento para justificar mi conjetura.

> Este es mi razonamiento...

B **¿Cómo puedo construir un argumento?**

Puedo

- usar números, objetos, dibujos o acciones correctamente para explicar mi razonamiento.

- asegurarme de que mi explicación sea simple, completa y fácil de entender.

C Voy a usar dibujos y números para explicar mi razonamiento.

La distancia entre 457 y 500 en la recta numérica es igual a la distancia entre 557 y 600.

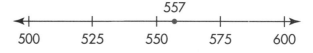

Las rectas numéricas muestran que se necesita la misma cantidad de dinero para pasar de $457 a $500 que para pasar de $557 a $600.

Por tanto, $500 - 457 = 600 - 557$. Mi conjetura es correcta.

¡Convénceme! **Construir argumentos** Construye otro argumento matemático que justifique la conjetura anterior.

Nombre _____

Práctica guiada

Construir argumentos

El Sr. López tenía $375 en el banco. Luego, gastó $242.
La Srta. Davis tenía $675 en el banco y luego gastó
$542. ¿A quién le queda más dinero? *Conjetura:*
A los dos les queda la misma cantidad de dinero.

> Los diagramas te pueden ayudar a apoyar un argumento.

1. Dibuja un diagrama para representar las matemáticas.

2. Usa tu diagrama para justificar la conjetura.

Práctica independiente

Construir argumentos

Una clase de segundo grado ha hecho 165 grullas de papel y quiere hacer
un total de 250. Una clase de tercer grado ha hecho 255 grullas de papel
y quiere hacer un total de 350. ¿A qué clase le faltan menos grullas de papel
para alcanzar su meta? *Conjetura: La clase de segundo grado tiene que hacer
menos grullas de papel para alcanzar su meta.*

3. Dibuja un diagrama a la derecha para representar
   las matemáticas.

4. Usa tu diagrama para justificar la conjetura.

5. Explica otra manera de justificar la conjetura.

Resolución de problemas

Práctica de la banda

Algunos músicos se han propuesto metas de la cantidad de minutos que quieren practicar antes de un concierto que tendrá lugar en 5 días. Quieren saber quién tiene que practicar la menor cantidad de minutos para alcanzar su meta.

Estudiante	Aria	Dexter	Yin	Sawyer
Minutos de práctica	608	612	604	612
Meta en minutos	700	650	625	675

6. **Entender y perseverar** ¿Cómo puedes hallar la cantidad de minutos que Aria tiene que practicar para alcanzar su meta?

7. **Razonar** Hasta ahora, Dexter y Sawyer han practicado la misma cantidad de minutos. ¿Necesitan la misma cantidad de tiempo de práctica para alcanzar sus metas? Explícalo.

> Cuando construyes argumentos, explicas por qué tu trabajo está bien.

8. **Razonar** ¿A quién le quedan menos minutos de práctica para alcanzar su meta?

9. **Construir argumentos** Construye un argumento matemático para explicar por qué tu respuesta al Ejercicio **8** es correcta.

Trabaja con un compañero. Necesitan papel y lápiz. Cada uno escoge un color diferente: celeste o azul. El compañero 1 y el compañero 2 apuntan a uno de los números negros al mismo tiempo. Ambos suman esos números.

Si la respuesta está en el color que escogiste, puedes anotar una marca de conteo. Sigan la actividad hasta que uno de los compañeros tenga siete marcas de conteo. Mientras juegan, los compañeros pueden usar la resta para comprobar su suma.

Puedo...
sumar y restar hasta 1,000.

También puedo construir argumentos.

Compañero 1				Compañero 2
400	812	591	520	358
120	687	758	824	275
233	800	240	353	412
275	675	508	532	400
412	645	770	633	120
	395	550	478	

Marcas de conteo para el compañero 1	Marcas de conteo para el compañero 2

Glosario

Lista de palabras

- conjetura
- hacer una estimación
- operaciones inversas
- reagrupar
- redondear
- valor de posición

Comprender el vocabulario

Traza una línea para emparejar cada término con un ejemplo.

1. valor de posición

515 + 141 es aproximadamente 660.

2. hacer una estimación

305 + 299 = 604 y
604 − 299 = 305

3. reagrupar

232 = 2 centenas, 3 decenas y 2 unidades

4. operaciones inversas

47 = 3 decenas y 17 unidades

Escribe *siempre, a veces* o *nunca.*

5. Al *redondear* a la decena más cercana, un número con un 5 en el lugar

de las unidades _____ se redondea a la próxima decena.

6. Una *conjetura* _____ es verdadera.

7. Un dígito con un *valor de posición* mayor _____ se escribe

a la derecha de un dígito con un valor de posición menor.

8. Una decena _____ se puede *reagrupar* como 10 centenas.

Usar el vocabulario al escribir

9. Explica cómo hallar 600 − 281 y luego explica cómo comprobar
que la diferencia sea correcta. Usa por lo menos 2 términos de
la Lista de palabras en tu respuesta.

Grupo A páginas 337 a 340

Halla la suma de 257 + 186.

Puedes descomponer 257 + 186 según el valor de posición para resolver el problema.

Descompón los números según el valor de posición y halla la suma de los números que hay en cada lugar. Luego, suma los totales.

$$
\begin{array}{r}
257 \\
+ 186 \\
\hline
300 \\
130 \\
+ 13 \\
\hline
443
\end{array}
$$

Por tanto, 257 + 186 = 443.

Recuerda que puedes usar el valor de posición para sumar números descomponiendo los problemas de suma grandes en problemas de suma más pequeños.

Para **1** a **5**, usa bloques de valor de posición y sumas parciales paras sumar.

1. 135 + 152

2. 650 + 138

3. 535 + 423

4. 475 + 264

5. Ivette tomó 137 fotos el viernes y 248 fotos el sábado. ¿Cuántas fotos tomó en total?

Grupo B páginas 341 a 344

Halla 235 + 187.

Haz una estimación redondeando:
240 + 190 = 430.

Usa bloques de valor de posición para representar los números y halla las sumas parciales. Reagrupa para hallar el total final.

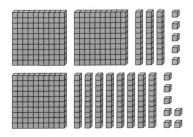

$$
\begin{array}{r}
235 \\
+ 187 \\
\hline
422
\end{array}
$$

El resultado es razonable, dado que 422 está cerca de 430.

Recuerda que una estimación puede ayudarte a comprobar si tu respuesta es razonable.

Para **1** a **6**, haz una estimación y halla las sumas.

1.
$$
\begin{array}{r}
236 \\
+ 217 \\
\hline
\end{array}
$$

2.
$$
\begin{array}{r}
407 \\
+ 436 \\
\hline
\end{array}
$$

3. 235 + 59

4. 584 + 326

5. 196 + 243

6. 465 + 357

Halla 124 + 32 + 238.

Haz una estimación redondeando:
120 + 30 + 240 = 390.

Puedes usar sumas parciales para resolver el problema.

$$
\begin{array}{r}
124 \\
32 \\
+\ 238 \\
\hline
300 \\
80 \\
+\ \ 14 \\
\hline
394
\end{array}
$$

Puedes usar la suma por columnas para resolver el problema.

Centenas	Decenas	Unidades
1	2	4
	3	2
+ 2	3	8
3	8	14
3	9	4

El resultado es razonable, dado que 394 está cerca de 390.

Por tanto, 124 + 32 + 238 = 394.

Recuerda que sumar tres números es como sumar dos números.

Para **1** a **7**, haz una estimación y luego usa sumas parciales para sumar.

1.
$$
\begin{array}{r}
209 \\
48 \\
+\ 312 \\
\hline
\end{array}
$$

2.
$$
\begin{array}{r}
412 \\
273 \\
+\ 139 \\
\hline
\end{array}
$$

3. 146 + 86 + 53

4. 125 + 224 + 306

5. Una floristería tiene 124 tulipanes, 235 rosas y 85 claveles. ¿Cuántas flores tiene la floristería?

6. La cafetería de Mike vende 237 sándwiches el viernes, 448 sándwiches el sábado y 102 sándwiches el domingo. ¿Cuántos sándwiches vende los 3 días?

7. Salen tres aviones del aeropuerto. Cada avión tiene 239 asientos. El primer avión tiene 224 pasajeros. El segundo avión tiene 189 pasajeros. El tercer avión tiene 122 pasajeros. ¿Cuántos pasajeros hay en los tres aviones?

Grupo D páginas 349 a 352 _____

Usa el valor de posición como ayuda para hallar 548 − 263.

Resta las centenas.   548 − 200 = 348

Resta las decenas.   348 − 40 = 308
Primero, resta 4 decenas.

Luego, resta 2 decenas más.   308 − 20 = 288

Resta las unidades.   288 − 3 = 285

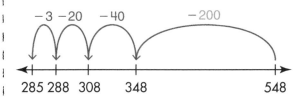

Por tanto, 548 − 263 = 285.

Recuerda que el valor de posición puede ayudarte a descomponer un problema de resta en problemas más pequeños.

Para **1** a **6**, halla las diferencias. Haz una estimación y luego usa el valor de posicion y las diferencias parciales para restar.

1. 489 − 253   **2.** 544 − 162

3. 856 − 328   **4.** 349 − 98

5. 873 − 184   **6.** 526 − 207

Grupo E páginas 353 a 356 _____

Halla 416 − 243.
Haz una estimación: 420 − 240 = 180.

Resta 3 unidades.
```
  416
−   3
―――――
  413
```

Resta 1 decena.
```
  413
−  10
―――――
  403
```

Reagrupa 1 centena como 10 decenas.
Resta 3 decenas.
```
  403
−  30
―――――
  373
```

La respuesta es razonable, dado que 173 está cerca de 180.

Resta 2 centenas.
```
  373
− 200
―――――
  173
```
Por tanto, 416 − 243 = 173.

Recuerda que debes reagrupar si es necesario.

Para **1** a **8**, estima las diferencias. Luego, halla las diferencias.

1.
```
   458
−  176
```
2.
```
   236
−   79
```

3.
```
   863
−  526
```
4.
```
   748
−  279
```

5. 400 − 227   **6.** 306 − 198

7. 220 − 187   **8.** 657 − 122

páginas 357 a 360

Doscientas setenta y tres personas han terminado un maratón. Un total de 458 personas participan en el maratón. ¿Cuántas personas siguen corriendo aún?

Puedes usar un diagrama de barras y la suma o la resta para resolver el problema.

458

273	?

$273 + ? = 458$
$458 - 273 = ?$

Haz una estimación:

$460 - 270 = 190$

Resuelve:

$273 + \mathbf{185} = 458$
$458 - 273 = \mathbf{185}$

185 personas están corriendo aún.

La solución, 185, es razonable. Está cerca de la estimación.

Recuerda que debes reagrupar si es necesario.

Para **1** y **2**, haz una estimación y luego resuelve.

1. El club conservacionista de Damián planta 640 plantas de semillero. Todavía tienen 172 plantas de semillero que quieren plantar para alcanzar su meta. ¿Cuántas plantas de semillero han plantado hasta ahora?

2. La familia Smith viaja a Dallas en carro. Deben viajar 450 millas. Hasta ahora, han viajado 315 millas. ¿Cuántas millas les quedan por viajar?

páginas 361 a 364

Piensa en estas preguntas para ayudarte a **construir argumentos.**

Hábitos de razonamiento

- ¿Cómo puedo usar números, objetos, dibujos o acciones para justificar mi argumento?

- ¿Estoy usando los números y los símbolos correctamente?

- ¿Es mi explicación clara y completa?

Recuerda que las conjeturas se tienen que comprobar para confirmar si son verdaderas.

Emma tiene $191. Gasta $105 y dona $52 a una obra benéfica. ¿Puede Emma ahorrar $30?

Conjetura: Emma puede ahorrar $30.

1. Dibuja un diagrama de barras para representar las matemáticas.

2. Usa tu diagrama para justificar la conjetura.

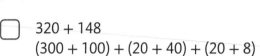
1. Halla la suma de 337 y 285. Usa el valor de posición y halla las sumas de las centenas, decenas y unidades.

Centenas	Decenas	Unidades
2 3	5 7	3 8

3. ¿Qué sumandos se han descompuesto correctamente? Selecciona todos los que apliquen.

☐ 320 + 148
(300 + 100) + (20 + 40) + (20 + 8)

☐ 270 + 341
(2 + 70) + (3 + 4 + 1)

☐ 318 + 393
300 + (10 + 90) + (8 + 3)

☐ 532 + 360
(500 + 300) + (30 + 60) + 2

☐ 526 + 230
(500 + 200) + (20 + 30) + 6

4. Halla la suma de 176, 204 y 59.

Ⓐ 329

Ⓑ 339

Ⓒ 429

Ⓓ 439

2. Una estimación de 431 − 249 usando números compatibles es 425 − 250 = 175. ¿Sería razonable que la diferencia exacta sea 182? Explícalo.

5. ¿Cuánto es 276 + 289?

Ⓐ 509

Ⓑ 537

Ⓒ 565

Ⓓ 593

---

6. Halla 237 + 20. Luego, resta el total de 302.

---

7. Resta 168 de 300.

Ⓐ 32

Ⓑ 122

Ⓒ 132

Ⓓ 142

8. A. ¿Es 268 + 37 menor que 346? Haz una conjetura.

B. Construye un argumento para comprobar tu conjetura.

---

9. ¿Cuánto es 825 − 647?

Ⓐ 78

Ⓑ 82

Ⓒ 128

Ⓓ 178

Nombre _____

10. Halla 335 + 108 + 12. Luego, resta el total de 600.

11. Halla 283 + 45. Luego, resta 139 del total. ¿Cuál es la diferencia?

Ⓐ 189

Ⓑ 328

Ⓒ 377

Ⓓ 467

12. Describe cómo usar bloques de valor de posición para reagrupar y resolver el siguiente problema de resta. ¿Cuál es la diferencia?

$$\begin{array}{r} 316 \\ - 226 \\ \hline \end{array}$$

13. Halla la diferencia entre 254 y 125.

A. Si necesitas reagrupar para hallar la diferencia, explica cómo hacerlo. Si no necesitas reagrupar, explica por qué no.

B. Halla la diferencia.

14. Coloca los pasos en orden para hallar 756 − 345.

	Paso 1	Paso 2	Paso 3
Resta 416 − 5	❑	❑	❑
Resta 756 − 300	❑	❑	❑
Resta 456 − 40	❑	❑	❑

15. ¿Cuál es la diferencia entre 408 + 240 y 259?

16. Usa el valor de posición para restar 639 de 737. ¿Cuántas veces tienes que reagrupar?

Ⓐ 3

Ⓑ 2

Ⓒ 1

Ⓓ 0

17. Resta.

457 − 338

Ⓐ 109

Ⓑ 119

Ⓒ 121

Ⓓ 129

18. Resta 246 de 332.

Sala de videojuegos

Nita, Arif y Sara están jugando en una sala de videojuegos. La siguiente lista de **Estimaciones de boletos** muestra la cantidad de boletos que los amigos estimaron que ganarían antes de empezar a jugar. La tabla **Boletos ganados** muestra la cantidad de boletos que ganó cada amigo.

Estimaciones de boletos

- Nita estimó que ganaría 165 boletos.

- Arif estimó que ganaría 150 boletos.

- Sara estimó que ganaría 175 boletos.

Los amigos quieren comparar los boletos que ganaron con sus estimaciones. Usa la lista de **Estimaciones de boletos** y la tabla **Boletos ganados** para responder las preguntas **1** y **2**.

Boletos ganados		
Nombre	Boletos ganados en juegos deportivos	Boletos ganados en juegos de acción
Nita	96	112
Arif	94	91
Sara	104	117

1. ¿Cuántos boletos ganó cada amigo en total?

2. Muestra cuántos boletos más ganaron los amigos de lo que estimaron que ganarían.

3. Arif dice que si hubiera ganado 24 boletos más, hubiera ganado más boletos que Nita. ¿Tiene razón? Explícalo.

4. Los tres amigos juntaron todos sus boletos. ¿Cuántos boletos en total ganaron entre todos?

Los boletos se pueden usar para comprar premios. La tabla con los **Premios de la sala de videojuegos** muestra cuántos boletos cuesta cada premio.

Usa la tabla **Premios de la sala de videojuegos** para responder la pregunta **5**.

5. Usa el total de boletos que hallaste en la pregunta **4**. Los 3 amigos usarán esta cantidad de boletos para conseguir 1 premio para cada uno y 1 premio más para regalar.

   Los amigos deben seguir 2 reglas:

   • No pueden usar más de la cantidad total de boletos que tienen.
   • Después de hacer sus compras, no les puede sobrar más de 50 boletos.

Premios de la sala de videojuegos

Premio	Costo (Boletos)
Juego de mesa	138
Peluche	85
Figuras de acción	73
Reloj de pulsera	170
Calculadora	142
Libro de misterio	92
Videojuego	235
Álbum de fotos	79

Parte A

Arif creó un registro para anotar los premios que van a obtener. En la siguiente tabla, anota algunos de los premios que pueden escoger los amigos, el costo de los premios y cuántos boletos les sobran.

Premio	Costo (Boletos)	Cantidad de boletos que sobran
Reloj de pulsera	170	_____ – 170 = 444

Parte B

Si los amigos escogen las opciones que anotaste en la parte A, ¿cuántos boletos usarán para obtener los premios? Explica cómo hallaste la respuesta.

Multiplicar por múltiplos de 10

Pregunta esencial: ¿Qué estrategias se pueden usar para multiplicar por múltiplos de 10?

Recursos digitales

 Libro del estudiante

 Aprendizaje visual

 Práctica

 Evaluación

 Herramientas

 Glosario

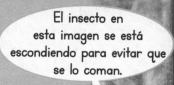

El insecto en esta imagen se está escondiendo para evitar que se lo coman.

Los animales con colores que sirven de camuflaje tienen más posibilidades de sobrevivir.

¡Es como jugar al escondite! Este es un proyecto sobre las características de las plantas y los animales y la multiplicación.

Proyecto de enVision STEM: Características de los animales y las plantas

Investigar Usa la Internet u otras fuentes para buscar información sobre cómo las características de algunas plantas y animales los ayudan a sobrevivir. Piensa en cómo ciertas características pueden ser distintas entre miembros de la misma especie.

Diario: Escribir un informe Incluye en tu informe lo que averiguaste, y también:

• escribe sobre un insecto que usa camuflaje.

• describe un ejemplo de cómo las espinas de una planta la ayudan a sobrevivir.

• inventa y resuelve problemas de multiplicación sobre los animales o las plantas que investigaste. Usa múltiplos de 10.

Nombre _____

 Repasa lo que sabes

Vocabulario

Escoge el mejor término del recuadro.
Escríbelo en el espacio en blanco.

• ecuación	• multiplicación
• factor	• propiedad del cero en la multiplicación

1. Una oración numérica que tiene el mismo valor en el lado derecho y en el lado izquierdo del signo igual se llama un/una _____.

2. El/La _____ establece que cualquier número multiplicado por cero da como producto cero.

3. El/La _____ es una operación que da el número total que resulta cuando unes grupos iguales.

Tabla de multiplicar

Halla el valor que hace verdaderas las ecuaciones.
Usa la tabla de multiplicar como ayuda.

4. $21 \div 7 =$ _____

   $7 \times$ _____ $= 21$

5. $45 \div 5 =$ _____

   $5 \times$ _____ $= 45$

6. $48 \div 6 =$ _____

   $6 \times$ _____ $= 48$

7. $56 \div 8 =$ _____

   $8 \times$ _____ $= 56$

×	0	1	2	3	4	5	6	7
0	0	0	0	0	0	0	0	0
1	0	1	2	3	4	5	6	7
2	0	2	4	6	8	10	12	14
3	0	3	6	9	12	15	18	21
4	0	4	8	12	16	20	24	28
5	0	5	10	15	20	25	30	35
6	0	6	12	18	24	30	36	42
7	0	7	14	21	28	35	42	49
8	0	8	16	24	32	40	48	56
9	0	9	18	27	36	45	54	63

Propiedades de multiplicación

Halla los productos.

8. $3 \times 3 \times 2 =$ _____

9. $5 \times 1 \times 3 =$ _____

10. $4 \times 2 \times 4 =$ _____

11. $2 \times 2 \times 4 =$ _____

12. $4 \times 0 \times 2 =$ _____

13. $2 \times 5 \times 3 =$ _____

Multiplicación en la recta numérica

14. ¿Qué ecuación muestra la recta numérica?

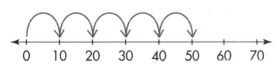

Ⓐ $1 \times 10 = 10$ Ⓑ $3 \times 10 \times 1 = 30$ Ⓒ $4 \times 5 = 20$ Ⓓ $5 \times 10 = 50$

378   **Tema 10** | Repasa lo que sabes

Nombre _____

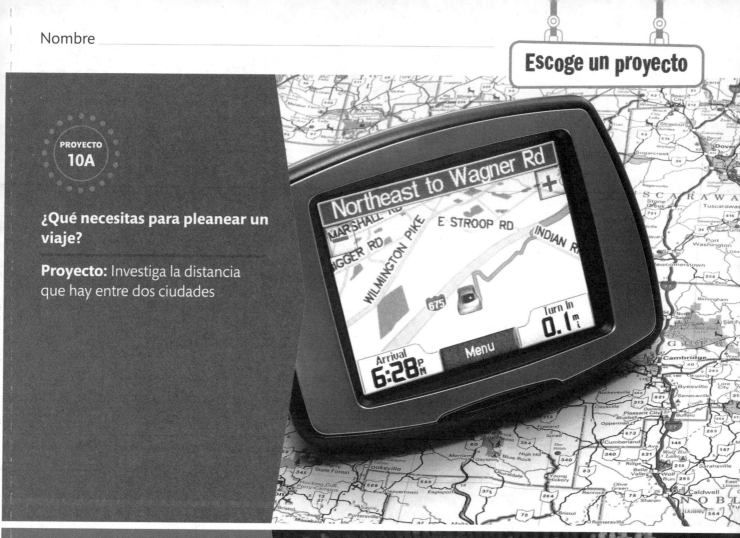

PROYECTO 10A

¿Qué necesitas para pleanear un viaje?

Proyecto: Investiga la distancia que hay entre dos ciudades

PROYECTO 10B

¿Cómo se aseguran las tiendas de que tienen la cantidad suficiente de un artículo para vender?

Proyecto: Crea tu propia tienda

PROYECTO 10C

¿Cómo ayudan los árboles a nuestro medio ambiente?

Proyecto: Diseña un parque y canta una canción

PROYECTO 10D

¿Cuántos artículos puedes poner en una caja?

Proyecto: Haz un juego de productos

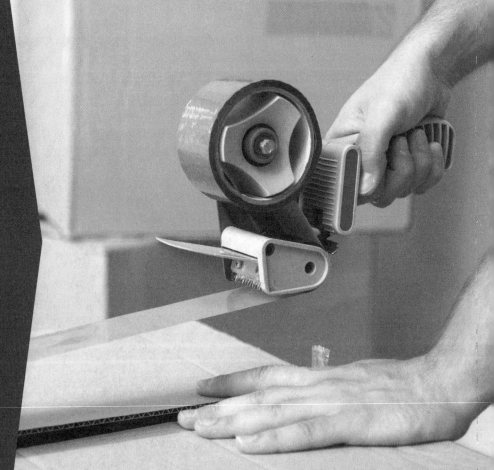

380 **Tema 10** | Escoge un proyecto

Copyright © Savvas Learning Company LLC. All Rights Reserved.

Nombre _____

Resuélvelo y coméntalo

Las compañías empaquetan sus productos de diferentes maneras. Una compañía empaqueta un cajón de agua con 2 filas de 10 botellas. ¿Cuántas botellas hay en los cajones que se muestran en la siguiente tabla? Explica tu razonamiento.

Puedo...
usar patrones para multiplicar por múltiplos de 10.

También puedo escoger y usar una herramienta matemática para ayudarme a resolver problemas.

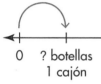

2 filas de 10 botellas = 1 cajón

0   ? botellas
     1 cajón

Cantidad de cajones	Cantidad de botellas
1	
2	
3	
4	

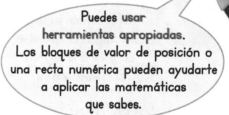

Puedes usar herramientas apropiadas. Los bloques de valor de posición o una recta numérica pueden ayudarte a aplicar las matemáticas que sabes.

¡Vuelve atrás! ¿Cómo pueden ayudarte los patrones de valor de posición cuando multiplicas por 20?

Pregunta esencial ¿Cómo puedes usar patrones para multiplicar?

A

Medio siglo es un período de 50 años. Halla la cantidad de años que hay en 5 medios siglos.

Puedes usar bloques de valor de posición o una recta numérica vacía para multiplicar.

Factor	Múltiplo de 10	Producto
1	50	50
2	50	
3	50	
4	50	
5	50	

B ## Una manera

Halla 5 × 50. Usa bloques de valor de posición.

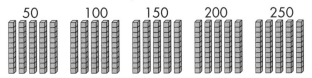

50   100   150   200   250

1 × 50 es 1 grupo de 5 decenas = 5 decenas, o 50

2 × 50 es 2 grupos de 5 decenas = 10 decenas, o 100

3 × 50 es 3 grupos de 5 decenas = 15 decenas, o 150

4 × 50 es 4 grupos de 5 decenas = 20 decenas, o 200

5 × 50 es 5 grupos de 5 decenas = 25 decenas, o 250

Puedes contar salteado para hallar la cantidad de años que hay en 5 medios siglos.

Hay 250 años en 5 medios siglos.

C ## Otra manera

Halla 5 × 50. Usa una recta numérica vacía.

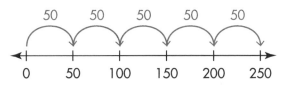

1 salto de 50 es 50.   1 × 50 = 50

2 saltos de 50 son 100.   2 × 50 = 100

3 saltos de 50 son 150.   3 × 50 = 150

4 saltos de 50 son 200.   4 × 50 = 200

5 saltos de 50 son 250.   5 × 50 = 250

Hay patrones de valor de posición al multiplicar por múltiplos de 10.

Hay 250 años en 5 medios siglos.

¡Convénceme! **Usar la estructura** Supón que el múltiplo de 10 en la tabla anterior fuera 40 años en vez de 50. Explica cómo puedes usar patrones de valor de posición para hallar los productos.

Nombre _____

¿Lo entiendes?

1. Explica cómo puedes usar patrones de valor de posición para multiplicar 9 × 50.

2. ¿En qué se parecen los productos del recuadro B de la página anterior a contar de 5 en 5?

¿Cómo hacerlo?

3. Dibuja o usa bloques de valor de posición para mostrar 3 × 60. Luego halla el producto.

4. Usa la recta numérica vacía para multiplicar 4 × 60.

0

Práctica al nivel Para **5** a **10**, usa una recta numérica vacía o dibuja bloques de valor de posicion para hallar los productos.

5. 3 × 70

0

6. 8 × 20

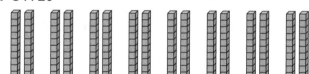

7. 9 × 30

8. 5 × 60

9. 6 × 60

10. 2 × 30

Resolución de problemas

11. Los aztecas tenían un calendario solar. ¿Cuántos días en total tienen 7 de los meses más largos? Muestra cómo puedes usar el valor de posición para resolverlo.

Los meses más largos del calendario azteca tienen 20 días de duración cada uno. Después de cada uno de los meses más largos hay un período de 5 días.

---

12. Razonamiento de orden superior Muestra 4 × 30 en una recta numérica vacía. En otra recta numérica vacía, muestra 3 × 40. ¿En qué se parecen los problemas? ¿En qué se diferencian?

0

0

---

13. Razonar Martina tiene $504. Gasta $199 en nuevo software para su computadora. Usa el cálculo mental para hallar cuánto dinero le queda.

14. Usa bloques de valor de posición para hallar 1 × 40, 2 × 40, 3 × 40 y 4 × 40. ¿Qué es igual en cada producto que anotaste?

---

15. Un paquete de serpentinas de papel crepé tiene 2 rollos. Yamile compró 3 paquetes. ¿Cuántas pulgadas de papel crepé compró Yamile?

70 pulgadas de longitud

✓ Práctica para la evaluación

16. Selecciona todas las expresiones que tengan un producto de 300.

- ☐ 3 × 10
- ☐ 5 × 60
- ☐ 5 × 600
- ☐ 6 × 50
- ☐ 6 × 500

17. Selecciona todas las expresiones que tengan un producto de 240.

- ☐ 3 × 80
- ☐ 4 × 60
- ☐ 6 × 40
- ☐ 8 × 30
- ☐ 9 × 30

Nombre _____

Resuélvelo y coméntalo

Halla los productos de 4 × 50, 3 × 40 y 9 × 20. Describe los patrones que encuentres.

Puedo...
usar diferentes estrategias para hallar productos cuando un factor es un múltiplo de 10.

También puedo buscar patrones para resolver problemas.

Puedes buscar relaciones. Piensa en cómo los patrones de valor de posición pueden ayudarte a resolver los problemas.

¡Vuelve atrás! ¿Cómo puedes usar el valor de posición para describir los patrones de los productos?

Aprendizaje visual A-Z Glosario

Pregunta esencial

¿Cómo puede el valor de posición ayudarte a usar el cálculo mental para multiplicar por un múltiplo de 10?

A

Una caja común de crayones tiene 30 crayones. Una caja grande tiene 60 crayones. Hay 5 cajas comunes de crayones en un estante y 5 cajas grandes de crayones en otro estante. ¿Cuántos crayones hay en cada estante?

? crayones

5 cajas →

Puedes usar operaciones básicas de multiplicación para multiplicar por múltiplos de 10.

B Halla 5 × 30.

?

30	30	30	30	30

Piensa en decenas.
Multiplica 5 por la cantidad de decenas.

5 × 30 = 5 × 3 decenas

5 × 30 = 15 decenas

5 × 30 = 150

Hay 150 crayones en un estante.

C Halla 5 × 60.

?

60	60	60	60	60

A veces, la operación básica de multiplicación cambia la manera en que se ve el producto.

5 × 60 = 5 × 6 decenas

5 × 60 = 30 decenas

5 × 60 = 300

Hay 300 crayones en el otro estante.

¡Convénceme! **Entender y perseverar** Supón que hay 50 crayones en cada una de las 5 cajas. Usa el cálculo mental para hallar 5 × 50. ¿Cuántos crayones hay en 5 cajas?

Nombre _____

☆ Práctica guiada

¿Lo entiendes?

1. ¿Cómo puedes hallar el producto de 9 × 80? Explícalo.

2. Mili dice "4 × 6 es 4 grupos de 6 unidades. 4 veces 6 es igual a 24".

Completa las oraciones para describir 4 × 60 de manera similar.

4 × 60 es 4 grupos de 6 _____.
4 veces 60 es igual a _____.

¿Cómo hacerlo?

Para **3** a **8**, completa las ecuaciones.

3. 6 × 6 = _____
6 × 60 = _____

4. 3 × 2 = _____
3 × 20 = _____

5. 5 × 4 = _____
5 × 40 = _____

6. 8 × 2 = _____
80 × 2 = _____

7. 4 × 9 = _____
40 × 9 = _____

8. 7 × 8 = _____
70 × 8 = _____

☆ Práctica independiente

Práctica al nivel Para **9** a **19**, completa las ecuaciones.

9. 6 × 70 = (6 × _____) decenas
6 × 70 = _____ decenas
6 × 70 = _____

10. 9 × 50 = (9 × _____) decenas
9 × 50 = _____ decenas
9 × 50 = _____

11. 2 × 6 = _____
2 × 60 = _____

12. 5 × 8 = _____
5 × 80 = _____

13. 9 × 4 = _____
9 × 40 = _____

14. 2 × 30 = _____

15. 60 × 9 = _____

16. 8 × 20 = _____

17. 80 × 5 = _____

18. _____ = 90 × 2

19. 30 × 4 = _____

Resolución de problemas

20. La concha de mar de caballo puede alcanzar una longitud de 24 pulgadas. Usa la multiplicación para escribir 2 ecuaciones diferentes que representen la longitud de la concha de mar.

24 pulgadas de longitud

21. Representar con modelos matemáticos Juanita compra 7 hojas de estampillas en el correo. Cada hoja tiene 20 estampillas. ¿Cuántas estampillas compra en total? Explica cómo resolviste el problema. Di por qué escogiste ese método.

22. Álgebra ¿Qué valor hace que la siguiente ecuación sea verdadera?

$9 \times ? = 630$

23. Janet compró 137 cuentas verdes. Ahora tiene 349 cuentas. ¿Cuántas cuentas tenía Janet antes?

24. Razonamiento de orden superior Ali y su familia van a un parque de diversiones. Si van 2 adultos y 5 niños, ¿cuánto costarán los boletos?

✓ Práctica para la evaluación

25. El Sr. Ridley es dueño de una tienda de ropa. La tabla de la derecha muestra la cantidad de percheros y la cantidad de ropa en cada perchero. Empareja cada ecuación con su producto para hallar la cantidad de cada tipo de ropa que hay en los percheros.

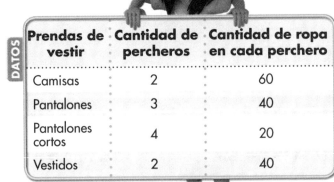

	80	120
$2 \times 60 = ?$	☐	☐
$3 \times 40 = ?$	☐	☐
$4 \times 20 = ?$	☐	☐
$2 \times 40 = ?$	☐	☐

DATOS

Prendas de vestir	Cantidad de percheros	Cantidad de ropa en cada perchero
Camisas	2	60
Pantalones	3	40
Pantalones cortos	4	20
Vestidos	2	40

Nombre _____

★ Resuélvelo y coméntalo ★

Tres estudiantes hallaron 5 × 30 de diferentes maneras. ¿Qué estudiante tiene razón? Explícalo.

Puedo...
usar las propiedades de multiplicación para hallar un producto cuando uno de los factores es un múltiplo de 10.

También puedo comentar sobre las matemáticas de otras personas.

Janice

Me imaginé 5 saltos de 30 en una recta numérica y conté de 30 en 30 como si contara de 3 en 3.
30, 60, 90, 120, 150

Eddy

30 = 3 × 10. Por tanto, 5 × 30 = 5 × 3 × 10. Primero, multipliqué 5 × 3 y obtuve 15. Luego, multipliqué 15 × 10 y obtuve 150.

Las propiedades pueden ayudarte a evaluar el razonamiento.

Clara

Es más fácil contar de 5 en 5 que de 3 en 3. Primero, multipliqué 5 × 10 y obtuve 50, y luego hallé 3 × 50 contando 50, 100, 150.

¡Vuelve atrás! ¿Qué propiedad de multiplicación usó Eddy en su razonamiento?

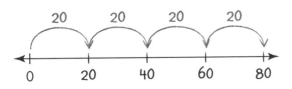 **Pregunta esencial**

¿Cómo puedes usar las propiedades para multiplicar por múltiplos de 10?

A

¿Cómo puedes hallar el producto de 4 × 20?

20   20   20   20

0   20   40   60   80

Sabes cómo usar una recta numérica vacía para representar la multiplicación.

Puedes usar las propiedades para explicar una regla para hallar un producto cuando un factor es un múltiplo de 10.

Recuerda el patrón de operaciones de multiplicación del 10. Piensa en el producto de un número y 10. El producto tiene un cero en el lugar de las unidades. El otro factor está escrito a la izquierda del cero.

B
Una manera

Puedes usar la propiedad asociativa de la multiplicación para agrupar factores.

$4 \times 20 = 4 \times (2 \times 10)$

$4 \times 20 = (4 \times 2) \times 10$

$4 \times 20 = 8 \times 10$

$4 \times 20 = 80$

Piensa en el 20 como 2 × 10.

C
Otra manera

Puedes usar la propiedad distributiva para descomponer un factor.

$4 \times 20 = (2 + 2) \times 20$

$4 \times 20 = (2 \times 20) + (2 \times 20)$

$4 \times 20 = 40 + 40$

$4 \times 20 = 80$

¡Convénceme! **Hacerlo con precisión** Usa propiedades de la multiplicación para explicar por qué $3 \times 60 = 18 \times 10$.

Nombre _____

☆Práctica guiada

¿Lo entiendes?

1. ¿Por qué puedes decir que
$3 \times 20 = (2 \times 20) + 20$?

2. ¿Por qué puedes decir que
$3 \times 20 = (3 \times 2) \times 10$?

¿Cómo hacerlo?

Para **3** y **4**, halla los productos usando las propiedades de la multiplicación.

3. $9 \times 60 = 9 \times (\underline{\quad} \times 10)$

$9 \times 60 = (9 \times \underline{\quad}) \times 10$

$9 \times 60 = \underline{\quad} \times 10 = \underline{\quad}$

4. $4 \times 90 = (\underline{\quad} + 2) \times 90$

$4 \times 90 = (\underline{\quad} \times 90) + (\underline{\quad} \times 90)$

$4 \times 90 = \underline{\quad} + \underline{\quad} = \underline{\quad}$

☆Práctica independiente

Práctica al nivel Para **5** a **12**, muestra cómo puedes hallar los productos usando las propiedades de la multiplicación.

5. $7 \times 60 = 7 \times (\underline{\quad} \times 10)$

$7 \times 60 = (7 \times \underline{\quad}) \times 10$

$7 \times 60 = \underline{\quad} \times 10 = \underline{\quad}$

6. $5 \times 40 = \underline{\quad} \times (\underline{\quad} \times 10)$

$5 \times 40 = (\underline{\quad} \times \underline{\quad}) \times 10$

$5 \times 40 = \underline{\quad} \times \underline{\quad} = \underline{\quad}$

7. 8×30

8. 4×70

9. 5×90

10. 8×80

11. 6×40

12. 9×80

Resolución de problemas

13. Mira la pictografía de la derecha. ¿Cuántas libras de periódicos recolectó la clase del Grado 3?

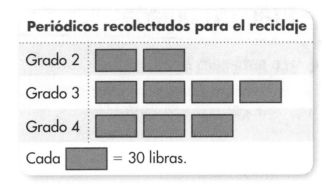

Periódicos recolectados para el reciclaje

Grado 2

Grado 3

Grado 4

Cada [ ] = 30 libras.

14. ¿Cuántas libras de periódicos recolectaron las clases del Grado 3 y del Grado 4 juntas? Explica tu plan para resolverlo.

15. Razonamiento de orden superior El Grado 5 recolectó 150 libras de periódicos. ¿Cuántos símbolos más que la fila del Grado 2 tendría la del Grado 5?

---

16. Generalizar Sin hallar los productos, ¿cómo puedes saber si 4×60 o si 7×40 es mayor?

17. Explica cómo puedes usar el cálculo mental para sumar $521 + 104$.

---

18. Tomás dijo que es fácil contar de 50 en 50. Explica cómo puede contar de 50 en 50 para hallar 5×60.

Puedes usar propiedades y ecuaciones como ayuda para construir argumentos.

Práctica para la evaluación

19. ¿Qué productos son iguales a 180? Selecciona todos los que apliquen.

- [ ] 1×80
- [ ] 6×30
- [ ] 3×60
- [ ] $6 \times (3 \times 10)$
- [ ] $3 \times (6 \times 10)$

20. ¿Qué productos son iguales a 200? Selecciona todos los que apliquen.

- [ ] 2×10
- [ ] 5×40
- [ ] 4×50
- [ ] $5 \times (4 \times 10)$
- [ ] $2 \times (1 \times 10)$

Nombre _____

Resuélvelo y coméntalo Stefan dice que puede usar esta tabla de multiplicar como ayuda para multiplicar 3 × 40 y obtener 120. Explica la estrategia de Stefan.

Puedo...
usar patrones para describir relaciones entre cantidades.

También puedo multiplicar por múltiplos de diez.

×	0	1	2	3	4	5	6
0	0	0	0	0	0	0	0
1	0	1	2	3	4	5	6
2	0	2	4	6	8	10	12
3	0	3	6	9	12	15	18
4	0	4	8	12	16	20	24
5	0	5	10	15	20	25	30
6	0	6	12	18	24	30	36

Hábitos de razonamiento

¡Razona correctamente! Estas preguntas te pueden ayudar.

- ¿Qué patrones puedo ver y describir?
- ¿Cómo puedo usar los patrones para resolver el problema?
- ¿Puedo ver las expresiones y los objetos de una manera diferente?

¡Vuelve atrás! **Usar la estructura** ¿Puede Stefan usar la tabla de multiplicar para multiplicar 4 × 40 de la misma manera? Explica cómo lo decidiste.

Pregunta esencial

¿Cómo puedo usar la estructura para multiplicar con múltiplos de 10?

A

Halla los productos que faltan en la tabla de multiplicar.

×	10	20	30	40	50	60	70	80	90
4	40	80				240		320	
5	50		150				350		
6	60		180				420		

Puedes buscar relaciones en la tabla de multiplicar.

B

¿Cómo puedo usar la estructura para resolver este problema?

Puedo

- buscar patrones como ayuda para resolver un problema.

- describir los patrones que encuentro.

- identificar cómo se organizan los números.

C

Este es mi razonamiento...

Al moverme hacia abajo en la columna, los números aumentan según el valor de la columna.

Al moverme horizontalmente en las filas, los números aumentan según el valor de la columna donde el 10 es un factor.

Usé los patrones que conozco para multiplicar por múltiplos de 10.

×	10	20	30	40	50	60	70	80	90
4	40	80	120	160	200	240	280	320	360
5	50	100	150	200	250	300	350	400	450
6	60	120	180	240	300	360	420	480	540

¡Convénceme! **Usar la estructura** El dígito de las unidades nunca cambia en los productos de la anterior tabla de multiplicar. Explica por qué.

Práctica Herramientas Evaluación

☆Práctica guiada

Usar la estructura

Sam está horneando pastelitos. Está decidiendo si va a hornear 7 u 8 tandas de pastelitos. También está decidiendo si va a usar 40, 50, 60 o 70 pasas en cada tanda. Sam hace esta tabla para mostrar la cantidad total de pasas que necesitaría en cada caso.

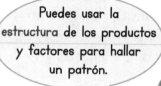
Puedes usar la estructura de los productos y factores para hallar un patrón.

1. Halla los productos que faltan en la tabla para mostrar cuántas pasas usará Sam en cada tanda de pastelitos. Piensa en los patrones o las propiedades que conoces.

×	40	50	60	70
7			420	
8	320			

2. Sam usa 480 pasas en total. ¿Cuántas tandas horneó? ¿Cuántas pasas usa en cada tanda?

☆Práctica independiente

Usar la estructura

Juliana está poniendo sus calcomanías en filas iguales. Está decidiendo si va a usar 20, 30, 40 o 50 calcomanías en cada fila. También está decidiendo si quiere 2, 3 o 4 filas. Juliana hace esta tabla para mostrar la cantidad total de calcomanías que necesitaría en cada caso.

3. Halla los productos que faltan en la tabla para mostrar cuántas calcomanías necesitaría Juliana en cada caso. Piensa en los patrones o propiedades que conoces.

×	20	30	40	50
2	40	60		
3	60			
4				200

4. Juliana usa 150 calcomanías en total. ¿En cuántas filas puso las calcomanías? ¿Cuántas calcomanías pone en cada fila?

Resolución de problemas

Lecciones de música

Este mes, cuatro estudiantes tomaron clases de música para diferentes instrumentos. Quieren saber quién gastó más dinero en lecciones de música.

Estudiante	Julia	Li	Miguel	Rita
Precio por lección (dólares)	60	20	10	· 40
Duración de la lección (minutos)	60	60	50	90
Cantidad de lecciones	4	8	9	7
Costo total (dólares)	___	___	___	___

5. **Entender y perseverar** ¿Qué tienes que hacer para resolver el problema?

6. **Usar la estructura** ¿Cómo puedes hallar la cantidad total que gastó cada estudiante? Piensa en las propiedades o los patrones que conoces.

> Piensa en y busca relaciones para ayudarte a resolver problemas.

7. **Representar con modelos matemáticos** Usa las matemáticas que conoces para completar la tabla. Haz un círculo alrededor del nombre del estudiante que gastó la mayor cantidad.

8. **Construir argumentos** ¿Es el estudiante que gastó la mayor cantidad por cada lección el mismo estudiante que gastó la mayor cantidad total? Explica por qué.

Nombre _____

Sombrea una ruta que vaya desde la **SALIDA** hasta la **META**. Sigue las sumas y diferencias que estén correctas. Solo te puedes mover hacia arriba, hacia abajo, hacia la derecha o hacia la izquierda.

Puedo...
sumar y restar hasta 1,000.

También puedo hacer mi trabajo con precisión.

Salida				
574 + 390 964	999 − 632 331	123 + 612 475	587 + 219 736	501 − 444 95
914 − 627 287	242 + 486 568	794 − 632 162	497 + 493 990	999 − 256 743
399 + 469 868	687 − 413 264	887 − 199 688	718 − 256 262	378 + 511 889
924 − 885 39	653 + 342 995	242 + 547 789	852 − 231 651	593 − 528 65
374 + 469 799	408 − 122 530	523 + 304 821	315 + 411 737	879 − 465 414

Meta

Repaso del vocabulario

Glosario

Lista de palabras

- contar salteado
- factor
- grupos iguales
- producto
- propiedad asociativa de la multiplicación
- propiedad distributiva
- recta numérica vacía

Comprender el vocabulario

1. *Cuenta* de 20 en 20. Tacha cualquier número que **NO** dices cuando cuentas de 20 en 20.

   20   30   40   50   90

2. Tacha cualquier ecuación en la que 10 **NO** es un *factor*.

   $3 \times 10 = 30$ $10 = 5 \times 2$ $50 = 10 \times 5$ $10 \times 0 = 0$

3. Tacha cualquier ecuación que **NO** muestra la *propiedad asociativa de la multiplicación*.

   $(4 \times 6) \times 7 = 4 \times (6 \times 7)$ $4 \times 3 = 3 \times 4$ $0 = 2 \times 0$

4. Tacha cualquier ecuación en la que 8 **NO** es el *producto*.

   $8 = 2 \times 4$ $8 \times 8 = 64$ $2 \times (4 \times 1) = 8$ $2 \times 8 = 16$

Escribe V para verdadero o F para falso.

 **5.** Un ejemplo de la *propiedad distributiva* es $6 \times 0 = 0$.

 **6.** Los *grupos iguales* tienen la misma cantidad en cada grupo.

_____ **7.** Una *recta numérica* vacía es una línea sencilla que se puede usar como ayuda para multiplicar.

Usar el vocabulario al escribir

8. Usa por lo menos 2 términos de la Lista de palabras para explicar cómo resolver 3×30.

Nombre _____

Grupo A | páginas 381 a 384 _____

Refuerzo

Halla 5 × 70.

Muestra 5 saltos de 70 en la recta numérica.

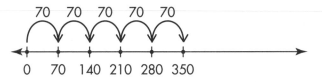

70   70   70   70   70

0   70   140   210   280   350

1 salto de 70 es 70. $1 × 70 = 70$

2 saltos de 70 son 140. $2 × 70 = 140$

3 saltos de 70 son 210. $3 × 70 = 210$

4 saltos de 70 son 280. $4 × 70 = 280$

5 saltos de 70 son 350. $5 × 70 = 350$

Hay patrones de valor de posición al multiplicar por 10.

Recuerda que puedes contar salteado para mostrar la multiplicación.

Para **1** a **3**, usa una recta númerica para resolver.

1. $4 × 80$

0

2. $7 × 20$

0

3. $3 × 50$

0

Grupo B | páginas 385 a 388 _____

Puedes usar operaciones básicas de multiplicación para multiplicar por múltiplos de 10.

Halla 6 × 30.

Multiplica la cantidad de decenas por 6.

$6 × 30 = 6 × 3$ decenas
$6 × 30 = 18$ decenas
$6 × 30 = 180$

¡Los patrones de valor de posición pueden ayudarte a aprender un atajo!

Recuerda que debes pensar en las operaciones básicas.

Para **1** a **10**, halla los productos.

1. $3 × 30$ **2.** $50 × 9$

3. $6 × 60$ **4.** $5 × 80$

5. $8 × 40$ **6.** $80 × 7$

7. $70 × 4$ **8.** $8 × 30$

9. $7 × 70$ **10.** $60 × 5$

Halla 7×80.

Piensa en 80 como 8×10. Luego usa la propiedad asociativa de la multiplicación.

$7 \times 80 = 7 \times (8 \times 10)$
$7 \times 80 = (7 \times 8) \times 10$
$7 \times 80 = 56 \times 10$
$7 \times 80 = 560$

Puedes usar las propiedades de las operaciones, como la propiedad asociativa y la propiedad distributiva, como ayuda para multiplicar.

Recuerda que la propiedad asociativa de la multiplicación te permite reagrupar factores.

Para **1** y **2**, halla los productos usando las propiedades.

1. $5 \times 80 = 5 \times (\underline{\quad} \times 10)$

   $5 \times 80 = (5 \times \underline{\quad}) \times 10$

   $5 \times 80 = \underline{\quad} \times 10 = \underline{\quad}$

2. $7 \times 40 = \underline{\quad} \times (\underline{\quad} \times 10)$

   $7 \times 40 = (\underline{\quad} \times \underline{\quad}) \times 10$

   $7 \times 40 = \underline{\quad} \times 10 = \underline{\quad}$

Piensa en estas preguntas para ayudarte a **usar la estructura**.

Hábitos de razonamiento

- ¿Qué patrones puedo ver y describir?

- ¿Cómo puedo usar los patrones para resolver el problema?

- ¿Puedo ver las expresiones y los objetos de una manera diferente?

Recuerda que debes usar patrones y propiedades para multiplicar por múltiplos de 10.

Christy está haciendo un plan de ahorros. Quiere saber cuánto ahorrará si guarda $40 a la semana por 6, 7, 8 o 9 semanas.

1. ¿Cómo puedes usar patrones para resolver el problema?

2. Halla la cantidad total que Christy ahorraría después de 6, 7, 8 o 9 semanas. Piensa en patrones o propiedades que conoces.

Nombre _____

Práctica para la evaluación

1. Julia le da una hoja de calcomanías a cada uno de sus 4 amigos. Cada hoja tiene 20 calcomanías. ¿Cuántas calcomanías tienen sus amigos en total?

2. Selecciona todas las expresiones iguales a 8 × 60.

- ☐ 48 × 10
- ☐ 6 × 80
- ☐ (8 × 6) × 10
- ☐ 8 × (8 × 10)
- ☐ 60 × 80

3. La Sra. Rangel compró 80 cajas de jugos para la fiesta escolar. Hay 8 jugos en cada caja. ¿Cuántos jugos compró la Sra. Rangel? Explica cómo resolverlo.

4. Los maestros de tercer grado de la escuela de Jenny necesitan 5 cajas de carpetas amarillas y 4 cajas de carpetas rojas. Cada caja tiene 40 carpetas. ¿Cuántas carpetas necesitan los maestros?

- Ⓐ 160
- Ⓒ 320
- Ⓑ 200
- Ⓓ 360

5. Escribe las expresiones en el espacio de respuesta correcto para mostrar expresiones iguales a 6 × 30 y 3 × 80.

6 × 30	3 × 80

(3 × 8) × 10   6 × (3 × 10)

3 × (6 × 10)   18 × 10

24 × 10   3 × (8 × 10)

8 × (3 × 10)   (6 × 3) × 10

6. Empareja cada expresión de la izquierda con una expresión igual.

	42 × 10	24 × 10	36 × 10	28 × 10
6 × 60	☐	☐	☐	☐
6 × 70	☐	☐	☐	☐
7 × 40	☐	☐	☐	☐
6 × 40	☐	☐	☐	☐

7. ¿Cuánto es 4×30?

Ⓐ 22

Ⓑ 34

Ⓒ 120

Ⓓ 160

8. Tyler hace 40 flexiones de pecho todos los días. ¿Cuántas flexiones de pecho hace en 5 días?

9. La membresía familiar a un museo infantil cuesta $90 por el año. El viernes 5 familias compraron membresías. ¿Cuánto dinero recaudó el museo por las nuevas membresías?

10. Selecciona todas las expresiones que son iguales a 7×50.

☐ $7 \times (5 \times 10)$

☐ 35×10

☐ 7×5

☐ 75×10

☐ $(7 \times 5) \times 10$

11. Tyrone maneja 30 millas todos los días. ¿Cuántas millas maneja Tyrone en 7 días?

A. Usa una recta numérica para resolver el problema.

B. Describe otra manera de resolver el problema.

Nombre _____

Mascotas en adopción

Carson y Adriana hacen trabajo voluntario en un refugio de animales local. La tarifa de adopción varía según el animal y su edad.

Carson hizo una gráfica de **Tarifas de adopción** para mostrar las tarifas por perros adultos, cachorros, gatos adultos y gatitos. Adriana anotó en la tabla **Animales adoptados** la cantidad de animales adoptados durante el verano.

Usa la gráfica de **Tarifas de adopción** y la tabla **Animales adoptados** para responder las preguntas **1** a **3**.

1. Carson quiere hallar el total de tarifas que cobró el refugio por la adopción de perros adultos. Muestra cómo puede Carson usar una recta numérica para hacerlo.

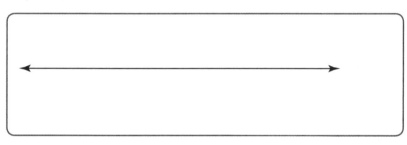

2. Adriana dice que puede usar (4 × 8) × 10 para hallar el total de tarifas por la adopción de cachorros. ¿Tiene razón? Explica por qué. Luego halla el total.

Animales adoptados	
Perro adulto	8
Cachorro	4
Gato adulto	5
Gatito	3

3. Halla las tarifas de adopción que cobró el refugio de animales por los gatitos. Piensa en los patrones o propiedades que conoces. Muestra tu trabajo.

El refugio de animales vende paquetes de juguetes para las mascotas.

La gráfica de **Paquetes de juguetes** muestra la cantidad que se ganó por diferentes tipos de paquetes. La tabla **Paquetes de juguetes vendidos** muestra cuántos paquetes se vendieron en el verano.

Usa la gráfica de **Paquetes de juguetes** y la tabla **Paquetes de juguetes vendidos** para responder a las preguntas **4** y **5**.

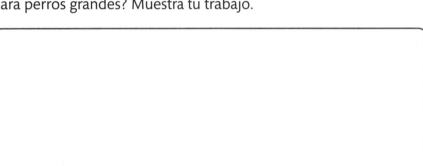

4. ¿Cuánto dinero ganó el refugio de animales por los juguetes para perros grandes? Muestra tu trabajo.

Paquetes de juguetes vendidos	
Perro grande	5
Perro pequeño	7

5. Carson dice que el refugio ganó más dinero vendiendo juguetes para perros pequeños que para perros grandes. ¿Tiene razón? Explica por qué.

Usa la gráfica de **Paquetes de juguetes** para responder la pregunta **6**.

6. Adriana se olvidó de anotar la cantidad de paquetes para gatos que se vendieron. Sabe que el refugio ganó un total de $140 por los juguetes para gatos. ¿Cuántos paquetes de juguetes para gatos vendieron?

Usar operaciones con números enteros para resolver problemas

Pregunta esencial: ¿Cuáles son algunas maneras de resolver problemas de 2 pasos?

¡Es divertido construir algo que has diseñado! Este es un proyecto de ingeniería.

Hay cometas de muchas formas y tamaños.

Los ingenieros tienen que considerar cuánto material, tiempo y dinero necesitan para crear un buen diseño.

Proyecto de :enVision· STEM: Diseño de ingeniería

Investigar Usa la Internet u otras fuentes para buscar información sobre las cometas. Busca dos diseños para construir una cometa. ¿Qué materiales necesitas para cada diseño? ¿Cuánto cuestan esos materiales?

Diario: Escribir un informe Incluye lo que averiguaste. En tu informe, también:

- halla el costo total de cada diseño.
- decide cuál es el diseño más barato.
- escribe una ecuación para mostrar cuánto más barato es el diseño.

✫Repasa lo que sabes✫

A-Z Vocabulario

Escoge el mejor término del recuadro.
Escríbelo en el espacio en blanco.

• cociente	• ecuación
• desconocido	• producto

1. El signo igual muestra que el número del lado izquierdo de un/una _____ tiene el mismo valor que el número del lado derecho.

2. Un signo de interrogación puede representar un valor _____.

3. La respuesta a una división es el/la _____.

Suma y resta

4. $739 - 104$

5. $512 + 216$

6. $710 - 569$

7. $104 + 67$

8. $664 + 78$

9. $825 - 477$

Multiplicación y división

10. $60 \div 6$

11. 40×4

12. 7×3

13. $(3 \times 10) \times 6 =$

   Ⓐ $(3 \times 10) + (6 \times 10)$

   Ⓑ $(3 \times 6) + (10 \times 6)$

   Ⓒ $3 \times (10 \times 6)$

   Ⓓ $(10 + 10 + 10) + 6$

14. $4 \times (20 \times 2) =$

   Ⓐ $(4 \times 20) \times 2$

   Ⓑ $(4 \times 20) + (4 \times 2)$

   Ⓒ $4 + (20 + 20)$

   Ⓓ $(4 + 20) + (4 + 2)$

Representar con modelos matemáticos

15. César tiene 8 carros de juguete. Cada carro tiene 4 ruedas. Quiere saber cuántas ruedas tienen todos sus carros. Representa este problema con un diagrama de barras y una ecuación. Luego, resuélvelo.

Nombre

PROYECTO 11A

¿Por qué las tiendas hacen ofertas y otras promociones?

Proyecto: Escribe una escena sobre una oferta

PROYECTO 11B

¿Cómo llegó la toronja a la Florida?

Proyecto: Crea un cartel sobre un huerto de toronjas

PROYECTO 11C

¿Cómo harías un presupuesto para vender limonada en un puesto?

Proyecto: Canta una canción sobre la limonada

Representación matemática

Cubeta de dinero

Video

Antes de ver el video, piensa:

Vender entradas para una obra de teatro ayuda a pagar el vestuario que usan los actores.

Puedo...
representar con modelos matemáticos para resolver problemas relacionados con el cálculo de números enteros.

Nombre _____

Resuélvelo y coméntalo

Jim compra una mochila y una bolsa de dormir. Si gasta más de $200, recibe un descuento de $10. ¿Cuál es el costo total de las compras de Jim? Completa el siguiente diagrama de barras. Luego, dibuja otro diagrama para resolver el problema.

Puedo...
dibujar diagramas y escribir ecuaciones para mostrar cómo se relacionan las cantidades en un problema.

También puedo razonar sobre las matemáticas.

DATOS	Artículo	Precio
	Asador	$138
	Mochila	$89
	Linterna	$78
	Bolsa de dormir	$128

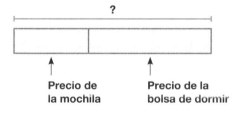

?

↑ Precio de la mochila   ↑ Precio de la bolsa de dormir

Razona. Puedes dibujar más de un diagrama y escribir más de una ecuación para resolver problemas de 2 pasos.

¡Vuelve atrás! ¿Cómo puedes hacer una estimación para mostrar que el precio total que hallaste de la mochila y la bolsa de dormir tiene sentido?

Pregunta esencial

¿Cómo puedes usar diagramas para resolver problemas de 2 pasos?

Puente de aprendizaje visual

A

La tabla de la derecha muestra los resultados de una encuesta sobre carros. ¿Cuántos carros con bajo rendimiento de combustible menos que carros con alto o regular rendimiento hay? Usa la estimación para comprobar tu respuesta.

DATOS

Encuesta sobre carros económicos en combustible	
Rendimiento de combustible	Cantidad de carros
Alto	98
Regular	165
Bajo	224

Puedes dibujar diagramas de barras como ayuda. Puedes usar una letra para representar la cantidad desconocida.

B **Halla la pregunta escondida y respóndela.**

En la encuesta, ¿cuántos carros en total tienen un rendimiento de combustible alto o regular?

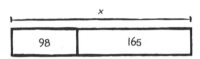

x	
98	165

x es la cantidad total desconocida.

$x = 98 + 165$

$\quad\;\;\downarrow\qquad\downarrow$
$\quad +2\quad -2$
$\quad\;\;\downarrow\qquad\downarrow$

$= 100 + 163$

$= 263$

Puedes redondear 98 a 100 para hacer una estimación: $100 + 165 = 265$. 265 está cerca de 263. La respuesta es razonable.

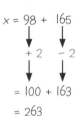

263 carros tienen un rendimiento de combustible alto o regular.

C **Responde a la pregunta original.**

¿Cuántos carros menos tienen bajo rendimiento de combustible?

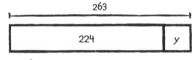

263	
224	y

y es la diferencia desconocida.

$y = 263 - 224$

$$\begin{array}{r} 263 \\ -\,200 \\ \hline 63 \\ -\,20 \\ \hline 43 \\ -\,3 \\ \hline 40 \\ -\,1 \\ \hline 39 \end{array}$$

Puedes redondear $263 - 234$ a $260 - 230$ para hacer una estimación. 30 está cerca de 39. La respuesta es razonable.

39 carros menos tienen bajo rendimiento de combustible.

¡Convénceme! **Evaluar el razonamiento** Jane usó la estimación para comprobar si el trabajo anterior es razonable. Explica si el trabajo de Jane tiene sentido.

165 y 98 es aproximadamente 200.
224 menos 200 es igual a 24, que está cerca de 39.

Práctica Herramientas Evaluación

✰Práctica guiada

¿Lo entiendes?

1. ¿Cómo te ayudan los diagramas de barras a escribir ecuaciones para el problema de la página anterior?

¿Cómo hacerlo?

2. Josefa tiene $145. Se compra una bicicleta que cuesta $127. La siguiente semana ahorra $15. ¿Cuánto dinero tiene ahora Josefa? Completa los diagramas de barras y escribe ecuaciones para resolver el problema.

_____	
_____	*d*

← Dinero que sobra después de comprar la bicicleta

a ← Dinero ahora

_____	_____

✰Práctica independiente

Para **3**, usa el mapa. Dibuja diagramas y escribe ecuaciones para resolverlo. Usa letras para representar las cantidades desconocidas.

3. La familia de Manuel viajó en carro desde Louisville hasta Indianápolis, después a Detroit y luego regresaron directamente a Louisville. ¿Cuántas millas más viajaron cuando fueron a Detroit que cuando regresaron de Detroit?

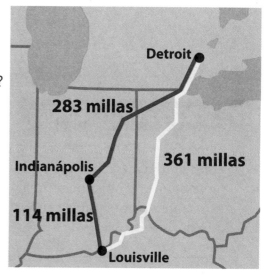

Detroit

283 millas

361 millas

Indianápolis

114 millas

Louisville

4. ¿Qué estimación puedes hacer para comprobar si tu respuesta anterior es razonable? Explícalo.

Resolución de problemas

5. Escribe ecuaciones para hallar cuántos boletos más para los columpios se vendieron en ambos días en total más que para la montaña rusa el sábado. Usa letras para representar las cantidades desconocidas. Puedes dibujar diagramas como ayuda.

Cantidad de boletos vendidos		
Juegos mecánicos	Sábado	Domingo
Rueda de Chicago	368	302
Montaña rusa	486	456
Columpios	138	154

6. Razonamiento de orden superior Escribe un problema de 2 pasos sobre comprar o vender que se pueda resolver con la suma o la resta. Resuelve tu problema.

7. enVision® STEM Lindsay tiene 6 cajas de palillos. Cada caja tiene 80 palillos. Lindsay usa todos los palillos para armar un modelo de un puente. ¿Cuántos palillos usa Lindsay en total?

8. Representar con modelos matemáticos Matt tiene 327 botellas plásticas para reciclar. El lunes, recicló 118 botellas. El martes, recicló 123 botellas. ¿Cuántas botellas le quedan por reciclar? Usa representaciones, como diagramas de barras o ecuaciones, para representar con modelos matemáticos. Usa letras para representar las cantidades desconocidas. Haz una estimación para comprobar tu respuesta.

> Al comprobar tu respuesta, recuerda que debes hacer una estimación en cada paso.

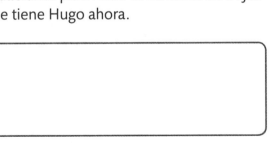

Práctica para la evaluación

9. Hugo tiene 142 hojas de árboles en su colección. Le da 25 hojas a su hermano y luego reúne 19 hojas más. Crea y resuelve ecuaciones para hallar la cantidad de hojas que tiene Hugo ahora.

10. Richard tenía $236 en su cuenta de ahorros. Recibió $45 en su cumpleaños y ahorró todo menos $16. Crea y resuelve ecuaciones para hallar la cantidad que tiene Richard en la cuenta de ahorros ahora.

Nombre _____

Resuélvelo y coméntalo

Dos amigos recogieron manzanas y las compartieron por igual. Llenaron las bolsas que se muestran a continuación con 4 manzanas en cada bolsa. ¿Cuántas manzanas recibirá cada amigo?

Puedo...
dibujar diagramas y escribir ecuaciones para mostrar cómo se relacionan las cantidades de un problema.

También puedo razonar sobre las matemáticas.

Razona. Puedes usar diagramas y ecuaciones para mostrar cómo se relacionan los números de los problemas de 2 pasos.

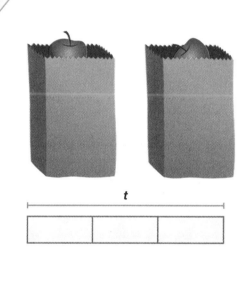

¡Vuelve atrás! Di por qué se puede usar la multiplicación para hallar la cantidad total de manzanas.

Pregunta esencial

¿Cómo puedes usar diagramas para resolver problemas de 2 pasos?

A

Los equipos del Torneo de béisbol de la ciudad están divididos por igual en 3 ligas. Cada liga está dividida en 2 regiones con la misma cantidad de equipos en cada región. ¿Cuántos equipos hay en cada región?

Puedes representar este problema con diagramas de barras. Puedes usar una letra para representar la cantidad desconocida.

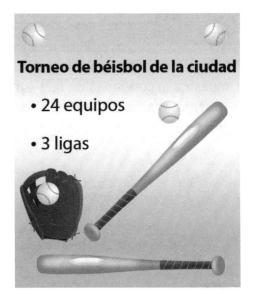

Torneo de béisbol de la ciudad

• 24 equipos

• 3 ligas

B Paso 1

Halla la pregunta escondida y respóndela.

¿Cuántos equipos hay en cada liga?

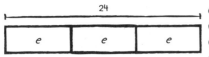

e es la cantidad desconocida de equipos en cada liga.

$t = 24 \div 3$

$t = 8$

Hay 8 equipos en cada liga.

C Paso 2

Usa la respuesta a la pregunta escondida para responder a la pregunta original.

¿Cuántos equipos hay en cada región?

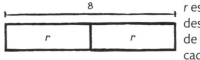

r es la cantidad desconocida de equipos en cada región.

$r = 8 \div 2$

$r = 4$

Hay 4 equipos en cada región.

¡Convénceme! **Entender y perseverar** Hay otro torneo con 2 ligas y 9 equipos en cada liga. La misma cantidad de equipos va a jugar durante cada uno de los 3 días del torneo. Cada equipo va a jugar una vez. ¿Cuántos equipos van a jugar cada día?

Nombre _____

☆ Práctica guiada

¿Lo entiendes?

1. ¿Por qué tienes que hallar primero la respuesta a la pregunta escondida para resolver el problema del recuadro A en la página anterior?

2. ¿Qué ecuación de multiplicación se puede escribir para el diagrama del recuadro C en la página anterior?

Recuerda que la multiplicación puede ayudarte a resolver divisiones.

¿Cómo hacerlo?

Para **3**, completa los diagramas de barras y escribe ecuaciones para resolver el problema.

3. 8 estudiantes viajan en 2 minibuses escolares, que llevan la misma cantidad de estudiantes cada uno. La tarifa para cada estudiante es $5. ¿Cuál es la tarifa total para todos los estudiantes de un microbús?

| e | e | ← Estudiantes en cada microbús

t ← Tarifa total

☆ Práctica independiente ☆

Para **4**, dibuja diagramas y escribe ecuaciones para resolver el problema. Usa letras para representar las cantidades desconocidas.

4. Arif ahorra $4 por semana. Después de 6 semanas, gasta todo el dinero que ahorró en 3 artículos. Cada artículo cuesta la misma cantidad. ¿Cuánto cuesta cada artículo?

5. Georgia dice que, como sabe que $5 \times 4 = 20$, también sabe que Arif habrá ahorrado más de $20. ¿Tiene razón Georgia? Explícalo.

Resolución de problemas

6. Hacerlo con precisión Una de las clases del Grado 3 recolectó 86 libras de periódicos. La otra clase recolectó 65 libras de periódicos. ¿Qué grado recolectó más libras de periódicos?

DATOS

Libras de periódico recolectadas	
Grado	Libras de periódico
3	?
4	75
5	125

7. 2 amigos se reparten seis libras de pacanas por igual. Cada libra tiene 60 pacanas. ¿Cuántas pacanas recibe cada amigo? Escribe ecuaciones para resolver el problema. Usa letras para representar las cantidades desconocidas.

8. Razonamiento de orden superior Una tienda puede comprar cajas con 8 calculadoras por $32 o cajas con 5 calculadoras por $30. ¿Cuánto menos cuesta cada calculadora si la tienda compra cajas de 8 en vez de cajas de 5? Completa los diagramas de barras y resuelve el problema.

c	c	c	c	c	c	c	c

p	p	p	p	p

Piensa en lo que sabes y en lo que debes hallar.

Práctica para la evaluación

9. Durante un partido de básquetbol, Morgan anotó 9 canastas de 2 puntos cada una. Jim anotó la misma cantidad de puntos, pero solamente hizo canastas de 3 puntos cada una. ¿Cuántas canastas anotó Jim?

   Ⓐ   4 canastas   Ⓒ   8 canastas

   Ⓑ   6 canastas   Ⓓ   9 canastas

10. Miranda ahorró la misma cantidad de dinero por semana durante 6 semanas. Heather ahorró $3 por semana durante 8 semanas. Miranda y Heather ahorraron la misma cantidad total. ¿Qué ecuación podrías usar como ayuda para hallar cuánto ahorró Miranda por semana?

   Ⓐ $a = 8 \times 6$ Ⓒ $a = 6 \div 3$

   Ⓑ $a = 6 \times 3$ Ⓓ $a = 24 \div 6$

Nombre _____

Resuélvelo y coméntalo

Un tanque grande de un acuario tenía 75 peces payaso. Se añadieron al tanque los peces payasos representados en la gráfica. ¿Cuántos peces payaso hay en el tanque ahora? Escribe y explica cómo hallaste la respuesta.

Puedo...
resolver problemas verbales de dos pasos que incluyen diferentes operaciones.

También puedo entender bien los problemas.

Entiende y persevera. Piensa en la información que necesitas para resolver el problema.

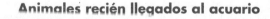

Animales recién llegados al acuario

Peces payaso	△ △ △ △ △ △ △ △
Estrellas de mar	△ △ △ △ △
Cangrejos	△ △ △ △ △ △

Cada △ = 5 animales.

¡Vuelve atrás! ¿Qué operaciones usaste para resolver este problema? Di por qué necesitaste esas operaciones.

A

Pregunta esencial **¿Cómo puedes resolver problemas de 2 pasos?**

Jill puede alquilar un carro y un GPS (Sistema de Posicionamiento Global) por $325 por 7 días. ¿Cuánto cuesta alquilar el carro por una semana sin el GPS? Usa la estimación para comprobar la respuesta.

a = costo de alquilar el GPS por 7 días

b = costo de alquilar el carro sin el GPS por 7 días

DATOS	**Costos adicionales del alquiler de carro**	
	Reproductor de DVD	$6 al día
	GPS	$9 al día
	Silla para bebés	$10 al día

Se necesitan dos operaciones para resolver este problema.

B

Para resolver un problema de dos pasos, primero debes hallar la respuesta a la pregunta escondida.

La pregunta escondida es:

¿Cuánto cuesta alquilar el GPS por 7 días?

Escribe y resuelve una ecuación para la pregunta escondida. Usa una letra para representar la cantidad desconocida.

$7 \times \$9 = a$

$\$63 = a$

Alquilar el GPS por 7 días cuesta $63.

C

Escribe y resuelve una ecuación para el problema. Usa una letra para representar la cantidad desconocida.

$\$325 - \$63 = b$

$\$262 = b$

Alquilar el carro sin el GPS por 7 días cuesta $262.

Puedes usar números compatibles y el cálculo mental para estimar $7 \times 9 = 63$. 63 está cerca de 75 y $325 - 75$ es 250. 250 está cerca de 262; por tanto, la respuesta es razonable.

¡Convénceme! **Usar la estructura** Jill puede alquilar otro carro con un reproductor de DVD por $384 por 7 días. Quiere saber el costo de alquilar el carro por una semana sin el reproductor de DVD. Explica en qué se diferencia este problema del problema anterior. Luego, resúelvelo.

Práctica Herramientas Evaluación

☆ Práctica guiada

¿Lo entiendes?

1. Dora dice que también podrías usar
$63 + b = 325$ en vez de $325 - 63 = b$
en el problema de la página anterior. ¿Se
puede usar esta ecuación para obtener la
respuesta correcta? Explícalo.

2. Cuando resuelves un problema de dos
pasos, ¿por qué debes responder a la
pregunta escondida primero?

¿Cómo hacerlo?

Para **3**, escribe ecuaciones para resolver
el problema. Usa letras para representar
las cantidades desconocidas.

3. Mira el recuadro A de la página anterior.
¿Cuánto le costará a Jill alquilar el
carro por una semana con el GPS y el
reproductor de DVD?

☆ Práctica independiente

Para **4** y **5**, escribe ecuaciones para resolver los problemas. Usa letras
para representar las cantidades desconocidas.

4. Tere compró 4 yardas de cuerda para hacer un columpio. Juana
gastó $18 en otra cuerda. ¿Cuánto gastaron ambas niñas en total?

$3 POR YARDA

5. Martha tiene 12 estampillas y Toni tiene 21. Toni divide sus estampillas
en 3 grupos iguales y le da un grupo a Martha. ¿Cuántas estampillas
tiene Martha ahora?

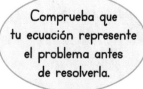

Comprueba que
tu ecuación represente
el problema antes
de resolverla.

Resolución de problemas

Para **6** y **7**, usa las frutas que se muestran a la derecha.

6. Mauricio necesita 36 manzanas para su fiesta. ¿Cuánto costarán las manzanas?

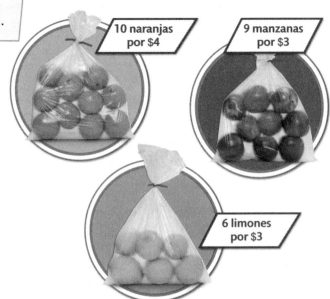

10 naranjas por $4

9 manzanas por $3

6 limones por $3

7. **Razonamiento de orden superior** Delia compró 24 limones y 63 manzanas. ¿Cuánto gastó en las frutas?

---

8. **A-Z Vocabulario** Completa el espacio en blanco.

Cuando _____ 72 a la decena más cercana, obtienes 70.

9. **Generalizar** Carla recolectó 328 conchas marinas y Dan recolectó 176. ¿Cómo puedes usar números compatibles para estimar cuántas conchas marinas recolectaron?

---

10. **enVision®** STEM Sasha está utilizando el proceso de diseño de ingeniería para planear un poste rascador de tres niveles para su gato. Gastará $10 en el poste y $7 en cada nivel. El plan de Sasha para calcular el costo total aparece a la derecha. ¿Tiene razón? Explícalo.

$3 \times \$10 = \$30$
$\$30 + \$7 = \$37$

☑ Práctica para la evaluación

11. Usa las frutas de los Ejercicios **6** y **7**. Kaylie compró 4 bolsas de naranjas y 1 bolsa de manzanas. ¿Cuántas frutas compró? Escribe ecuaciones para resolverlo. Usa letras para representar las cantidades desconocidas.

Nombre _____

Resuélvelo y coméntalo

Los boletos de adultos para un concierto cuestan $12 y los boletos para estudiantes cuestan $9. Marie tiene $190. Quiere comprar 1 boleto para un adulto y 20 boletos para estudiantes.

Simón dice "$190 es suficiente para comprar todos los boletos, porque $9 × 20 = $180 y $180 es menos que $190".

¿Tiene sentido el razonamiento de Simón? Explícalo.

Puedo...
evaluar el razonamiento de otros usando lo que sé sobre la estimación.

También puedo resolver problemas de varios pasos.

Hábitos de razonamiento

¡Razona correctamente! Estas preguntas te pueden ayudar.

- ¿Qué preguntas puedo hacer para entender el razonamiento de otros?

- ¿Hay errores en el razonamiento de otros?

- ¿Puedo mejorar el razonamiento de otros?

¡Vuelve atrás! **Evaluar el razonamiento** ¿Qué es correcto y qué es incorrecto en el razonamiento de Simón?

Pregunta esencial

¿Cómo puedes evaluar el razonamiento de otros?

A

Leila tiene $68. Ella gana $9 la hora cuidando niños. Quiere comprar un programa informático por $130.

¿Tendrá Leila suficiente dinero para comprar el programa si cuida niños por 6 horas?

Danielle resolvió este problema.

Se muestra su trabajo a la derecha.

$6 \times \$9 = \$54$, que es aproximadamente $60.

Leila tiene $68, que es aproximadamente $70.

$\$60 + \$70 = \$130$

Leila puede comprar el programa.

¿Cuál es el razonamiento de Danielle para apoyar su conclusión?

Danielle usó una estimación para sumar la cantidad de dinero que Leila ganó cuidando niños a la cantidad que ya tenía.

B ¿Cómo puedo evaluar el razonamiento de otros?

Puedo

- hacer preguntas si necesito aclaración.

- decidir si la estrategia que se usó tiene sentido.

- buscar defectos en las estimaciones o los cálculos.

C

Este es mi razonamiento...

El razonamiento de Danielle tiene defectos. Como Danielle redondeó las dos cantidades hacia arriba, su estimación total es mayor que la cantidad real que tendrá Leila.

$6 \times 9 = \$54$

$\$54 + \$68 = \$122$

La conclusión de Danielle es incorrecta, porque la cantidad real que tendrá Leila es menor que $130.

¡Convénceme! **Evaluar el razonamiento** Tony dice que si Leila cuida niños por 8 horas, tendrá suficiente dinero. Él razona que $8 \times \$9 = \$72$, que se redondea a $\$70 + \$60 = \$130$. ¿Tiene sentido su razonamiento? Explícalo.

Nombre _____

☆ Práctica guiada

Evaluar el razonamiento

Miguel y Nita tienen como meta recolectar 600 tapas de cajas de cereales. Miguel reúne 253 tapas en enero y 158 tapas en febrero. Nita reúne 209 tapas en total.

Teri estima que ellos sobrepasaron su meta. Ella estima que $250 + 150 = 400$ y $400 + 200 = 600$.

> Cuando evalúas el razonamiento, puedes buscar buenas estrategias o errores. También puedes ver si puedes aclarar o mejorar el razonamiento.

1. ¿Cuál es el argumento de Teri? ¿Cómo lo apoya?

2. ¿Tiene sentido la conclusión de Teri? Explícalo.

☆ Práctica independiente ☆

Evaluar el razonamiento

Gilma recibe 24 calcomanías el lunes. El martes recibe la misma cantidad. Luego, reparte todas sus calcomanías por igual entre 8 amigos.

Liam llegó a la conclusión de que cada amigo recibió menos de 5 calcomanías. Se muestra su trabajo a la derecha.

El trabajo de Liam

$8 \times 3 = 24$
Por tanto, $24 \div 8 = 3$.

Cada amigo recibe 3 calcomanías.
3 es menos que 5.

3. ¿Cuál es su argumento y cómo lo defiende?

4. ¿Tiene sentido el razonamiento de Liam? Explícalo.

5. Explica la estrategia que usarías para mejorar el trabajo de Liam.

Resolución de problemas

La venta de botones
Una clase de tercer grado va a comprar botones como los que se muestran. Cada paquete cuesta $8 y mide 40 cm de longitud. Necesitan saber si $50 son suficientes para comprar 200 botones.

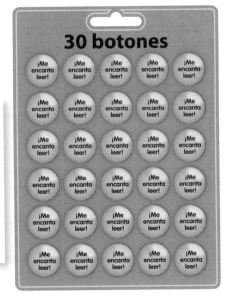

30 botones

El trabajo de Jim

6 × 30 = 180 botones, que no son suficientes.
7 × 30 = 210 botones; por tanto, la clase necesita comprar 7 paquetes.
7 × $8 = $48
48 < 50
$50 son suficientes.

6. **Entender y perseverar** ¿Qué información dada **NO** necesitas para resolver el problema?

7. **Evaluar el razonamiento** Jim resolvió el problema como se muestra en el recuadro. ¿Tiene sentido la estrategia de Jim? Explícalo.

> Cuando evalúas el razonamiento, necesitas considerar todas las partes del argumento cuidadosamente.

8. **Hacerlo con precisión** ¿Son correctos los cálculos de Jim?

9. **Usar herramientas apropiadas** ¿Se pueden usar bloques de valor de posición para comprobar si los cálculos matemáticos de Jim son correctos? Explícalo.

Emparéjalo

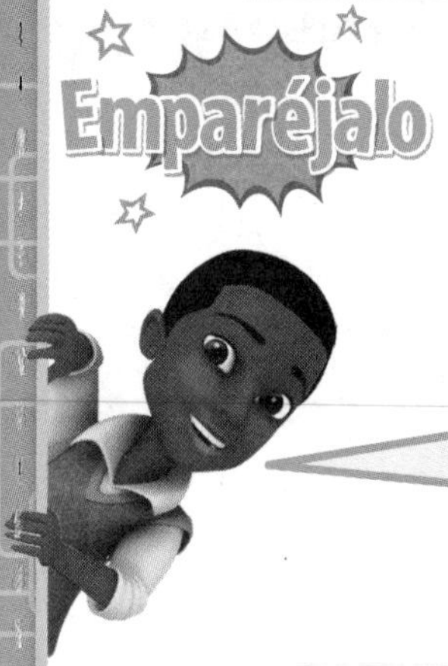

Trabaja con un compañero. Señala una pista y léela.

Mira la tabla de la parte de abajo de la página y busca la pareja de esa pista. Escribe la letra de la pista en la casilla al lado de su pareja.

Halla una pareja para cada pista.

Puedo...
multiplicar y dividir hasta 100.

También puedo construir argumentos matemáticos.

Pistas

A El producto está entre 55 y 60.

B El producto es igual a 10 × 2.

C El cociente tiene dos dígitos.

D El producto está entre 50 y 55.

E El cociente es menor que 5.

F El producto está entre 30 y 40.

G El cociente es un múltiplo de 3.

H El cociente es igual al divisor.

9 × 6	8)48	36 ÷ 9	4 × 5
64 ÷ 8	7 × 8	5)50	5 × 7

Glosario

Lista de palabras

- cantidad desconocida
- cociente
- diferencia
- dividendo
- divisor
- ecuación
- factor
- producto
- suma o total

Comprender el vocabulario

Escoge el término correcto de la Lista de palabras. Escríbelo en el espacio en blanco.

1. El número que falta en una ecuación es un/una _____.

2. Una multiplicación tiene más de un/una _____.

3. Un diagrama de barras puede ayudarte a escribir un/una _____.

4. En una división, divides el/la _____ por el/la _____.

Traza una línea para emparejar el término con el resultado de una relación entre los números 80 y 4.

5. diferencia   20

6. producto   76

7. cociente   84

8. suma   320

Usar el vocabulario al escribir

9. Hay 52 cartas en una baraja. Ali da vuelta 4 cartas. Luego, reparte el resto de las cartas a 6 jugadores. ¿Cuántas cartas recibe cada jugador? Explica cómo puedes resolver este problema. Usa al menos 2 términos de la Lista de palabras.

Nombre _____

Grupo A páginas 409 a 412 _____

Puedes seguir más de un paso para resolver problemas.

Usa diagramas de barras como ayuda para escribir ecuaciones.

Hay 439 pasajeros en un barco. Ciento setenta y nueve pasajeros más embarcan en el puerto. Luego, desembarcan 250 pasajeros. ¿Cuántos pasajeros hay en el barco ahora?

Pasajeros en total → p

439	179

$p = 439 + 179$; $p = 618$

Hay 618 pasajeros en total.

618

250	q	← **Pasajeros que quedan**

$l = 618 - 250$; $l = 368$

Quedan 368 pasajeros en el barco.

Recuerda que debes comprobar cada paso para ver si es razonable.

Refuerzo

Para **1**, dibuja diagramas de barras y escribe ecuaciones para resolver el problema.

1. El Sr. Sato tiene $800. Gasta $600 en el alquiler. Luego, gasta $85 en comestibles. ¿Cuánto dinero le queda?

Grupo B páginas 413 a 416 _____

Puedes usar diagramas de barras y ecuaciones para mostrar cómo se relacionan los números.

Roger lee un poema de 16 líneas. Cada línea tiene 7 palabras. El poema aparece en 2 páginas con la misma cantidad de líneas en cada página. ¿Cuántas palabras hay en cada página?

16

a	a

$16 \div 2 = a$ líneas en cada página

$a = 8$ líneas

p

7	7	7	7	7	7	7	7

$8 \times 7 = p$ palabras en cada página

$p = 56$ palabras

Recuerda que debes usar letras o símbolos para representar las cantidad que debes hallar.

Para **1**, dibuja diagramas de barras y escribe ecuaciones para resolver el problema.

1. Un ganadero tiene 24 vacas. Él agrupa la misma cantidad de vacas en 4 terrenos. Cada vaca produce 5 galones de leche. ¿Cuánta leche producen las vacas de un terreno?

Ryan leyó un libro de 420 páginas. También leyó 7 artículos de una revista. Cada artículo tenía 6 páginas. ¿Cuántas páginas leyó Ryan?

Primero, escribe y resuelve una ecuación para la pregunta escondida. Usa una letra para representar la cantidad desconocida.

p = cantidad de páginas de los artículos

$7 \times 6 = p$

$42 = p$

Luego, escribe y resuelve una ecuación para el problema. Usa una letra para representar la cantidad desconocida.

t = total de páginas leídas

$420 + 42 = t$

$462 = t$

Ryan leyó 462 páginas.

Recuerda que debes calcular en el orden correcto.

Para **1** y **2**, escribe ecuaciones para resolver el problema. Usa letras para representar las cantidades desconocidas.

1. Dina ganó $168 por vender galletas de menta y de chocolate. Vendió 8 cajas de galletas de chocolate a $9 la caja. ¿Cuánto ganó Dina por vender las galletas de menta?

2. Mary compra tres libros que costaban $7 cada uno y un libro que costaba $12. ¿Cuánto gastó Mary en libros?

Piensa en tus respuestas a estas preguntas para ayudarte a **evaluar el razonamiento de otros**.

Hábitos de razonamiento

- ¿Qué preguntas puedo hacer para entender el razonamiento de otros?

- ¿Hay errores en el razonamiento de otros?

- ¿Puedo mejorar el razonamiento de otros?

Recuerda que debes considerar todas las partes de una explicación.

Este mes, Pat necesita practicar guitarra al menos 40 horas. Durante las últimas 3 semanas, practicó 9 horas por semana. Esta semana practicó 15 horas. Pat dice: "3×9 es menos que 40; por tanto, no he practicado lo suficiente".

1. ¿Tiene sentido el razonamiento de Pat? Explícalo.

2. ¿Cómo puedes aclarar o mejorar el razonamiento de Pat?

1. Emma trabaja en una cafetería. El lunes atendió 7 mesas con 6 personas en cada una. El martes atendió a 72 personas. Quiere saber a cuántas personas más que el lunes atendió el martes.

Escoge las operaciones adecuadas para representar el problema usando ecuaciones. Escribe las operaciones en los espacios en blanco.

$7 \underline{\quad} 6 = m$

$72 \underline{\quad} 42 = d$

$$+ \quad - \quad \times \quad \div$$

2. Madison tiene un frasco con 160 caramelos. Guarda 88 para ella y reparte el resto por igual entre 8 amigos. Madison quiere saber cuántos caramelos recibe cada amigo.

¿Qué ecuaciones debe usar? Marca todas las que apliquen.

☐ $80 \div 8 = a$

☐ $88 - 8 = b$

☐ $160 - 88 = c$

☐ $160 \div 80 = d$

☐ $72 \div 8 = e$

3. Alberto vende suscripciones de revistas a sus vecinos. 3 vecinos compran 3 suscripciones cada uno. Hay 8 ediciones en cada suscripción. Escribe y resuelve ecuaciones para hallar el total de ediciones que recibieron todos sus vecinos.

4. El restaurante de Hailey tiene un frasco con 585 palillos de dientes. Durante el almuerzo se usaron 315 palillos. En la cena se usaron 107 palillos. Hailey dice que se usaron $315 - 107 = p$ palillos en total y que sobraron $585 - 208 = s$ palillos. ¿Es razonable su respuesta? Explica por qué.

5. Teddy tiene 127 cromos en su colección. Cindy tiene 63 cromos en su colección. Luego, Cindy regala su colección. La divide en partes iguales entre Teddy y 8 amigos más. ¿Cuántos cromos tiene Teddy ahora?

6. Diez personas llevan 4 bandejas de comida cada uno a una reunión familiar. Los 120 invitados comparten las bandejas en partes iguales.

A. ¿Cuántos invitados comparten 1 bandeja?

B. Landon cree que la respuesta es 12 invitados. Él dice: "10 + 4 = 14, y 14 se redondea a 10. Por tanto, 10 × 12 = 120". ¿Estás de acuerdo con su razonamiento? Explícalo.

7. Jeri colecciona banderas de las Naciones Unidas. Quiere saber cuántas vitrinas necesita para mostrar su colección. En una vitrina caben 9 banderas. Hay 193 países en las Naciones Unidas. Jeri no tiene las banderas de 130 países. ¿Qué ecuación debe de usar primero para resolver este problema?

Ⓐ $v = 193 + 130$

Ⓑ $v = 193 - 130$

Ⓒ $b = 72 \div 9$

Ⓓ $b = 9 \times 7$

8. La Sra. Lazio vive a 8 millas de su oficina. Ella viaja de ida y vuelta a la oficina 5 días a la semana. Los sábados viaja 173 millas para visitar a su hermana. ¿Cuántas millas viaja la Sra. Lazio por semana?

9. José contó escarabajos para un proyecto. Por mes, vio 5 escarabajos en el parque y 3 escarabajos en su jardín. ¿Cuántos escarabajos contó en 4 meses?

Ⓐ 7

Ⓑ 32

Ⓒ 30

Ⓓ 8

10. Gail quiere ahorrar $68 para comprar una chaqueta. Ahorra dinero durante 3 semanas. Cada semana ahorra $5. ¿Cuál es una buena estimación de cuánto dinero más necesita ahorrar Gail? Marca todas las que apliquen.

☐ $55

☐ $50

☐ $60

☐ $40

☐ $35

Nombre _____

Campamento de filmación de películas

La Sra. Radner y el Sr. Yu dan clases de filmación de películas en un campamento de verano. Los estudiantes trabajan en equipos para filmar películas. Al finalizar el campamento, el equipo y los actores ven todas las películas.

Detalles de la clase

• La Sra. Radner ayuda a los estudiantes que filman las películas de acción y drama.
• El Sr. Yu ayuda a los estudiantes que filman las películas de comedia.
• Hay 246 actores en total.

Tipos de película		
Tipo	Cantidad de películas	Páginas de guion por película
Acción	2	126
Comedia	3	178
Drama	4	157

Para **1** a **3**, usa la lista **Detalles de la clase** y la tabla **Tipos de películas**.

1. En cada película de drama trabajan 20 actores. ¿Cuántos actores no trabajan en películas de drama?

2. La Sra. Radner leyó 139 páginas de guiones de películas de acción. ¿Cuántas páginas más tiene que leer para terminar la lectura de todos los guiones de acción?

3. El Sr. Yu dice "Leí 169 páginas del guion de cada película de comedia. Necesito leer 27 páginas más para terminar todas las páginas". ¿Estás de acuerdo con su razonamiento? Explica por qué.

4. La Sra. Radner quiere hallar *t*, el tiempo total para ver todas las películas de los estudiantes. Usa la tabla **Duración de las películas** para responder a las siguientes preguntas.

Duración de las películas

Duración (min.)	Cantidad de películas	Equipo por película
30	1	12
60	3	10
90	5	20

Parte A

La Sra. Radner estima que $t = 810$ minutos. Ella dice "Hay 9 películas. La mayoría de las películas duran 90 minutos. Nueve por 90 es igual a 810". ¿Estás de acuerdo con su razonamiento? Explica por qué.

Parte B

Usa diagramas de barras o ecuaciones para representar *t*. Luego, halla el valor de *t*.

5. La Sra. Radner acomoda asientos para que el equipo de cámaras y los actores vean las películas. Usa la tabla **Duración de las películas** y la lista **Detalles de la clase** para responder a las siguientes preguntas.

Parte A

¿Cuántos estudiantes son parte del equipo en total?

Parte B

Halla la cantidad de asientos que necesita la Sra. Radner si 147 estudiantes no pueden ver las películas. Usa la estimación para comprobar tu trabajo.

Las fracciones como números

Pregunta esencial: ¿Cuáles son las diferentes interpretaciones de una fracción?

Recursos digitales

 Libro del estudiante
 Aprendizaje visual
 Práctica
 Evaluación
 Herramientas
 Glosario

La mayoría de los fósiles se forman cuando los seres vivos mueren y quedan enterrados en sedimentos.

Los científicos desentierran y estudian los fósiles para mostrar una imagen de los medios ambientes de la Tierra en el pasado.

¡Entendido! Entonces, hallar fósiles de mamíferos y plantas en la Antártida nos dice que el medio ambiente ha cambiado ahí. Este es un proyecto sobre fósiles y medio ambiente.

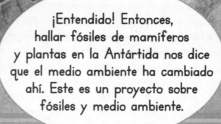

Proyecto de enVision STEM: Fósiles y medio ambiente

Investigar Usa la Internet u otras fuentes para hallar más acerca de lo que nos dicen los fósiles sobre los medios ambientes del pasado. Investiga y haz un folleto sobre fósiles encontrados en tu estado. Halla por lo menos 5 fósiles y usa una página para cada fósil. Incluye dónde se encontró cada fósil y qué tipo de medio ambiente tiene cada lugar ahora.

Diario: Escribir un informe Incluye lo que averiguaste. En tu informe, también:

- haz una lista de los tipos de comida que cada una de las 5 criaturas comía cuando estaba viva.

- explica si cada una de las 5 criaturas de tu lista podría vivir en el medio ambiente actual.

- halla las longitudes de diferentes fósiles a la media pulgada más cercana y anota estas longitudes en un diagrama de puntos.

⭐Repasa lo que sabes⭐

🔤 Vocabulario

Escoge el mejor término del recuadro.
Escríbelo en el espacio en blanco.

• mitades	• tercios
• pulgada	• yarda

1. Si una figura se divide en 2 partes iguales, las partes se llaman _____.

2. El ancho del pulgar de un adulto mide aproximadamente 1 _____ de longitud.

3. Si una figura se divide en 3 partes iguales, las partes se llaman _____.

Contar salteado en la recta numérica

Cuenta salteado en la recta numérica y escribe los números que faltan.

4.
   110   115   120

5.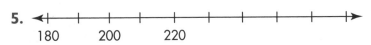
   180   200   220

Partes iguales

6. Encierra en un círculo las figuras que muestran mitades.

7. Encierra en un círculo las figuras que muestran cuartos.

Medición

8. ¿Qué longitud tiene el clavo a la pulgada más cercana? Explica cómo lo sabes.

0   1   2
pulgadas

Nombre _____

Proyecto 12A

¿Cuánto tiempo llevaría recorrer en carro los Cayos de la Florida?

Proyecto: Haz un mapa

PROYECTO 12B

¿Por qué hay tantos tipos de piso diferentes en los edificios?

Proyecto: Crea el diseño de un recubrimiento para pisos

Proyecto 12C

¿Cuál es el tamaño de sombrero más común?

Proyecto: Recolecta datos sobre tamaños de sombreros y crea un diagrama de puntos

Proyecto 12D

¿Cuáles son las frutas y verduras más populares?

Proyecto: Dibuja una huerta de jardín

Resuélvelo y coméntalo

Muestra dos maneras diferentes de dividir una región de 2 × 6 en 6 partes iguales. ¿Cómo sabes que las partes son iguales?

Puedo...
leer y escribir una fracción unitaria.

También puedo hacer mi trabajo con precisión.

Hazlo con precisión. Piensa en el área de cada parte mientras divides las regiones.

¡Vuelve atrás! ¿En qué se parecen las partes de las regiones? ¿En qué se diferencian?

Pregunta esencial ¿Cómo puedes nombrar las partes iguales de un entero?

A

Puedes dividir un entero en partes iguales. ¿Qué fracción puedes escribir para representar una de estas partes iguales?

 *Una fracción es una parte de entero.*

Divide cada entero verde en cuatro partes iguales.

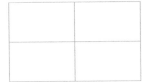

Tiene 4 partes iguales

Tiene 4 partes iguales

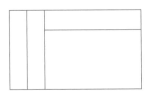

NO tiene 4 partes iguales
Cada parte **NO** es un cuarto del total.

En los enteros verdes:
• Todas las partes tienen un área igual.
• Cada parte es un cuarto del área completa.

Un cuarto se puede escribir como la fracción $\frac{1}{4}$.

 *$\frac{1}{4}$ es una fracción unitaria. Una fracción unitaria representa una de las partes iguales.*

B

Divide cada entero verde en cuatro partes iguales.

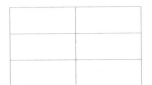

Tiene 6 partes iguales

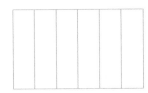

Tiene 6 partes iguales

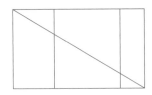

NO tiene 6 partes iguales
Cada parte **NO** es un sexto del total.

En los enteros verdes:
• Todas las partes tienen un área igual.
• Cada parte es un sexto del área completa.

Un sexto se puede escribir como la fracción $\frac{1}{6}$.

 ¡Convénceme! **Evaluar el razonamiento** Kim dice que la figura de la derecha está dividida en cuartos porque hay 4 partes iguales. Carrie dice que no está dividida en cuartos porque las partes no tienen la misma forma. ¿Quién tiene razón? Explícalo.

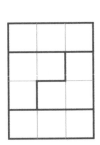

438 **Tema 12** | Lección 12-1

Nombre _____

 Práctica guiada

¿Lo entiendes?

1. En los ejemplos del recuadro A de la página anterior, explica cómo sabes que las 4 partes son iguales.

Para **2** y **3**, di si cada figura muestra partes iguales o desiguales. Si las partes son iguales, rotula una de las partes usando una fracción unitaria.

2.   **3.**

¿Cómo hacerlo?

4. Traza líneas para dividir la figura en 8 partes iguales. Luego, escribe la fracción que representa una parte igual.

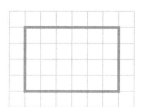

 Práctica independiente

Para **5** a **7**, di si cada figura muestra partes iguales o desiguales. Si las partes son iguales, rotula 1 de las partes usando una fracción unitaria.

5.   **6.**    **7.**

Para **8** a **10**, traza líneas para dividir cada figura en la cantidad dada de partes iguales. Luego, escribe la fracción que representa una parte igual.

8. 6 partes iguales

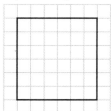

9. 3 partes iguales

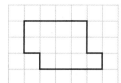

10. 4 partes iguales

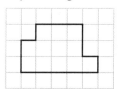

Resolución de problemas

Para **11** a **14**, usa la tabla de las banderas para responder a las preguntas.

11. ¿Qué fracción representa la parte blanca de la bandera de Nigeria?

12. ¿Qué bandera es $\frac{1}{2}$ roja?

13. Razonamiento de orden superior La bandera de este país tiene más de 3 partes iguales. ¿Qué país es y qué fracción representa una parte de su bandera?

14. ¿La bandera de qué país **NO** está dividida en partes iguales?

País	Bandera
Mauricio	
Nigeria	
Polonia	
Seychelles	

Banderas de distintos países

15. Maryann compró 24 latas de refrescos. Los refrescos vienen en paquetes de 6 latas. ¿Cuántos paquetes compró? Escribe una ecuación de multiplicación y una ecuación de división para mostrar la respuesta.

16. Entender y perseverar Jim tiene calcomanías en una matriz de 8 filas y 4 columnas. También tiene un paquete de 14 calcomanías. ¿Cuántas calcomanías tiene Jim en total?

Práctica para la evaluación

17. Traza líneas para mostrar cómo dividir el pastel en 8 porciones iguales. Luego selecciona la fracción representa 1 de las porciones.

Ⓐ $\frac{1}{2}$

Ⓑ $\frac{1}{3}$

Ⓒ $\frac{1}{4}$

Ⓓ $\frac{1}{8}$

Nombre _____

Resuélvelo y coméntalo

Pat hizo un jardín con forma de rectángulo y lo dividió en 4 partes del mismo tamaño. Plantó flores en 3 de las partes. Haz un dibujo de cómo podría ser el jardín de Pat.

Puedo...
usar una fracción para representar copias múltiples de una fracción unitaria.

También puedo representar con modelos matemáticos para resolver problemas.

Representa con modelos matemáticos. Puedes usar lo que sabes para hacer un dibujo y representar el jardín de Pat.

¡Vuelve atrás! ¿Cuántas partes del jardín de Pat **NO** tienen flores? Explícalo.

¿Cómo muestras y nombras las partes de una región?

A

El Sr. Peters sirvió parte de una bandeja de guiso de enchilada a un amigo. ¿Qué representa cada parte de la bandeja entera de guiso? ¿Qué parte sirvió? ¿Qué parte sobró?

Puedes usar fracciones para representar más de una de las partes iguales.

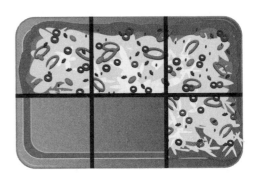

B La bandeja entera de guiso está dividida en 6 partes iguales. Cada parte es $\frac{1}{6}$ del entero.

6 copias de $\frac{1}{6}$ es $\frac{6}{6}$. Por tanto, el entero es $\frac{6}{6}$. La fracción unitaria es $\frac{1}{6}$.

El número debajo de la barra en una fracción muestra la cantidad de partes iguales en un entero. Se llama denominador.

C 2 copias de $\frac{1}{6}$ es $\frac{2}{6}$.

Se sirvieron $\frac{2}{6}$ de la bandeja de guiso.

4 copias de $\frac{1}{6}$ es $\frac{4}{6}$.

Sobraron $\frac{4}{6}$ de la bandeja de guiso.

El número arriba de la barra en una fracción muestra la cantidad de copias de la unidad de fracción. Se llama numerador.

¡Convénceme! **Hacerlo con precisión** Aquí se muestra un dibujo de una bandeja para pasteles. Traza líneas y colorea para mostrar que cinco porciones de $\frac{1}{8}$ del pastel todavía están en la bandeja y que se comieron tres porciones de $\frac{1}{8}$ del pastel. Usa una fracción para rotular la parte del pastel que sobra en la bandeja.

442 **Tema 12** | Lección 12-2

Nombre _____

☆Práctica guiada

¿Lo entiendes?

1. En el problema del recuadro A de la página anterior, ¿qué fracción representa todas las porciones de la bandeja de guiso?

2. La Sra. Pérez hizo un pastel. ¿Qué fracción del pastel entero representa cada porción?

3. En el dibujo del Ejercicio **2**, ¿cuántas porciones de $\frac{1}{8}$ comieron? ¿Qué fracción del pastel entero comieron?

¿Cómo hacerlo?

Para **4** a **6**, usa la siguiente figura.

4. ¿Cuántas partes de $\frac{1}{3}$ son azules?

5. ¿Qué fracción del entero es azul?

6. ¿Qué fracción nombra *todas* las partes del entero?

☆Práctica independiente☆

Para **7** a **10**, escribe la fracción unitaria que representa cada parte del entero. Luego, escribe la cantidad de partes azules y la fracción del entero que es azul.

7.

8.

9.

10.

11. Dibuja un rectángulo que muestre 6 partes iguales. Escribe la fracción unitaria que representa cada parte. Luego colorea $\frac{2}{6}$ del rectángulo. Explica cómo sabes que coloreaste $\frac{2}{6}$ del rectángulo.

Resolución de problemas

12. **(A-Z) Vocabulario** Completa los espacios. En la fracción $\frac{4}{7}$, 4 es el

_____ y 7 es el _____.

13. **Generalizar** Divide la siguiente cuadrícula en cuartos. Colorea tres de las partes. Escribe una fracción que represente la parte coloreada. Escribe una fracción que represente la parte no coloreada. ¿Qué generalización puedes hacer acerca de las fracciones?

14. Christine tiene 6 bufandas rojas y 3 bufandas azules. Cada bufanda tiene 2 rayas. ¿Cuántas rayas tienen las bufandas de Christine? Escribe ecuaciones para representar y resolver el problema.

15. **Razonamiento de orden superior** Dibuja un círculo que muestre 6 partes iguales. Colorea más de $\frac{3}{6}$ del círculo, pero menos de $\frac{5}{6}$ del círculo. ¿Qué fracción coloreaste?

16. **Sentido numérico** ¿Cuál es el área de la tarjeta de béisbol?

10 cm

7 cm

 Práctica para la evaluación

17. Escoge números del recuadro para escribir fracciones que muestren 3 partes de cada una de estas bandejas de verduras.

| 1 | 2 | 3 | 4 | 5 | 6 | 7 | 8 |

$$\frac{\square}{\square}, \frac{\square}{\square}, \frac{\square}{\square}$$

Tamaño de la bandeja

Pequeña

Mediana

Grande

Nombre _____

Resuélvelo y coméntalo

La clase del tercer grado de la maestra García está plantando flores en su jardín y verduras en el huerto.

Haz un dibujo que represente el entero del jardín y del huerto, basándote en las partes que se muestran. ¿Cómo decidiste qué aspecto tenía el entero del jardín y del huerto?

Puedo...
identificar el entero observando una parte.

También puedo razonar sobre las matemáticas.

$\frac{1}{3}$ del jardín de flores

$\frac{2}{4}$ del huerto

Puedes razonar. Piensa en las partes que conoces y en cuántas partes necesitas para formar el entero.

¡Vuelve atrás! ¿Qué te indican las fracciones $\frac{1}{3}$ y $\frac{2}{4}$ sobre la cantidad de partes iguales del entero?

Pregunta esencial ¿Cómo puedes usar una parte fraccionaria para hallar el entero?

A

Elba y Novi compiten en carreras diferentes. Los siguientes diagramas muestran qué porción de su carrera ha corrido cada una. Haz un dibujo del entero de cada pista. Escribe una fracción que represente el entero.

Puedes fijarte en la fracción para hallar cuántas partes formarán el entero.

Elba ⊢——— $\frac{1}{6}$ ———⊣

Novi ⊢——— $\frac{1}{6}$ ———⊣

B

Sabes que Elba y Novi corrieron cada una $\frac{1}{6}$ de sus carreras.

Seis secciones de $\frac{1}{6}$ forman $\frac{6}{6}$, o 1 entero.

Estos diagramas representan el entero de las carreras de Elba y Novi. Los sextos tienen longitudes diferentes porque las pistas de las carreras (el entero) tienen longitudes diferentes.

Elba ⊢ $\frac{1}{6}$ ┼ $\frac{1}{6}$ ┼ $\frac{1}{6}$ ┼ $\frac{1}{6}$ ┼ $\frac{1}{6}$ ┼ $\frac{1}{6}$ ⊣

Novi ⊢ $\frac{1}{6}$ ┼ $\frac{1}{6}$ ┼ $\frac{1}{6}$ ┼ $\frac{1}{6}$ ┼ $\frac{1}{6}$ ┼ $\frac{1}{6}$ ⊣

$1 = \frac{6}{6}$

¡Convénceme! **Razonar** ¿Por qué la pista de Novi es más larga que la de Elba?

Otro ejemplo

Se muestra a la derecha la parte de una carrera que corrió Rob. Puedes usar partes fraccionarias como estas para identificar el entero.

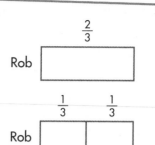

$\frac{2}{3}$ son dos copias de $\frac{1}{3}$. Divide la pista de Rob en 2 partes iguales.

Tres copias de $\frac{1}{3}$ forman $\frac{3}{3}$, o 1 entero. Dibuja un tercio más.

$1 = \frac{3}{3}$

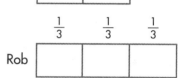

☆Práctica guiada

¿Lo entiendes?

1. Si la distancia que corrió Elba era $\frac{1}{5}$ de la longitud de la pista, ¿qué fracción usarías para representar toda la pista?

2. ¿Qué es cierto sobre el numerador y el denominador de cada fracción que representa un entero?

¿Cómo hacerlo?

3. Dibuja una imagen del entero y escribe una fracción que represente a ese entero.

$\frac{2}{8}$

$1 = \frac{\square}{\square}$

☆Práctica independiente

Para **4** a **7**, dibuja una imagen del entero y escribe una fracción para representar el entero.

4.

$\frac{2}{3}$

$1 = \frac{\square}{\square}$

5.

$\frac{1}{2}$

$1 = \frac{\square}{\square}$

6.

$\frac{3}{4}$

$1 = \frac{\square}{\square}$

7.

$\frac{2}{6}$

$1 = \frac{\square}{\square}$

Resolución de problemas

8. Les mostraron a Ronnie y Gloria $\frac{1}{2}$ mesa. Cada uno hizo un dibujo de la mesa entera. ¿Cuál es el dibujo correcto? Explícalo.

$\frac{1}{2}$ mesa

Dibujo de Ronnie de la mesa entera

Dibujo de Gloria de la mesa entera

9. Razonamiento de orden superior Si la parte que se muestra del Ejercicio **8** es $\frac{1}{4}$ de una mesa, ¿a qué se parece la mesa entera? Haz un dibujo y escribe una fracción para representar el entero.

10. La población de panteras de la Florida está en peligro de extinción. La población estimada en 1970 era 20 panteras. La población estimada en 2017 era 230 panteras. ¿Aproximadamente cuántas panteras más que en 1970 había en 2017?

11. Construir argumentos Ariana y Javier hacen alfombras. Han terminado las partes que se muestran. Haz dibujos que representen cada alfombra entera. ¿La alfombra de quién será más larga cuando se termine? Explícalo.

$\frac{1}{3}$ de la alfombra de Ariana

$\frac{1}{3}$ de la alfombra de Javier

Práctica para la evaluación

12. La imagen muestra $\frac{2}{3}$ de una barra de granola. ¿Cuál de las opciones muestra la barra de granola completa?

Ⓐ

Ⓑ

Ⓒ

Ⓓ

13. Cada parte de estas es $\frac{1}{2}$ de un entero diferente. ¿Cuál es parte de un entero más grande?

Ⓐ

Ⓑ

Ⓒ ⊢———⊣

Ⓓ ⊢——⊣

Nombre _____

Resuélvelo y coméntalo

En un parque estatal hay un sendero de 1 milla entre la entrada del parque y la playa. Hay miradores de vistas panorámicas ubicados en los puntos $\frac{1}{3}$ y $\frac{2}{3}$ de la distancia entre la entrada del parque y la playa. Muestra dónde están ubicados, aproximadamente, los miradores en la siguiente recta.

Puedo...
representar fracciones en una recta numérica.

También puedo representar con modelos matemáticos para resolver problemas.

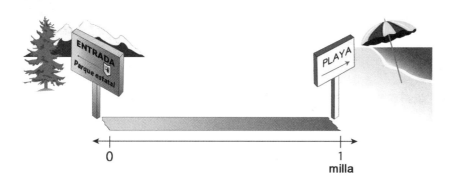

Representa con modelos matemáticos. Puedes representar este problema en una recta numérica.

¡Vuelve atrás! Si sabes aproximadamente dónde está ubicado el punto $\frac{1}{3}$, ¿cómo puedes hallar aproximadamente dónde está el punto $\frac{2}{3}$?

Pregunta esencial ¿Cómo puedes anotar fracciones en una recta numérica?

A

El Sr. Singer recoge a su hija Greta en la escuela para llevarla a la práctica de fútbol. La escuela de Greta está a $\frac{3}{4}$ de la distancia que hay entre la casa de los Singer y el campo de fútbol. ¿Cómo puedes representar $\frac{3}{4}$ en una recta numérica?

En una recta numérica, todos los números representan una distancia desde 0.

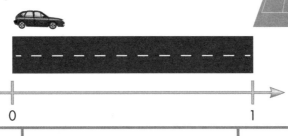

B **Paso 1** Dibuja una recta numérica de 0 a 1.

0 representa la casa de los Singer.

1 representa la distancia de la casa de los Singer al campo de fútbol.

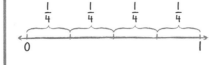

C **Paso 2** Divide la distancia de 0 a 1 en 4 partes iguales. Cada parte es $\frac{1}{4}$ del total de la distancia entre 0 y 1.

D **Paso 3** Comienza en 0. Dibuja un punto al final del tercer cuarto de la recta. Escribe $\frac{3}{4}$. Este punto representa la distancia de la casa de los Singer a la escuela de Greta.

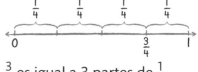

$\frac{3}{4}$ es igual a 3 partes de $\frac{1}{4}$ cada una.

¡Convénceme! **Evaluar el razonamiento**

Jenna y Benito marcaron cada uno $\frac{1}{4}$ en la recta numérica. La longitud del segmento de 0 a $\frac{1}{4}$ en la recta numérica de Jenna es más corto que en la recta numérica de Benito. ¿Alguno de los dos se equivocó? Explica tu razonamiento.

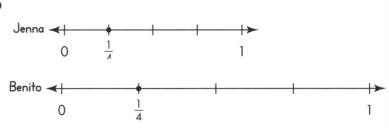

450   **Tema 12** | Lección 12-4

☆Práctica guiada

¿Lo entiendes?

1. Maliya divide una recta numérica de 0 a 1 en 6 partes iguales. ¿Qué fracción unitaria representa las partes iguales? ¿Cómo debe rotular la primera marca a la izquierda del rótulo 1? Explícalo.

2. José divide una recta numérica de 0 a 1 en 8 partes iguales. ¿Cómo debe rotular la primera marca a la derecha del 0? Explícalo.

¿Cómo hacerlo?

Para **3** y **4**, divide la recta numérica en la cantidad dada de partes iguales. Luego, marca y rotula la fracción dada en la recta numérica.

3. 2 partes iguales; $\frac{1}{2}$

4. 4 partes iguales; $\frac{2}{4}$

☆Práctica independiente

Práctica al nivel Para **5** y **6**, divide la recta numérica en la cantidad dada de partes iguales. Luego, marca y rotula la fracción dada en la recta numérica.

5. 3 partes iguales; $\frac{2}{3}$

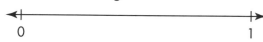

6. 6 partes iguales; $\frac{2}{6}$

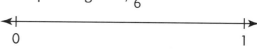

Para **7** y **8**, dibuja una recta numérica de 0 a 1. Divide la recta numérica en partes iguales para la fracción dada. Luego marca y rotula la fracción dada en la recta numérica.

7. $\frac{4}{6}$

8. $\frac{5}{8}$

Resolución de problemas

9. Construir argumentos Manuel y Dana cada uno dibujó una recta numérica y marcaron $\frac{3}{4}$. ¿Representó cada persona $\frac{3}{4}$ en el lugar correcto de la recta numérica? Explícalo.

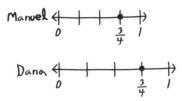

10. Una gimnasta comenzó en el extremo izquierdo de la barra de equilibrio e hizo unas volteretas. Cuando terminó estaba en el punto que se muestra en el diagrama. ¿Qué fracción representa hasta dónde llegó en la barra de equilibrio?

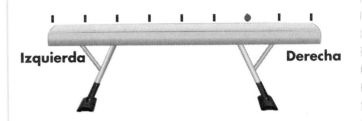

11. Mark trazó una recta numérica y marcó los puntos 0 y 1. Dividió la distancia de 0 a 1 en 2 partes iguales y marcó la fracción $\frac{1}{2}$. Si Mark divide cada mitad en 2 partes iguales, ¿qué fracciones podría marcar Mark en su recta numérica?

12. Razonamiento de orden superior Muestra 3 formas en que puedes representar tres octavos.

13. ¿Qué fracción representa el punto rojo en esta recta numérica?

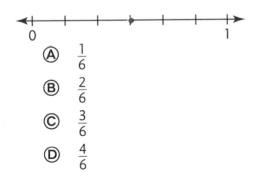

Ⓐ $\frac{1}{6}$

Ⓑ $\frac{2}{6}$

Ⓒ $\frac{3}{6}$

Ⓓ $\frac{4}{6}$

14. ¿Cuál de estas rectas numéricas tiene un punto rojo en $\frac{1}{3}$?

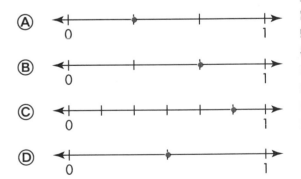

Nombre _____

Resuélvelo y coméntalo

La longitud de una tira de papel es 1 entero. Dobla por la mitad dos tiras de papel. Abre ias dos tiras de papel y colócalas extremo con extremo.

¿Cuántas mitades tienes? Usa fracciones para nombrar las líneas de doblez. Cuenta cómo lo decidiste. Haz un dibujo para demostrar tu trabajo.

Puedo...
representar fracciones iguales que o mayores que 1 en una recta numérica.

También puedo escoger y usar una herramienta matemática para ayudarme a resolver problemas.

Usa herramientas apropiadas. Piensa en cómo las tiras de papel muestran copias de fracciones unitarias.

¡Vuelve atrás! Si pudieras añadir una tercera tira de papel doblada por la mitad, ¿cómo podrías usar medios para nombrar las líneas de doblez? Explícalo.

 Pregunta esencial

¿Cómo puedes usar una recta numérica para representar fracciones mayores que 1?

A

Un conejo saltó $\frac{7}{4}$ de la distancia de una pista. ¿Cómo puedes mostrar esto en una recta numérica?

Las rectas numéricas pueden representar fracciones que son mayores que 1 entero. $\frac{7}{4}$ es mayor que 1 entero, pero menor que 2 enteros. El entero es la distancia entre 0 y 1.

0   1   2 metros

B Divide cada entero en 4 partes iguales. Cada parte es $\frac{1}{4}$ del entero. $\frac{4}{4}$ es lo mismo que 1 entero.

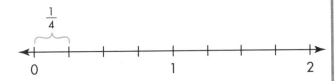

C El conejo saltó 7 veces la fracción de $\frac{1}{4}$.

El punto que muestra 7 partes de $\frac{1}{4}$ se puede rotular como $\frac{7}{4}$.

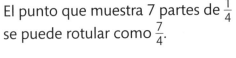

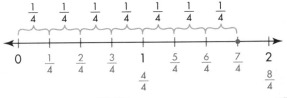

Cada parte adicional es una copia más de la fracción unitaria. Por tanto, el numerador aumenta en 1 por cada parte adicional.

¡Convénceme! **Hacerlo con precisión** Un punto de la siguiente recta numérica se representó con la fracción $\frac{2}{3}$. Las partes que están marcadas en la recta numérica son iguales. Escribe una fracción para los otros puntos que se muestran en la recta.

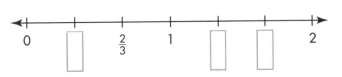

Nombre _____

☆Práctica guiada

¿Lo entiendes?

1. Nombra una fracción que esté a la derecha de la marca 2 en una recta numérica.

2. Quinn dice que $\frac{10}{8}$ está a la derecha de $\frac{9}{8}$ en una recta numérica. ¿Estás de acuerdo? ¿Por qué?

¿Cómo hacerlo?

Para **3** y **4**, hay partes iguales que están marcadas en las rectas numéricas. Escribe las fracciones que faltan.

3.
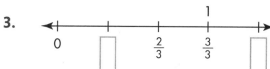

4.
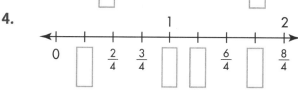

☆Práctica independiente

Práctica al nivel Para **5** a **7**, hay partes iguales que están marcadas en las rectas numéricas. Escribe las fracciones que faltan.

5.
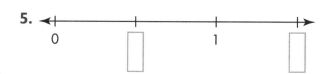

6.

7.
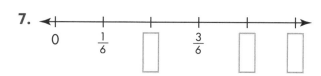

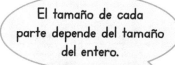
El tamaño de cada parte depende del tamaño del entero.

Para **8** y **9**, divide las rectas numéricas en partes iguales. Escribe las fracciones que faltan.

8.

9.

Resolución de problemas

Para **10** y **11**, usa la siguiente recta numérica.

Escuela

Tienda de abarrotes

Oficina de correos

Piscina

La distancia de 0 a 1 es de 1 milla.

0     $\frac{3}{6}$ 1

10. ¿Qué fracción indica a qué distancia está la piscina de la escuela? Explica cómo lo sabes.

11. Razonamiento de orden superior El hospital está a mitad de camino entre la tienda de abarrotes y la oficina de correos. ¿Qué fracción indica a qué distancia está el hospital de la escuela? Explícalo.

12. Tim tiene 78 juegos de mesa. Tiene 10 cajas y en cada caja caben 9 juegos. Si Tim coloca todos los juegos en las cajas, ¿cuántos juegos más caben? Completa el diagrama de barras y resuelve el problema.

13. Evaluar el razonamiento Raquel dice que puede hallar $(7 \times 5) \times 2$ si calcula $(7 \times 2) + (5 \times 2) = 14 + 10$. Luego suma y obtiene 24. ¿Tiene sentido el razonamiento de Raquel? Usa las propiedades de las operaciones para explicar.

? juegos que caben en cajas

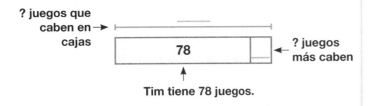

78

? juegos más caben

Tim tiene 78 juegos.

✅ Práctica para la evaluación

14. ¿Qué fracción está representada por la longitud total marcada en la recta numérica? Escoge la fracción correcta del recuadro.

$\frac{1}{2}$ $\frac{2}{3}$ $\frac{3}{4}$ $\frac{4}{2}$ $\frac{4}{3}$

0   1   2

Nombre_____

Resuélvelo y coméntalo

Jamie midió la longitud de 6 escarabajos. Midió la longitud de cada escarabajo a la pulgada más cercana y a la media pulgada más cercana. Anotó las longitudes sobre dos diagramas de puntos. Mide la longitud de cada escarabajo a la pulgada y a la media pulgada más cercanas. Anota tus resultados en los diagramas de puntos de Jamie.

Puedo...
medir a la media pulgada más cercana y mostrar los datos en un diagrama de puntos.

También puedo hacer mi trabajo con precisión.

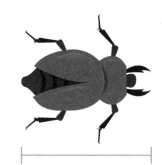

Hazlo con precisión. Primero mide cada escarabajo a la pulgada más cercana. Luego mide cada escarabajo a la media pulgada más cercana.

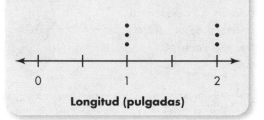
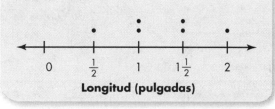

Longitud de los escarabajos a la pulgada más cercana

0   1   2
Longitud (pulgadas)

Longitud de los escarabajos a la media pulgada más cercana

0    $\frac{1}{2}$ 1 $1\frac{1}{2}$ 2
Longitud (pulgadas)

¡Vuelve atrás! ¿Qué herramienta usaste para medir la longitud de cada escarabajo? ¿Cómo la usaste?

A

¿Cómo puedes medir longitudes y hacer diagramas de puntos para representar los datos?

Julio está midiendo algunas longitudes de lana en pulgadas. ¿Cómo puede usar una regla para medir a la media pulgada más cercana?

En la regla la distancia entre cada número entero es de 1 pulgada. Cada marca en rojo representa $\frac{1}{2}$ pulgada. Por tanto, puedes pensar en cada pulgada entera como dos $\frac{1}{2}$ pulgadas.

Alinea un extremo del objeto con 0.

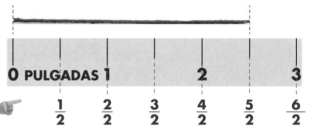

0 PULGADAS 1 2 3

$\frac{1}{2}$ $\frac{2}{2}$ $\frac{3}{2}$ $\frac{4}{2}$ $\frac{5}{2}$ $\frac{6}{2}$

La quinta marca de $\frac{1}{2}$ pulgada está más cerca del final a la derecha de la lana.

Por tanto, a la media pulgada más cercana, la lana mide $\frac{5}{2}$ de pulgada.

La longitud es de dos pulgadas enteras y una $\frac{1}{2}$ pulgada. Puedes escribirlo como $2\frac{1}{2}$ pulgadas.

B Julio midió otras 9 longitudes de lana en pulgadas.

$2\frac{1}{2}$ $3\frac{1}{2}$ 3 $3\frac{1}{2}$ 4 3 3 $3\frac{1}{2}$ 4 $3\frac{1}{2}$

Luego anotó los datos en un diagrama de puntos.

Longitudes de la lana

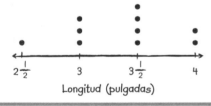

$2\frac{1}{2}$ 3 $3\frac{1}{2}$ 4

Longitud (pulgadas)

C **Pasos para hacer un diagrama de puntos**

- Traza una recta numérica. Muestra una escala basada en los datos.

- Escribe un título para el diagrama de puntos.

- Haz un punto para cada dato.

Usaste rectas numéricas para mostrar fracciones. Un diagrama de puntos es una manera de organizar los datos en una recta numérica.

¡Convénceme! **Razonar** Supón que mides una lana de aproximadamente $4\frac{1}{2}$ pulgadas. ¿Qué le tendrías que cambiar al anterior diagrama de puntos para anotar esta longitud?

458 **Tema 12** | Lección 12-6

Nombre _____

☆ **Práctica guiada**

¿Lo entiendes?

1. Traza una línea de $1\frac{1}{2}$ pulgadas.

2. Si una línea llega hasta la mitad entre 3 y $3\frac{1}{2}$ pulgadas y necesitas medir hacia la $\frac{1}{2}$ pulgada más cercana, ¿qué valor anotarás? ¿Por qué?

¿Cómo hacerlo?

3. Mide la longitud de tus dedos. Anota las medidas a la media pulgada más cercana.

4. Haz un diagrama de puntos para mostrar las mediciones de tus dedos.

☆ **Práctica independiente**

5. Mide las longitudes de los pedazos de lana de la derecha a la media pulgada más cercana. Escribe la longitud de cada pedazo.

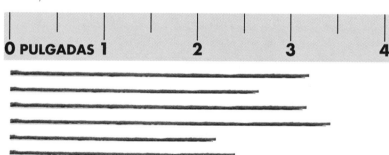

6. Traza una línea para representar otra longitud de lana. Mídela a la media pulgada más cercana.

Puedes usar puntos o unas X para anotar datos en un diagrama de puntos.

7. Haz un diagrama de puntos para mostrar las medidas de la lana.

Resolución de problemas

8. Mide la longitud de 10 objetos de la clase a la media pulgada más cercana. Escoge objetos que midan entre 1 y 6 pulgadas. Anota tus medidas.

9. Traza un diagrama de puntos en papel cuadriculado para mostrar tus datos del Ejercicio **8**.

---

10. **Entender y perseverar** Raymond pesó a sus tres perros. El perro mayor pesó 74 libras. Los otros dos pesaron cada uno 34 libras. ¿Cuántas libras más pesa el perro mayor que los otros dos perros juntos?

11. Traza una recta numérica de 0 a 2. Rotula los enteros. Divide cada entero en tercios. Rotula cada fracción.

Para **12** y **13**, usa la tabla de la derecha.

12. ¿Cuántas más cadenas de papel cortas tiene Rafa en comparación a las cadenas largas? Explícalo.

13. **Razonamiento de orden superior** Mira las medidas de la tabla de Rafa. ¿Puedes decir si él midió las cadenas de papel a la media pulgada más cercana o a la pulgada más cercana? Explícalo.

DATOS

Cadenas de papel de Rafa	
Cadenas de papel	Longitud
3	$6\frac{1}{2}$ pulgs.
2	$7\frac{1}{2}$ pulgs.
4	8 pulgs.
1	$8\frac{1}{2}$ pulgs.

✓ Práctica para la evaluación

14. Jessica usó 4 clavos de la medida A, 2 de la medida B y 3 de la medida C para construir una pajarera. Mide cada clavo a la media pulgada más cercana. Luego completa el diagrama de puntos.

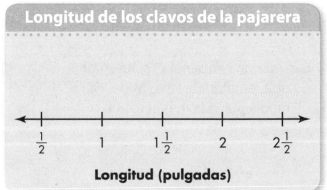

Longitud de los clavos de la pajarera

Longitud (pulgadas)

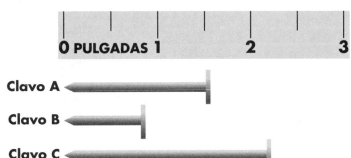

O PULGADAS 1   2   3

Clavo A

Clavo B

Clavo C

Resuélvelo y coméntalo

Mónica y sus amigos midieron las longitudes de sus zapatos. Muestra estos datos marcando un punto por cada longitud en el diagrama de puntos.

Mide la longitud de los zapatos de tres compañeros. Añade un punto para representar cada longitud en el diagrama de puntos. ¿Qué longitud aparece con más frecuencia?

Lección 12-7
Más sobre diagramas de puntos y longitud

Puedo...
medir al cuarto de pulgada más cercano y mostrar los datos en un diagrama de puntos.

También puedo entender bien los problemas.

DATOS

Longitudes de los zapatos

Amigo	Longitud (pulgadas)
A	8
B	$8\frac{2}{4}$
C	$9\frac{1}{4}$
D	$8\frac{2}{4}$
E	$9\frac{1}{4}$
F	$9\frac{1}{4}$
G	9
H	$9\frac{1}{4}$
I	9
J	$8\frac{1}{4}$

Longitudes de los zapatos

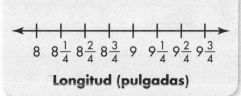

$8 \quad 8\frac{1}{4} \quad 8\frac{2}{4} \quad 8\frac{3}{4} \quad 9 \quad 9\frac{1}{4} \quad 9\frac{2}{4} \quad 9\frac{3}{4}$

Longitud (pulgadas)

Entender y perseverar. ¿Cómo te ayuda a resolver el problema marcar los datos que conoces en un diagrama de puntos?

¡Vuelve atrás! ¿Hay diferentes maneras de anotar los resultados de los datos reunidos? Explícalo.

Pregunta esencial ¿Cómo puedes hacer y usar diagramas de puntos?

A

Ana mide la longitud de sus crayones. ¿Cómo puede usar una regla para medir al cuarto de pulgada más cercano?

La distancia entre cada número entero en esta regla es 1 pulgada. Cada marca azul muestra $\frac{1}{4}$ de pulgada. Por tanto, cada pulgada entera está dividida en cuatro partes de $\frac{1}{4}$ de pulgada.

Alinea un extremo del objeto con 0.

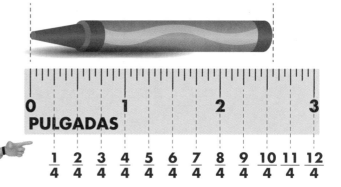

La décima marca de $\frac{1}{4}$ de pulgada es la que está más cerca del extremo derecho del crayón.

Por tanto, el crayón mide $\frac{10}{4}$ de pulgadas al cuarto de pulgada más cercano.

La longitud es 2 pulgadas enteras y dos $\frac{1}{4}$ de pulgada. Puedes escribir esto como $2\frac{2}{4}$ pulgadas.

B Anna midió sus otros crayones.

Luego anotó los datos en un diagrama de puntos.

Longitud de los crayones

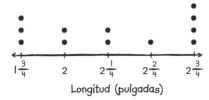

Longitud (pulgadas)

Puedes usar este diagrama de puntos para ver que la longitud de crayón más frecuente fue $2\frac{3}{4}$ pulgadas. La medida de crayón más infrecuente fue $2\frac{2}{4}$ pulgadas.

¡Convénceme! **Entender y perseverar** Nathan también hizo un diagrama de puntos para mostrar la longitud de sus crayones. Di tres cosas sobre la longitud de los crayones de Nathan.

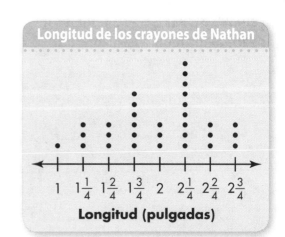

Longitud de los crayones de Nathan

Longitud (pulgadas)

Nombre _____

☆ Práctica guiada

¿Lo entiendes?

1. Mide la longitud de esta recta al cuarto de pulgada más cercano.

_____

2. Describe cómo podrías mostrar esta medida en un diagrama de puntos.

¿Cómo hacerlo?

3. Haz un diagrama de puntos para mostrar los datos.

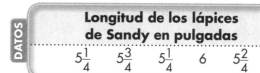

DATOS

Longitud de los lápices de Sandy en pulgadas

$5\frac{1}{4}$ $5\frac{3}{4}$ $5\frac{1}{4}$ 6 $5\frac{2}{4}$

4. Mide tu lápiz al cuarto de pulgada más cercano. Muestra la longitud en tu diagrama de puntos.

☆ Práctica independiente ☆

5. Daisy midió las longitudes de sus dinosaurios de juguete al cuarto de pulgada más cercano. Hizo una lista de las longitudes. Dibuja un diagrama de puntos para mostrar los datos.

$1\frac{2}{4}$ pulgs., $2\frac{1}{4}$ pulgs., 1 pulg., $1\frac{2}{4}$ pulgs.,

$1\frac{3}{4}$ pulgs.

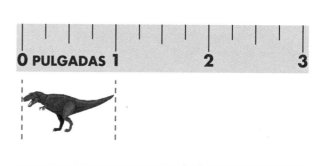

6. Mide las longitudes de los dinosaurios de juguete de la derecha al cuarto de pulgada más cercano. Escribe la longitud de cada juguete. Muestra las longitudes en tu diagrama de puntos.

Resolución de problemas

Para **7** y **8**, usa el diagrama de puntos de la derecha.

7. Arty hizo un diagrama de puntos para mostrar la cantidad de pulgadas que los caracoles recorrieron en 5 minutos. ¿Cuál fue la distancia más frecuente que recorrieron?

8. **Razonamiento de orden superior** ¿Cuántos caracoles más que los que recorrieron una distancia menor a $8\frac{3}{4}$ pulgadas recorrieron una distancia mayor a $8\frac{3}{4}$ pulgadas?

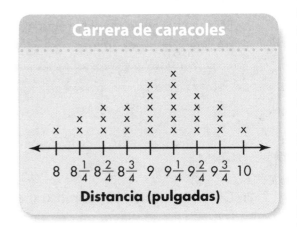

Carrera de caracoles

Distancia (pulgadas)

---

9. Mide las longitudes de 10 objetos de la clase al cuarto de pulgada más cercano. Escoge objetos que midan entre 1 y 5 pulgadas. Anota tus medidas.

10. Para **9**, usa papel cuadriculado para hacer un diagrama de puntos y mostrar tus medidas.

---

11. Jackson compra 5 libros a $7 cada uno. ¿Cuánto cambio recibe si paga con $40?

12. **Usar la estructura** Usa los dígitos 2, 6 y 8 para hacer la mayor cantidad de números de 3 dígitos que puedas. Pon los números en orden de menor a mayor usando el valor de posición.

✓ Práctica para la evaluación

13. Tonya está haciendo vinchas. Anotó las longitudes de todas las cintas azules que compró para sus vinchas. Tonya también compró 4 cintas rojas de 1 pulgada de largo, $1\frac{1}{4}$ pulgadas, $1\frac{2}{4}$ pulgadas y $1\frac{3}{4}$ pulgadas. Anota las longitudes de las cintas rojas de Tonya en el diagrama de puntos.

Cada punto en el diagrama de puntos representa la longitud de las cintas que Tonya compró.

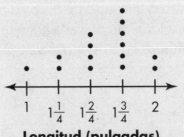

Longitud de las cintas

Longitud (pulgadas)

Resuélvelo y coméntalo

Marcos, María y Tony pintaron un mural. Dividieron el mural en partes iguales. Marcos pintó 2 partes, María 3 partes y Tony pintó el resto. ¿Qué fracción del mural pintó cada estudiante?

Este problema puede tener información que falte o que sobre. Si no está la información que necesitas, inventa información razonable y resuelve el problema.

Lección 12-8
Entender y perseverar

Puedo...
entender los problemas e intentar otras maneras si tengo dificultades.

También puedo decidir si tengo suficiente información para resolver un problema.

Hábitos de razonamiento

¡Razona correctamente!
Estas preguntas te pueden ayudar.

- ¿Qué necesito hallar?
- ¿Qué sé?
- ¿Cuál es mi plan para resolver el problema?
- ¿Qué más puedo intentar si no puedo seguir adelante?
- ¿Cómo puedo comprobar si mi solución tiene sentido?

¡Vuelve atrás! **Entender y perseverar** ¿Qué información falta en el problema? ¿Cómo pudiste resolver el problema?

Pregunta esencial

¿Cómo puedes entender un problema y perseverar en resolverlo?

A

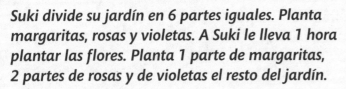

Suki divide su jardín en 6 partes iguales. Planta margaritas, rosas y violetas. A Suki le lleva 1 hora plantar las flores. Planta 1 parte de margaritas, 2 partes de rosas y de violetas el resto del jardín.

¿En qué fracción del jardín planta Suki las violetas?

¿Cuál es un buen plan para resolver el problema?

Necesito entender la información que me da el problema.
Necesito pensar en qué puedo usar para ayudarme a resolver el problema.

Para entender y perseverar puedes usar un dibujo que te ayude a desarrollar una estrategia.

B

¿Cómo puedo entender el problema y resolverlo?

Yo puedo

- identificar las cantidades que se dan.

- comprender qué cantidades se necesitan para resolver el problema.

- escoger e implementar una estrategia apropiada.

- comprobar si mi trabajo y mi respuesta tienen sentido.

C

La información sobre que le lleva *1 hora plantar las flores* no hace falta para resolver el problema.

Puedo usar una imagen para entenderlo mejor.

1 parte igual para las margaritas es $\frac{1}{6}$ del total.

2 partes iguales para las rosas es $\frac{2}{6}$ del total.

Quedan tres partes iguales para las violetas.

3 copias de $\frac{1}{6}$ es $\frac{3}{6}$.
Por tanto, Suki plantó violetas en $\frac{3}{6}$ del jardín.

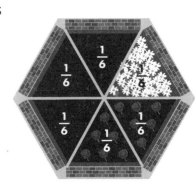

¡Convénceme! **Entender y perseverar** ¿Cómo puedes comprobar si el trabajo anterior y la respuesta tienen sentido?

☆Práctica guiada

Entender y perseverar

Keira y Matt cortan un sándwich en 4 partes iguales.
Cada uno come 1 parte. Keira tiene 9 años. Matt tiene
la misma edad de Keira. ¿Qué fracción del sándwich
no comieron?

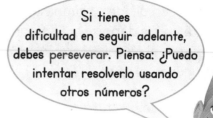

Si tienes
dificultad en seguir adelante,
debes perseverar. Piensa: ¿Puedo
intentar resolverlo usando
otros números?

1. ¿Hay información que falta o que sobra? Explícalo.

2. ¿Qué necesitas hallar antes de determinar cuánto queda
del sándwich?

3. Resuelve el problema. Si falta la información que necesitas, inventa
alguna información que sea razonable para resolver el problema.

☆Práctica independiente

Entender y perseverar

Marni sembró verduras en el jardín. Sembró lechuga en 1 parte,
zanahorias en 4 partes y en el resto sembró brócoli. ¿En qué fracción
del jardín sembró brócoli Marni?

4. ¿Hay información que falta o que sobra?

5. Resuelve el problema. Si falta la información que necesitas, inventa
alguna información que sea razonable para resolver el problema.

6. ¿Puedes usar una cantidad diferente de partes y aun así resolver
el problema? Explícalo.

Resolución de problemas

Día deportivo

La Escuela Green divide su gimnasio en 8 partes iguales para un día deportivo. El básquetbol ocupa 2 partes, el fútbol 1 parte, el vóleibol y el tenis ocupan el resto.

Día deportivo de la Escuela Green		
Deporte	**Partes del gimnasio**	**Entrenadores**
Básquetbol	2	2
Fútbol	1	1
Tenis	?	3
Vóleibol	?	2

DATOS

7. **Entender y perseverar** La maestra de gimnasia quiere saber qué fracción del gimnasio se usa para tenis. ¿Qué información hace falta para resolver el problema?

> Para **8** y **9**, haz un dibujo que represente las partes de cada plan.

8. **Razonar** ¿Qué fracción del gimnasio se usaría para tenis si 2 partes se usaran para vóleibol?

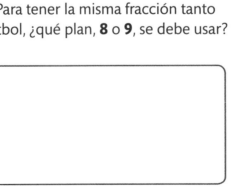

Puedes buscar información adicional o faltante para ayudarte a entender y perseverar al resolver el problema.

9. **Razonar** ¿Qué fracción del gimnasio se usaría para tenis si 3 partes se usaran para vóleibol?

10. **Construir argumentos** Para tener la misma fracción tanto en tenis como en básquetbol, ¿qué plan, **8** o **9**, se debe usar? Justifica tu respuesta.

Nombre _____

Sombrea una ruta que vaya desde la **Salida** hasta la **Meta**. Sigue las sumas y diferencias donde el dígito en el lugar de las centenas sea mayor que el dígito en el lugar de las decenas. Solo te puedes mover hacia arriba, hacia abajo, hacia la derecha o hacia la izquierda.

Puedo...
sumar y restar hasta 1,000.

También puedo hacer mi trabajo con precisión.

Salida				
822 − 514	814 − 128	499 + 182	210 + 484	580 − 434
753 − 536	768 + 29	723 − 461	555 − 320	253 + 234
951 − 96	195 + 474	964 − 532	672 − 127	725 − 314
125 + 424	244 − 147	279 + 531	365 − 97	230 + 757
921 − 614	989 − 239	572 + 346	992 − 539	495 + 485
				Meta

A-Z
Glosario

Lista de palabras

- cuarto de pulgada más cercano
- denominador
- diagrama de puntos
- fracción
- fracción unitaria
- media pulgada más cercana
- numerador

Comprender el vocabulario

1. Encierra en un círculo la *fracción unitaria*.

$\frac{1}{4}$ $\frac{3}{8}$ $\frac{1}{6}$ $\frac{1}{8}$ $\frac{2}{3}$

2. Encierra en un círculo las fracciones que tengan 6 como *denominador*.

$\frac{3}{6}$ $\frac{6}{8}$ $\frac{1}{6}$ $\frac{5}{6}$ $\frac{4}{8}$

3. Encierra en un círculo las fracciones que tengan 4 como *numerador*.

$\frac{2}{4}$ $\frac{4}{8}$ $\frac{1}{4}$ $\frac{3}{4}$ $\frac{4}{6}$

4. Encierra en un círculo las longitudes que se pueden medir a la *media pulgada más cercana*.

$2\frac{1}{2}$ pulgs.   4 pulgs. $3\frac{3}{4}$ pulgs. $7\frac{1}{4}$ pulgs.   6 pulgs.

5. Encierra en un círculo las longitudes que se pueden medir al *cuarto de pulgada más cercano*.

$8\frac{3}{4}$ pulgs. $1\frac{1}{4}$ pulgs.   11 pulgs. $7\frac{1}{4}$ pulgs.   6 pulgs.

Escribe *siempre, algunas veces* o *nunca*.

6. El numerador de una fracción _____?_____ es mayor que el denominador.   _____

7. Una fracción _____?_____ tiene un numerador y un denominador.   _____

8. Un diagrama de puntos _____?_____ muestra las medidas de las longitudes.   _____

Usar el vocabulario al escribir

9. Usa por lo menos 2 términos de la Lista de palabras para explicar cómo hallar la fracción unitaria de la siguiente figura.

Grupo A páginas 437 a 440 _____

Esta es una manera de dividir un entero en cuartos.

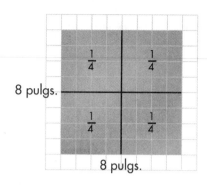

8 pulgs.

8 pulgs.

Como cada una de las 4 partes tiene la misma área, cada parte es un cuarto del entero.

Puedes escribir esta fracción como $\frac{1}{4}$.

Una fracción unitaria representa una de las partes iguales. $\frac{1}{4}$ es una fracción unitaria.

Recuerda que las fracciones pueden nombrar partes iguales de un entero.

Para **1** y **2**, traza líneas para dividir la figura en las partes iguales dadas. Luego escribe la fracción que representa 1 parte.

1. 6 partes iguales

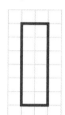

2. 2 partes iguales

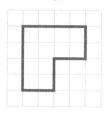

3. Martín divide una figura en 3 partes iguales. ¿Qué fracción unitaria puede escribir para representar 1 parte?

Grupo B páginas 441 a 444 _____

¿Qué fracción de este rectángulo está coloreada?

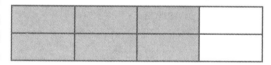

El rectángulo está dividido en 8 partes iguales. Por tanto, la fracción unitaria del rectángulo es $\frac{1}{8}$.

En el rectángulo entero hay 8 partes de $\frac{1}{8}$.

8 copias de $\frac{1}{8}$ es $\frac{8}{8}$.

Para la parte coloreada hay 6 partes de $\frac{1}{8}$.

$$\frac{\text{numerador}}{\text{denominador}} = \frac{\text{cantidad de repeticiones de la fracción unitaria}}{\text{partes fraccionarias que se están contando}} = \frac{6}{8}$$

6 copias de $\frac{1}{8}$ es $\frac{6}{8}$.

Por tanto, $\frac{6}{8}$ del rectángulo está coloreado.

Recuerda que necesitas pensar en cuántas partes hay en total y cuántas partes están coloreadas.

Para **1** a **4**, escribe la fracción unitaria que representa cada parte del entero. Luego escribe el número de las partes coloreadas. Por último, escribe la fracción del entero que está coloreada.

1.

2.

3.

4.

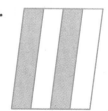

Grupo C páginas 445 a 448

Esta figura representa $\frac{2}{4}$ de la tela que Tina usó para hacer una colcha de retazos. Puedes hacer un dibujo y escribir una fracción para representar el tamaño entero de la tela.

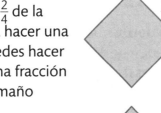

$\frac{2}{4}$ es 2 copias de $\frac{1}{4}$.

Divide la tela en 2 partes iguales.

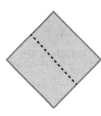

4 copias de $\frac{1}{4}$ hacen $\frac{4}{4}$, o 1 entero.

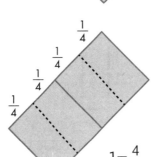

$1 = \frac{4}{4}$

Recuerda que el denominador representa el total de las partes iguales de un entero.

Para **1** y **2**, haz un dibujo y escribe una fracción que represente el entero.

1. $\frac{1}{4}$

$1 = \frac{\square}{\square}$

2. $\frac{3}{8}$

$1 = \frac{\square}{\square}$

Grupo D páginas 449 a 452

Puedes mostrar las fracciones en una recta numérica.

La fracción $\frac{5}{6}$ está marcada. ¿Cuáles son las fracciones que faltan?

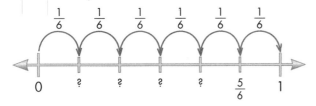

Primero, halla la fracción unitaria. La recta está dividida en 6 partes iguales; por tanto, la recta numérica muestra sextos.

Cada salto representa $\frac{1}{6}$. Por tanto, el primer salto está marcado con $\frac{1}{6}$. El segundo está marcado con $\frac{2}{6}$, y así sucesivamente.

Las fracciones que faltan en la recta numérica son $\frac{1}{6}, \frac{2}{6}, \frac{3}{6}$ y $\frac{4}{6}$.

Recuerda que debes empezar por la fracción unitaria dada en cada recta numérica.

Para **1** y **2**, escribe las fracciones que faltan en cada recta numérica.

1.

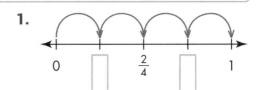

2.

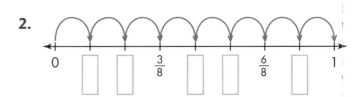

3. Divide la siguiente recta numérica en 3 partes iguales y marca $\frac{2}{3}$ en la recta.

Nombre _____

Grupo E páginas 453 a 456 _____

Refuerzo
(continuación)

Las rectas numéricas pueden tener fracciones mayores que 1.

La siguiente recta numérica está dividida en tercios.

El denominador es 3 porque la fracción unitaria es $\frac{1}{3}$. El numerador muestra cuántas copias de la fracción unitaria representa cada punto.

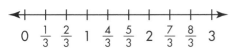

Recuerda que el numerador aumenta en 1 porque cada parte de la recta numérica tiene 1 copia más de la fracción unitaria.

1. La recta numérica tiene marcadas partes iguales. Escribe las fracciones que faltan.

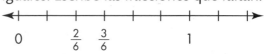

2. Divide la recta numérica en cuartos. Rotula cada fracción.

Grupo F páginas 457 a 460 _____

Puedes usar un diagrama de puntos para mostrar datos, como longitudes medidas a la media pulgada más cercana.

Pasos para hacer un diagrama de puntos:

• Haz una recta numérica y escoge una escala.
• La escala debe mostrar los valores de los datos de menor a mayor.
• Escribe el título del diagrama de puntos.
• Pon un punto por cada valor.

Longitud de las cintas de Lily

| $5\frac{1}{2}$ pulgs. | 4 pulgs. | $5\frac{1}{2}$ pulgs. | $4\frac{1}{2}$ pulgs. | $4\frac{1}{2}$ pulgs. |

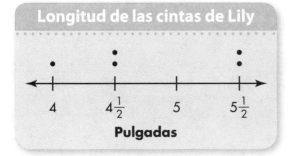

Recuerda que debes poner un punto por cada longitud. Verifica tu diagrama con los datos de la tabla.

Longitud de las cuerdas de Carl

| 3 pulgs. | $2\frac{1}{2}$ pulgs. | $2\frac{1}{2}$ pulgs. | $2\frac{1}{2}$ pulgs. | 4 pulgs. |
| $2\frac{1}{2}$ pulgs. | $3\frac{1}{2}$ pulgs. | $3\frac{1}{2}$ pulgs. | 3 pulgs. | 3 pulgs. |

1. Haz un diagrama de puntos para mostrar los datos.

2. ¿Cuántas cuerdas tiene Carl en total?

3. Traza una recta que tenga la misma longitud de la cuerda más frecuente.

Grupo G páginas 461 a 464

Puedes medir a diferentes longitudes, como al cuarto de pulgada más cercano.

El cuarto de pulgada más cercano a la derecha del rectángulo es la marca de $2\frac{1}{4}$ pulgadas.

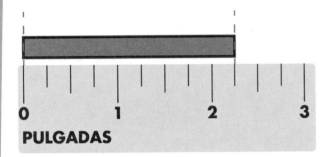

Las longitudes se pueden representar en un diagrama de puntos.

Recuerda Recuerda que debes pensar en la escala del diagrama de puntos. Se necesita incluir el valor menor y el valor mayor.

1. Mide y anota las longitudes de 5 objetos de la clase al cuarto de pulgada más cercano. Usa objetos que tengan entre 1 y 3 pulgadas de longitud.

2. Haz un diagrama de puntos para mostrar tus datos.

Grupo H páginas 465 a 468

Piensa en estas preguntas para ayudarte a **entender y perseverar** en la resolución de problemas.

Hábitos de razonamiento

- ¿Qué necesito hallar?
- ¿Qué sé?
- ¿Cuál es mi plan para resolver el problema?
- ¿Qué más puedo intentar si no puedo seguir adelante?
- ¿Cómo puedo comprobar si mi solución tiene sentido?

Recuerda que debes identificar las cantidades para entender el problema. Luego, usa lo que sabes para resolverlo.

Gavin dividió su cuaderno en 8 partes iguales. Quiere usar 3 partes para notas de matemáticas y 2 partes para lectura. Su horario escolar es de 8:30 *a. m.* a 3:30 *p. m.* ¿Qué fracción del cuaderno le sobra?

1. ¿Hay información que falta o que sobra? Explícalo.

2. Resuelve el problema. Si falta la información que necesitas, inventa información razonable para resolverlo. Puedes hacer un dibujo para ayudarte.

Nombre _____

1. ¿Qué fracción del entero está coloreada de verde? ¿Qué fracción del entero está coloreada de amarillo?

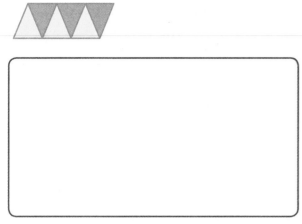

2. Escribe una fracción para nombrar las porciones iguales de la pizza entera. ¿Cuántas porciones necesitarías para hacer dos pizzas enteras? Explícalo.

3. Este segmento representa $\frac{1}{3}$ de la distancia entre la casa de Mel y la biblioteca. ¿Qué opción representa la distancia completa y tiene una explicación adecuada?

⊢————⊣

Ⓐ ⊢——————————⊣ El segmento representa $\frac{1}{3}$ de la distancia. Por tanto, la distancia completa es 3 veces ese segmento.

Ⓑ ⊢————————⊣ El segmento representa $\frac{1}{3}$ de la distancia. Por tanto, la distancia completa es 2 veces ese segmento.

Ⓒ ⊢——————————————⊣ El segmento representa $\frac{1}{3}$ de distancia. Por tanto, la distancia completa es 4 veces ese segmento.

Ⓓ ⊢———⊣ El segmento representa la distancia entre la casa de Mel y la biblioteca. Por tanto, la distancia completa es un segmento idéntico.

4. ¿Qué punto está en los $\frac{3}{6}$ de la recta numérica?

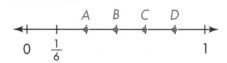

Ⓐ Punto A   Ⓒ Punto C

Ⓑ Punto B   Ⓓ Punto D

5. ¿Cuáles de estas fracciones estarían a la derecha del 1 en una recta numérica? Selecciona todas las que apliquen.

☐ $\frac{3}{4}$ ☐ $\frac{1}{3}$

☐ $\frac{5}{4}$ ☐ $\frac{2}{5}$

☐ $\frac{4}{2}$

Tema 12 │ Práctica para la evaluación   **475**

6. A. Haz un dibujo para mostrar $\frac{2}{4}$.

B. Explica cómo sabías que habías sombreado la parte correcta de tu dibujo.

8. Un punto de la siguiente recta numérica fue rotulado con la fracción $\frac{2}{4}$. Escribe una fracción para cada uno de los otros puntos dados.

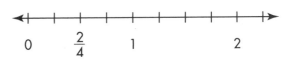

0     $\frac{2}{4}$ 1   2

9. Explica cómo sabes que $\frac{3}{3}$ representa un entero.

7. Jeremías le puso *pepperoni* a $\frac{1}{2}$ de una pizza. Puso aceitunas en $\frac{1}{3}$ de la pizza. ¿Qué fracción de la pizza **NO** tenía *pepperoni*? ¿Qué fracción de la pizza **NO** tenía aceitunas?

10. Jared plegó un papel de 9 pulgadas por 12 pulgadas en secciones como las que se muestran a continuación. ¿Qué fracción del área total hay en cada sección? Explícalo.

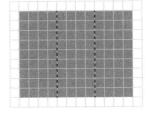

Nombre _____

11. ¿Cuántas veces necesitas tener $\frac{2}{8}$ para obtener $\frac{8}{8}$?

12. La clase de Lina está pintando un mural de seis partes iguales. En 2 días han dedicado 45 minutos cada día. El primer día pintaron $\frac{1}{6}$ del mural. Al día siguiente pintaron otro $\frac{1}{6}$ del mural. ¿Cuántas partes de $\frac{1}{6}$ del mural ha pintado la clase hasta ahora?

Ⓐ 1

Ⓑ 2

Ⓒ 3

Ⓓ 4

13. ¿Cuántas partes de $\frac{1}{8}$ necesitas para obtener $\frac{5}{8}$? Usa la siguiente recta numérica como ayuda.

Ⓐ 1

Ⓑ 3

Ⓒ 5

Ⓓ 8

14. ¿Cuál de los puntos representa 6 longitudes de $\frac{1}{8}$ en la recta numérica? Explícalo.

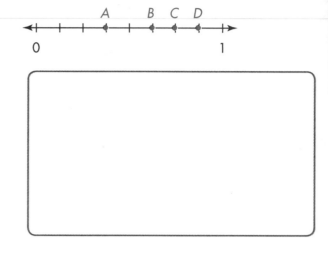

15. Divide el círculo en 8 partes iguales. ¿Qué fracción representa cada parte?

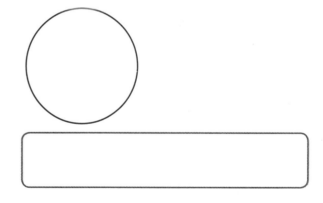

16. Seth dibujó $\frac{2}{4}$ de la siguiente figura. Haz un dibujo que complete la figura y escribe una fracción que represente el entero.

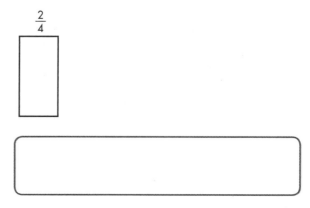

17. Mario cree que el punto marcado en la recta numérica es $\frac{2}{3}$. ¿Tiene razón? Explícalo.

0   1

18. Selecciona todas las oraciones que describen esta figura.

☐ $\frac{8}{8}$ de la figura es amarillo.

☐ $\frac{8}{8}$ representa el entero.

☐ $\frac{5}{8}$ de la figura es verde.

☐ $\frac{4}{8}$ de la figura es verde.

☐ $\frac{4}{8}$ de la figura es amarillo.

19. Divide la recta numérica en partes iguales. Luego marca y escribe la fracción dada.

6 partes iguales; $\frac{5}{6}$

0   1

20. Tony colecciona cuerdas de colores. En la siguiente tabla se muestran las longitudes de algunas de sus cuerdas.

DATOS

Longitudes de las cuerdas de Tony	
Colores	Longitudes (al cuarto de pulgada más cercano)
Cuerda negra	$3\frac{2}{4}$ pulgs.
Cuerda azul	3 pulgs.
Cuerda blanca	$3\frac{2}{4}$ pulgs.
Cuerda amarilla	$2\frac{1}{4}$ pulgs.
Cuerda verde	$2\frac{3}{4}$ pulgs.

A. Mide las longitudes de las cuerdas roja y café al cuarto de pulgada más cercano.

_____

_____

_____

_____

B. Haz un diagrama de puntos para mostrar las longitudes de las 7 cuerdas de Tony al cuarto de pulgada más cercano.

Nombre _____

Exhibición de arte

Tres estudiantes, Ciro, Alex y Patty, están haciendo una exhibición de arte.

Usa la lista de **Colores de las pinturas** y el diseño de la derecha para responder a las Preguntas **1** a **4**.

1. La exhibición está dividida en 8 partes iguales. Traza rectas para mostrar una manera de hacerlo. Luego escribe la fracción que describe el área total de la figura que está representada por 1 parte igual.

Colores de las pinturas
- Alex pinta las partes azules.
- Patty pinta las partes rojas.
- Ciro pinta las partes verdes.
- Cada uno pintará por lo menos 2 partes.

2. Sombrea las partes azules, verdes o rojas para mostrar cuántas partes pintó cada estudiante. Escribe fracciones para mostrar cuántas partes del total pintaron Alex y Patty.

3. Divide la recta numérica en las partes iguales de la exhibición. Luego muestra en la recta numérica la fracción que Ciro pintó.

0   1

4. ¿Qué fracción representa el entero de la exhibición? Explícalo. Luego marca con un punto en la recta numérica anterior el lugar donde está ubicada esta fracción.

Para **5**, usa el diagrama de **Longitudes de las cintas** y la tabla **Cintas**.

5. Los estudiantes usarán las longitudes de las cintas de la derecha.

Parte A

Mide y anota la longitud de cada cinta al cuarto de pulgada más cercano.

Parte B

La tabla **Cintas** muestra cuántas cintas de cada color serán usadas. Haz un diagrama de puntos para mostrar estos datos.

Cintas	
Color	**Cintas usadas**
Azul	4
Verde	4
Roja	2

6. Para poder completar la exhibición los estudiantes anotaron las sesiones de media hora que dedicaron para trabajar juntos.

La siguiente recta numérica está dividida en partes iguales. Cada parte representa media hora. Escribe las fracciones que faltan en la recta numérica.

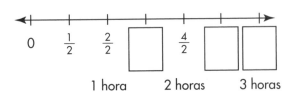

Equivalencia y comparación de fracciones

Pregunta esencial: ¿De qué diferentes maneras se pueden comparar fracciones?

Los animales y las plantas cambian y crecen durante sus ciclos de vida.

Hay algunos animales y plantas que hasta cambian de forma.

¡Una oruga se convierte en mariposa! Este es un proyecto sobre los ciclos de vida y las fracciones.

Proyecto de enVision STEM: Los ciclos de vida

Investigar Al romper el cascarón, la cría de la rana es un renacuajo que deberá vivir en el agua. El renacuajo va cambiando con el tiempo hasta llegar a convertirse en una rana adulta. Usa la Internet u otras fuentes para buscar información sobre el ciclo de vida de la rana y de otros animales.

Diario: Escribir un informe Incluye en tu informe lo que averiguaste. En tu informe, también:

- comenta qué elementos del hábitat de la rana favorecen los cambios que esta experimenta durante su ciclo de vida.

- compara los ciclos de vida de los diferentes animales que estudiaste.

- inventa y resuelve problemas de fracciones para los animales que estudiaste. Dibuja tiras de fracciones para representar las fracciones.

☆Repasa lo que sabes☆

A-Z Vocabulario

Escoge el mejor término del recuadro.
Escríbelo en el espacio en blanco.

• <	• fracción unitaria
• >	• numerador

1. El símbolo _____ significa *es mayor que.*

2. El símbolo _____ significa *es menor que.*

3. Un/Una _____ representa una parte igual de un entero.

Comparar números enteros

Compara. Escribe <, > o =.

4. 48 ◯ 30

5. 6 ◯ 6

6. 723 ◯ 732

7. 152 ◯ 183

8. 100 ◯ 10

9. 189 ◯ 99

10. 456 ◯ 456

11. 123 ◯ 223

12. 421 ◯ 399

13. 158 ◯ 185

14. 117 ◯ 117

15. 900 ◯ 893

Identificar fracciones

Para cada figura, escribe la fracción que está coloreada.

16.

17.

18.

División

Divide.

19. 30 ÷ 5

20. 72 ÷ 8

21. 28 ÷ 4

22. 48 ÷ 6

23. 81 ÷ 9

24. 45 ÷ 5

25. 32 ÷ 8

26. 42 ÷ 6

27. 49 ÷ 7

28. ¿Cómo puedes comprobar si la respuesta de 40 ÷ 5 es 8?

Escoge un proyecto

PROYECTO
13A

¿Quieres montar un caballo?

Proyecto: Diseña una pista de carreras para caballos

PROYECTO
13B

¿Cuán profundo debes excavar para encontrar agua?

Proyecto: Crea una ilustración de un pozo

PROYECTO
13C

¿Cuántos granos de café se necesitan para llenar un recipiente?

Proyecto: Marca fracciones en una recta numérica

¿Cuál es la carne?

Antes de ver el video, piensa:

Cocinar es aun más divertido cuando lo haces con un amigo. Hoy voy a ser un ayudante de hamburguesas.

Puedo...

representar con modelos matemáticos para resolver un problema relacionado con hacer gráficas para presentar datos.

Resuélvelo y coméntalo

Gregorio lanzó una pelota de sóftbol a una distancia de $\frac{3}{4}$ de la longitud del patio que hay frente a su casa. Halla tantas fracciones como puedas que representen la misma parte de la longitud del patio a la que Gregorio lanzó la pelota. Explica cómo lo decidiste.

Puedo...
hallar las fracciones equivalentes que representen la misma parte de un entero.

También puedo escoger y usar una herramienta matemática para ayudarme a resolver problemas.

Puedes usar herramientas apropiadas. Piensa en lo que necesitas hallar. Piensa en las herramientas o modelos que puedes usar para ayudarte a resolver el problema.

El patio de Gregorio

¡Vuelve atrás! ¿Cómo te ayudan las tiras de fracciones a saber si una fracción con un denominador de 2, 3 o 6 representa la misma parte de un entero como $\frac{3}{4}$?

Pregunta esencial

¿Cómo pueden fracciones diferentes representar la misma parte de un entero?

A

Se usó el camino Chisholm para transportar el ganado al mercado. La manada de Ross caminó $\frac{1}{2}$ de la distancia al mercado. ¿Cuál es otra manera de representar $\frac{1}{2}$?

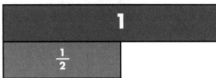

Fracciones diferentes pueden representar la misma parte de un entero.

Las fracciones que representan la misma parte de un entero se llaman **fracciones equivalentes**.

B

$\frac{1}{2} = \dfrac{\square}{\square}$ Puedes usar tiras de fracciones.

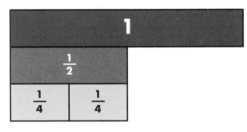

Las fracciones $\frac{1}{2}$ y $\frac{2}{4}$ representan la misma parte de un entero.

Dos tiras de $\frac{1}{4}$ son iguales a $\frac{1}{2}$; por tanto, $\frac{1}{2} = \frac{2}{4}$.

Otra representación para $\frac{1}{2}$ es $\frac{2}{4}$.

C

Puedes hallar otras fracciones equivalentes. Piensa en las fracciones que representan la misma parte de un entero.

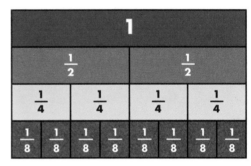

Cuatro tiras de $\frac{1}{8}$ son iguales a $\frac{1}{2}$; por tanto, $\frac{1}{2} = \frac{4}{8}$.

Otra representación para $\frac{1}{2}$ es $\frac{4}{8}$.

¡Convénceme! **Buscar relaciones** En los ejemplos anteriores, ¿qué patrón ves en las fracciones que son equivalentes a $\frac{1}{2}$? ¿Cuál es otra representación para $\frac{1}{2}$ diferente de las anteriores?

Nombre _____

Otro ejemplo

Puedes hallar una fracción equivalente para $\frac{4}{6}$ usando un modelo de área.

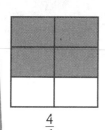

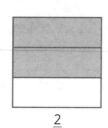

$\frac{4}{6}$ $\frac{2}{3}$

El entero de ambos modelos de área tiene el mismo tamaño.
Uno está dividido en sextos y el otro en tercios.
Las partes coloreadas muestran la misma parte de un entero.

Dado que $\frac{4}{6} = \frac{2}{3}$, otro nombre para $\frac{4}{6}$ es $\frac{2}{3}$.

☆ Práctica guiada

¿Lo entiendes?

1. Divide el segundo modelo de área en sextos. Coloréalo para mostrar una fracción equivalente a $\frac{1}{3}$.

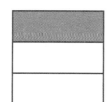

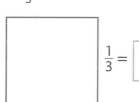

$\frac{1}{3} = \boxed{}$

¿Cómo hacerlo?

2. Usa las tiras de fracciones para ayudarte a hallar la fracción equivalente.

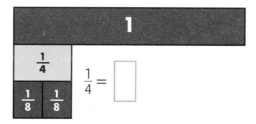

$\frac{1}{4} = \boxed{}$

☆ Práctica independiente

3. Usa las tiras de fracciones para ayudarte a hallar una fracción equivalente.

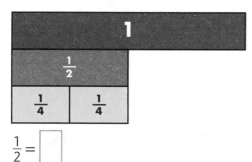

$\frac{1}{2} = \boxed{}$

4. Divide el segundo modelo de área en octavos. Coloréalo para mostrar una fracción equivalente a $\frac{1}{2}$.

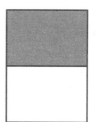

$\frac{1}{2} = \boxed{}$

Para **5** a **8**, halla cada fracción equivalente. Para ayudarte, usa tiras de fracciones o dibuja modelos de área.

5. $\frac{3}{4} = \frac{\boxed{}}{8}$

6. $\frac{6}{6} = \frac{\boxed{}}{8}$

7. $\frac{2}{6} = \frac{\boxed{}}{3}$

8. $\frac{4}{8} = \frac{\boxed{}}{2}$

Resolución de problemas

Para **9** y **10**, usa las tiras de fracciones de la derecha.

9. Mery usó tiras de fracción para mostrar fracciones equivalentes. Completa la ecuación.

$$\frac{\boxed{}}{4} = \boxed{}$$

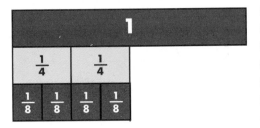

10. Rita dice que las tiras de fracciones muestran fracciones equivalentes a $\frac{1}{2}$. Explica qué puedes hacer con el diagrama para ver si ella tiene razón.

Ambas fracciones representan la misma parte del entero.

---

11. Razonar Una banda aprende entre 4 a 6 canciones nuevas cada mes. ¿Cuál es una buena estimación de la cantidad de canciones que la banda aprenderá en 8 meses? Explícalo.

12. Tres octavos del área de juego están cubiertos de pasto. ¿Qué fracción del área de juego **NO** está cubierta de pasto?

---

13. Razonamiento de orden superior Adrián dobló dos tiras de papel en octavos. Coloreó una fracción igual a $\frac{1}{4}$ en la primera tira y una fracción igual a $\frac{3}{4}$ en la segunda tira. Usa octavos para mostrar las fracciones que Adrián coloreó en los dibujos de la derecha. ¿Qué fracción coloreó de cada tira?

✓ Práctica para la evaluación

14. ¿Qué fracciones son equivalentes? Escoge todas las que apliquen.

☐ $\frac{1}{4}$ y $\frac{1}{8}$ ☐ $\frac{3}{4}$ y $\frac{3}{8}$

☐ $\frac{1}{4}$ y $\frac{2}{8}$ ☐ $\frac{3}{4}$ y $\frac{6}{8}$

☐ $\frac{2}{4}$ y $\frac{4}{8}$

Nombre _____

La primera de las siguientes rectas numéricas muestra un punto en $\frac{1}{4}$. Escribe la fracción para cada uno de los puntos rotulados A, B, C, D, E y F. ¿Cuál de estas fracciones muestra la misma distancia del 0 que $\frac{1}{4}$?

Puedo...
usar rectas numéricas para representar fracciones equivalentes.

También puedo hacer mi trabajo con precisión.

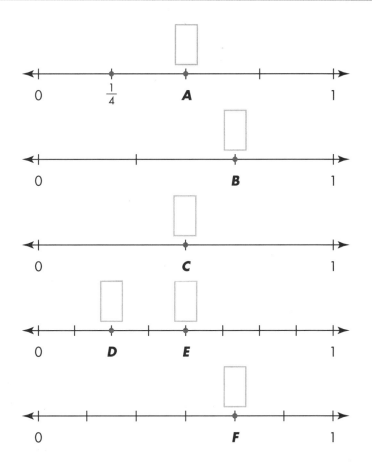

Representa con modelos matemáticos. Puedes representar fracciones equivalentes en una recta numérica.

¡Vuelve atrás! ¿Cómo pueden las rectas numéricas mostrar que dos fracciones son equivalentes?

Pregunta esencial

¿Cómo puedes usar rectas numéricas para hallar fracciones equivalentes?

A

El sendero de una milla del Circle W Ranch tiene agua para el ganado cada $\frac{1}{4}$ de milla. El sendero de una milla del Big T Ranch tiene agua para el ganado cada $\frac{1}{2}$ milla. ¿Qué fracciones representan los puntos en los senderos donde hay agua para el ganado a la misma distancia del comienzo de cada sendero?

Sendero del
Circle W Ranch

Sendero del
Big T Ranch

B Puedes usar rectas numéricas para hallar las fracciones.

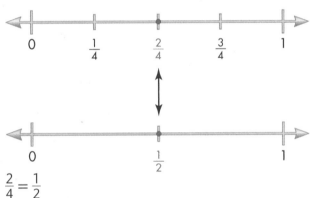

$$\frac{2}{4} = \frac{1}{2}$$

Las fracciones equivalentes tienen nombres diferentes para el mismo punto en una recta numérica. $\frac{2}{4}$ y $\frac{1}{2}$ representan la misma parte del entero.

Las fracciones $\frac{2}{4}$ y $\frac{1}{2}$ representan los mismos puntos en los senderos donde hay agua para el ganado. Estos puntos están a la misma distancia del comienzo de los senderos.

¡Convénceme! **Representar con modelos matemáticos**
Iván pinta $\frac{6}{8}$ de una cerca. Ana pinta $\frac{3}{4}$ de otra cerca de igual tamaño y longitud. ¿Cómo puedes mostrar que Iván y Ana han pintado la misma cantidad de cada cerca?

Nombre _____

☆ Práctica guiada

¿Lo entiendes?

1. Completa la recta numérica para mostrar que $\frac{2}{6}$ y $\frac{1}{3}$ son fracciones equivalentes.

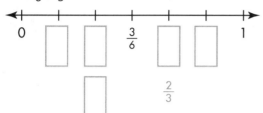

2. Sheila compara $\frac{4}{6}$ y $\frac{4}{8}$. Ella descubre que las fracciones **NO** son equivalentes. ¿Cómo sabe esto Sheila?

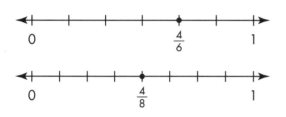

¿Cómo hacerlo?

Para **3** y **4**, halla las fracciones equivalentes que faltan en la recta numérica. Luego, escribe las fracciones equivalentes a continuación.

3.

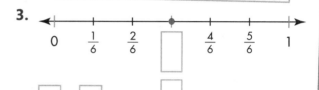

4.

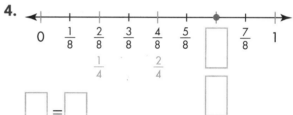

☆ Práctica independiente ☆

Para **5** a **8**, halla las fracciones equivalentes que faltan en la recta numérica. Luego, escribe las fracciones equivalentes a continuación.

5.

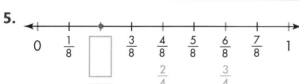

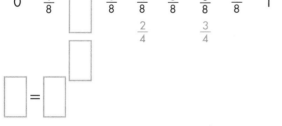

6.

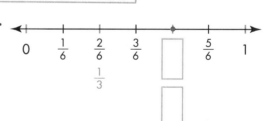

7.

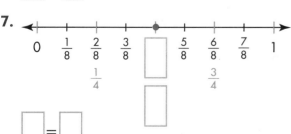

8.

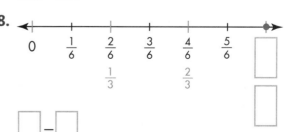

Tema 13 | Lección 13-2   **491**

Resolución de problemas

9. Sentido numérico Bradley tenía 40 porciones de pizza para repartir. ¿Cuántas pizzas tenía? Explica cómo resolviste el problema.

Cada pizza de Bradley se cortó en 8 porciones.

---

10. La Sra. Owen tiene 15 revistas para repartir entre 5 estudiantes para un proyecto de arte. ¿Cuántas revistas recibe cada estudiante? Usa el diagrama de barras para escribir una ecuación que te ayude a resolver el problema.

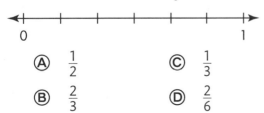

15 revistas

| ? | ? | ? | ? | ? | ← 5 estudiantes

11. Yolanda tiene 28 aplicaciones diferentes en su computadora. Carla tiene 14 aplicaciones de música y 20 de juegos en su computadora. ¿Cuántas aplicaciones más tiene Carla que Yolanda? Explícalo.

---

12. Construir argumentos ¿Cómo sabes, solo con un vistazo, que las fracciones $\frac{2}{4}$ y $\frac{3}{4}$ **NO** son equivalentes? Construye un argumento para explicarlo.

13. Razonamiento de orden superior Fiona y Gabriela tienen cada una la misma cantidad de cuerda. Fiona usó $\frac{2}{3}$ de su cuerda. Usando sextos, ¿qué fracción de la longitud de la cuerda necesitará usar Gabriela para coincidir con la cantidad que usó Fiona? Dibuja una recta numérica como parte de tu respuesta.

✓ Práctica para la evaluación

14. Usa la recta numérica para hallar qué fracción es equivalente a $\frac{3}{6}$.

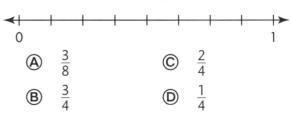

0   1

Ⓐ $\frac{1}{2}$ Ⓒ $\frac{1}{3}$

Ⓑ $\frac{2}{3}$ Ⓓ $\frac{2}{6}$

15. Usa la recta numérica para hallar qué fracción es equivalente a $\frac{4}{8}$.

0   1

Ⓐ $\frac{3}{8}$ Ⓒ $\frac{2}{4}$

Ⓑ $\frac{3}{4}$ Ⓓ $\frac{1}{4}$

492   **Tema 13** | Lección 13-2

Nombre ______________________________

Lección 13-3

Usar modelos para comparar fracciones: El mismo denominador

Resuélvelo y coméntalo María y Eric están trotando una milla. María ha trotado $\frac{7}{8}$ de milla y Eric ha trotado $\frac{3}{8}$ de milla. Muestra cuán lejos ha trotado cada uno. Usa el modelo que prefieras. ¿Quién trotó la distancia más larga? ¿Cómo lo sabes?

Puedo...
comparar fracciones que se refieren al entero del mismo tamaño y tienen el mismo denominador comparando sus numeradores.

También puedo escoger y usar una herramienta matemática para ayudarme a resolver problemas.

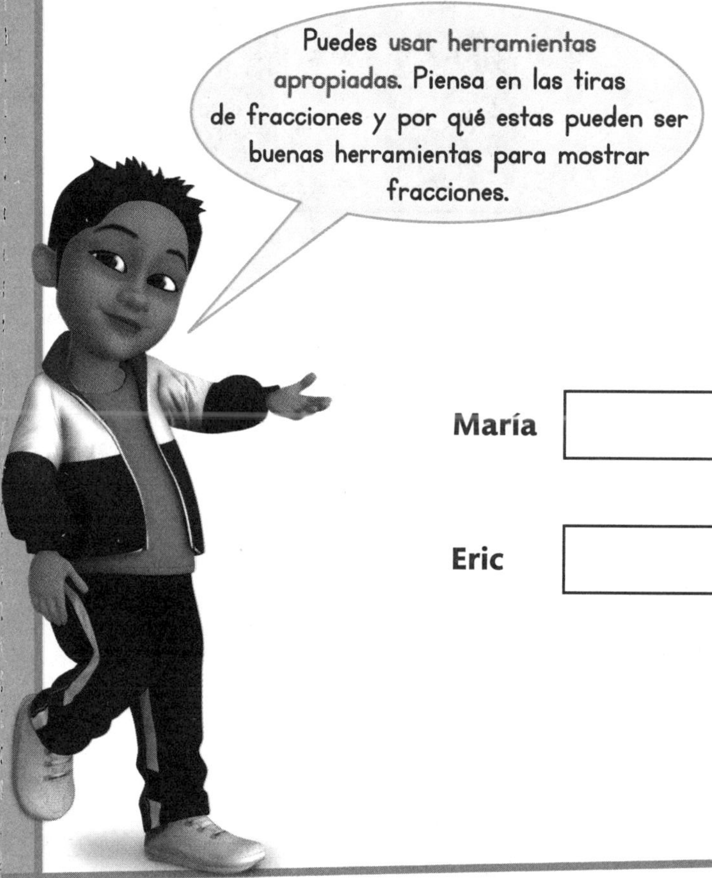
Puedes usar herramientas apropiadas. Piensa en las tiras de fracciones y por qué estas pueden ser buenas herramientas para mostrar fracciones.

María [ ]

Eric [ ]

¡Vuelve atrás! Supón que Eric ha trotado $\frac{5}{8}$ de milla en vez de $\frac{3}{8}$ de milla. ¿Quién trotó la distancia más larga ahora? Explícalo.

Pregunta esencial

¿Cómo puedes comparar fracciones con el mismo denominador?

A

Dos banderines con mensajes positivos son del mismo tamaño. Un banderín es $\frac{4}{6}$ amarillo y el otro banderín es $\frac{2}{6}$ amarillo. ¿Cuál es más grande: $\frac{4}{6}$ o $\frac{2}{6}$?

Recuerda: las comparaciones son válidas o verdaderas solamente si se refieren al entero del mismo tamaño.

Usa tiras de fracciones para entender los tamaños de estas dos fracciones.

$\frac{4}{6}$ de este banderín es amarillo.

$\frac{2}{6}$ de este banderín es amarillo.

B

$\frac{4}{6}$ es 4 de la fracción unitaria $\frac{1}{6}$.

$\frac{2}{6}$ es 2 de la fracción unitaria $\frac{1}{6}$.

Por tanto, $\frac{4}{6}$ es mayor que $\frac{2}{6}$.

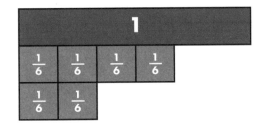

C

Anota la comparación usando símbolos o palabras.

$$\frac{4}{6} > \frac{2}{6}$$

Cuatro sextos es mayor que *dos sextos*.

Si dos fracciones tienen el mismo denominador, la fracción con el mayor numerador es la fracción más grande.

¡Convénceme! **Razonar** Escribe un número para cada numerador para que cada comparación sea verdadera. Usa un dibujo y palabras para explicar cómo lo decidiste.

$$\frac{\square}{8} < \frac{\square}{8} \qquad \frac{\square}{3} > \frac{\square}{3}$$

Nombre _____

Práctica guiada

¿Lo entiendes?

1. Explica cómo puedes usar tiras de fracciones para mostrar si $\frac{5}{6}$ o $\frac{3}{6}$ del mismo entero es mayor.

2. ¿Cuál es mayor: $\frac{3}{4}$ o $\frac{2}{4}$? Dibuja tiras de $\frac{1}{4}$ para completar el diagrama y responder a la pregunta.

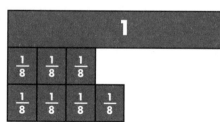

¿Cómo hacerlo?

Para **3** y **4**, compara. Escribe <, > o =. Usa las tiras de fracciones como ayuda.

3.
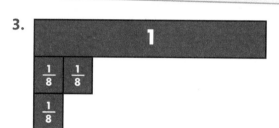

$\frac{2}{8}$ ◯ $\frac{1}{8}$

4.
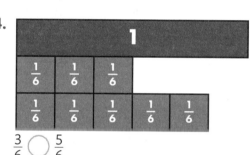

$\frac{3}{6}$ ◯ $\frac{5}{6}$

Práctica independiente

Práctica al nivel Para **5** a **14**, compara. Escribe <, > o =. Usa o dibuja tiras de fracciones como ayuda. Las fracciones se refieren al mismo entero.

5.

1		
$\frac{1}{8}$	$\frac{1}{8}$	$\frac{1}{8}$
$\frac{1}{8}$	$\frac{1}{8}$	$\frac{1}{8}$	$\frac{1}{8}$

$\frac{3}{8}$ ◯ $\frac{4}{8}$

6.

1		
$\frac{1}{4}$	$\frac{1}{4}$	$\frac{1}{4}$
$\frac{1}{4}$	$\frac{1}{4}$	$\frac{1}{4}$

$\frac{3}{4}$ ◯ $\frac{3}{4}$

7. $\frac{6}{8}$ ◯ $\frac{3}{8}$

8. $\frac{5}{8}$ ◯ $\frac{7}{8}$

9. $\frac{1}{2}$ ◯ $\frac{1}{2}$

10. $\frac{1}{3}$ ◯ $\frac{2}{3}$

11. $\frac{6}{6}$ ◯ $\frac{3}{6}$

12. $\frac{2}{8}$ ◯ $\frac{3}{8}$

13. $\frac{3}{3}$ ◯ $\frac{1}{3}$

14. $\frac{1}{4}$ ◯ $\frac{3}{4}$

Resolución de problemas

Para **15** y **16**, usa los dibujos de las tiras que están parcialmente coloreadas.

15. Compara. Escribe <, > o =.
Las tiras verdes muestran que $\frac{1}{6}$ ◯ $\frac{2}{6}$.

16. ¿Muestran las tiras amarillas que $\frac{2}{4} > \frac{3}{4}$? Explícalo.

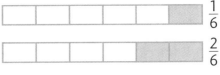
$\frac{1}{6}$

$\frac{2}{6}$

$\frac{3}{4}$

$\frac{2}{4}$

17. Isabel y Henry tienen dos pizzas diferentes. Isabel comió $\frac{3}{8}$ de su pizza. Henry comió $\frac{3}{8}$ de su pizza. Isabel comió más pizza que Henry. ¿Cómo es posible esto? Explícalo.

18. Generalizar Dos fracciones son iguales y también tienen el mismo denominador. ¿Qué puede ser verdadero para los numeradores de las fracciones? Explícalo.

19. Sentido numérico El miércoles el Sr. Domini tenía $814 en el banco. El jueves retiró $250 y el viernes retiró $185. ¿Cuánto dinero le queda en el banco?

20. Razonamiento de orden superior Los padres de Tom le dan a escoger entre jugar su juego de mesa favorito por $\frac{7}{8}$ de hora o por $\frac{8}{8}$ de hora. Explica qué tiempo escogería Tom y por qué.

✓ Práctica para la evaluación

21. Pablo y Enrique tienen pizzas de tamaños iguales cortadas en 8 porciones iguales. Pablo come 3 porciones. Enrique come 2 porciones. Selecciona números y símbolos de la caja para escribir una comparación sobre la fracción de pizza que ha comido cada uno.

2 3 4 6 8 < > =

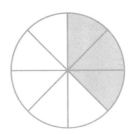

Pizza de Pablo

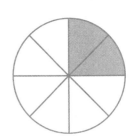

Pizza de Enrique

Nombre ______________________________

Lección 13-4

Usar modelos para comparar fracciones: El mismo numerador

Puedo...
comparar fracciones que se refieren al mismo entero y tienen el mismo numerador, comparando sus denominadores.

También puedo hacer mi trabajo con precisión.

Resuélvelo y coméntalo Cristina, Jamal y Rafael tienen una porción de verduras cada uno. Cristina comió $\frac{2}{6}$, Jamal comió $\frac{2}{3}$ y Rafael comió $\frac{2}{8}$ de su porción. Ordena las fracciones de menor a mayor para mostrar quién comió menos verduras y quién comió más.

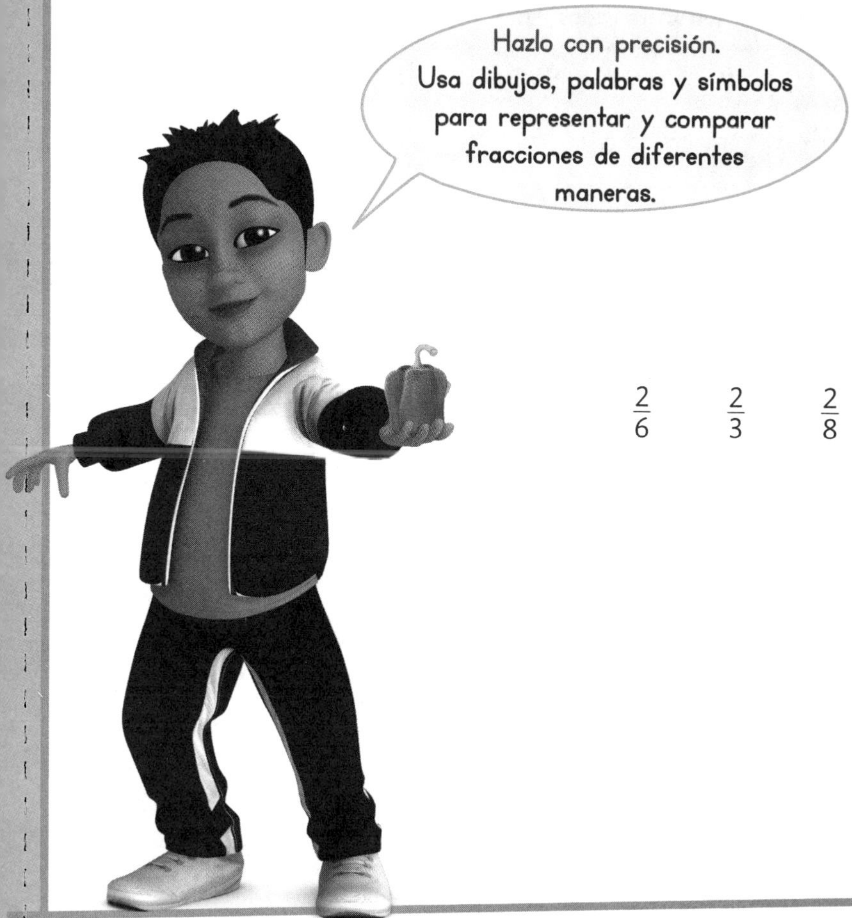
Hazlo con precisión. Usa dibujos, palabras y símbolos para representar y comparar fracciones de diferentes maneras.

$\frac{2}{6}$ $\frac{2}{3}$ $\frac{2}{8}$

¡Vuelve atrás! Tamara comió $\frac{2}{2}$ de una porción de verduras. De menor a mayor, ordena las fracciones que comieron Cristina, Jamal, Rafael y Tamara. Explica tu razonamiento.

Pregunta esencial ¿Cómo puedes comparar fracciones con el mismo numerador?

A

$\frac{5}{6}$ de esta bufanda son anaranjados.

Claire compró 2 bufandas como recuerdos de su visita a la universidad de Florida. Las bufandas tienen el mismo tamaño. Una bufanda es $\frac{5}{6}$ anaranjada y la otra es $\frac{5}{8}$ anaranjada. ¿Cuál es mayor: $\frac{5}{6}$ o $\frac{5}{8}$?

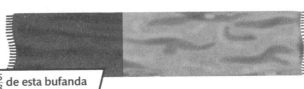

$\frac{5}{8}$ de esta bufanda son anaranjados.

Puedes comparar fracciones que tienen el mismo numerador razonando sobre sus tamaños.

B **Lo que sabes**

Usa tiras de fracciones para razonar sobre el tamaño de $\frac{5}{6}$ comparado con el tamaño de $\frac{5}{8}$.

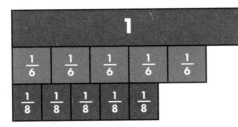

Hay 5 sextos. Hay 5 octavos. Las partes son de tamaños diferentes.

Cuanto más grande es el denominador, más pequeña será cada parte.

C **Lo que escribes**

Describe la comparación usando símbolos o palabras.

$$\frac{5}{6} > \frac{5}{8}$$

Cinco sextos es mayor que *cinco octavos*.

Si dos fracciones tienen el mismo numerador, la fracción con el menor denominador es mayor que la otra fracción.

¡Convénceme! **Evaluar el razonamiento** Julia dice que $\frac{1}{8}$ es mayor que $\frac{1}{4}$ porque 8 es mayor que 4. Evalúa el razonamiento de Julia. ¿Tiene razón? Explícalo.

Nombre _____

⭐ Práctica guiada

¿Lo entiendes?

1. ¿De qué manera las tiras de fracciones te ayudan a razonar si $\frac{4}{6}$ o $\frac{4}{8}$ es mayor en un mismo entero?

2. ¿Qué fracción es mayor: $\frac{1}{4}$ o $\frac{1}{6}$? Dibuja tiras de fracciones para completar el diagrama y responde a la pregunta.

¿Cómo hacerlo?

Para **3** y **4**, compara. Escribe <, > o =. Usa tiras de fracciones como ayuda.

3.

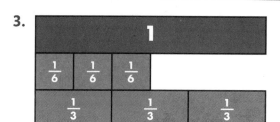

$\frac{3}{6}$ ◯ $\frac{3}{3}$

4.

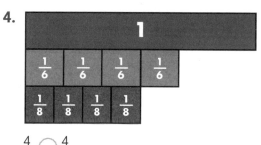

$\frac{4}{6}$ ◯ $\frac{4}{8}$

⭐ Práctica independiente ⭐

Práctica al nivel Para **5** a **14**, compara. Escribe <, > o =. Usa o dibuja tiras de fracciones como ayuda. Las fracciones se refieren al mismo entero.

5.

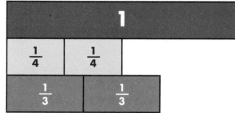

$\frac{2}{4}$ ◯ $\frac{2}{3}$

6.

1

$\frac{4}{4}$ ◯ $\frac{4}{6}$

7. $\frac{2}{3}$ ◯ $\frac{2}{2}$

8. $\frac{4}{8}$ ◯ $\frac{4}{8}$

9. $\frac{5}{6}$ ◯ $\frac{5}{8}$

10. $\frac{1}{4}$ ◯ $\frac{1}{3}$

11. $\frac{1}{3}$ ◯ $\frac{1}{6}$

12. $\frac{4}{6}$ ◯ $\frac{4}{6}$

13. $\frac{1}{8}$ ◯ $\frac{1}{2}$

14. $\frac{2}{6}$ ◯ $\frac{2}{3}$

Resolución de problemas

15. James usa fichas azules y blancas para hacer los dos diseños que se muestran aquí. James dice que el área azul del primer diseño es la misma que el área azul del segundo diseño. ¿Tiene razón? Explícalo.

Cada entero es del mismo tamaño. Por tanto, puedes comparar las fracciones que representan las fichas azules en cada entero.

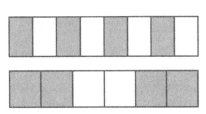

16. Amy vendió 8 colchas grandes y 1 colcha para bebé. ¿Cuánto dinero reunió de la venta de las colchas?

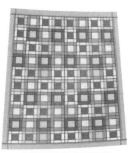

Colcha grande $60

Colcha para bebé $40

17. Hacerlo con precisión Escribe dos enunciados de comparación sobre las fracciones que se muestran a continuación.

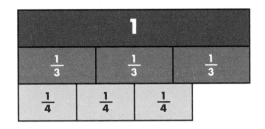

18. Razonamiento de orden superior Juan dice que cuando comparas dos fracciones con el mismo numerador, observas los denominadores porque la fracción que tiene el denominador más grande es mayor. ¿Tiene razón? Explícalo y da un ejemplo.

 Práctica para la evaluación

19. Estas fracciones se refieren al mismo entero. ¿Cuáles de estas comparaciones son correctas? Escoge todas las que apliquen.

☐ $\frac{5}{6} < \frac{5}{8}$

☐ $\frac{1}{2} > \frac{1}{4}$

☐ $\frac{3}{4} > \frac{3}{6}$

☐ $\frac{2}{4} > \frac{2}{3}$

☐ $\frac{5}{6} = \frac{5}{6}$

Resuélvelo y coméntalo

El Sr. Evan escribió $\frac{2}{8}$, $\frac{4}{8}$, $\frac{6}{8}$, $\frac{1}{8}$, $\frac{3}{8}$, $\frac{5}{8}$ y $\frac{7}{8}$ en el pizarrón. Luego, encerró en un círculo las fracciones que están más cerca de 0 que de 1. ¿Qué fracciones encerró en un círculo? ¿Qué fracciones no encerró en un círculo? Explica cómo lo decidiste.

Puedo...
usar lo que sé sobre el tamaño de los números de referencia para comparar fracciones.

También puedo hacer mi trabajo con precisión.

0	$\frac{1}{2}$	1

Puedes razonar. Referencias como 0, $\frac{1}{2}$ y 1 son útiles cuando se comparan fracciones del mismo entero.

¡Vuelve atrás! Eric dice que $\frac{3}{8}$ está más cerca de 1 que de 0 porque $\frac{3}{8}$ es mayor que $\frac{1}{8}$. ¿Tiene razón? Usa números de referencia para evaluar el razonamiento de Eric y justificar tu respuesta.

Pregunta esencial **¿Cómo se pueden usar los números de referencia para comparar fracciones?**

A

Keri quiere comprar $\frac{2}{6}$ de un recipiente de maní tostado. Alan quiere comprar $\frac{2}{3}$ de un recipiente de maní tostado. Los recipientes son del mismo tamaño. ¿Quién comprará más maní?

Otra estrategia para comparar fracciones es usar números de referencia de uso general como 0, $\frac{1}{2}$ y 1.

Maní tostado

Lleno

B Compara cada fracción con el número de referencia $\frac{1}{2}$. Luego, observa cómo se relacionan entre sí de acuerdo con el tamaño.

Aproximadamente $\frac{2}{6}$ lleno

Aproximadamente $\frac{1}{2}$ lleno

Aproximadamente $\frac{2}{3}$ lleno

$\frac{2}{6}$ es menor que $\frac{1}{2}$.

$\frac{2}{3}$ es mayor que $\frac{1}{2}$.

C Por tanto, $\frac{2}{6}$ es menor que $\frac{2}{3}$.

$$\frac{2}{6} < \frac{2}{3}$$

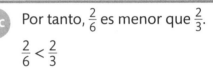

Alan comprará más maní que Keri.

¡Convénceme! **Entender y perseverar** Carla compra $\frac{2}{8}$ de un recipiente de maní tostado. El recipiente es del mismo tamaño que los que usaron Keri y Alan. Dice que si $\frac{2}{8}$ está entre $\frac{1}{2}$ y 1, entonces ella compra más maní que Alan. ¿Tiene razón Carla? Explícalo.

☆Práctica guiada

¿Lo entiendes?

1. Tina usó números de referencia para decidir que $\frac{3}{8}$ es menor que $\frac{7}{8}$. ¿Estás de acuerdo? Explícalo.

2. Escribe dos fracciones con un denominador de 6 que estén más cerca de 0 que de 1.

3. Escribe dos fracciones con un denominador de 8 que estén más cerca de 1 que de 0.

¿Cómo hacerlo?

Para **4** a **6**, escoge entre las fracciones $\frac{1}{8}$, $\frac{1}{4}$, $\frac{6}{8}$ y $\frac{3}{4}$. Usa tiras de fracciones como ayuda.

4. ¿Qué fracciones están más cerca de 0 que de 1?

5. ¿Qué fracciones están más cerca de 1 que de 0?

6. Usa las dos fracciones con denominador de 8 para escribir un enunciado verdadero: ▢ < ▢.

☆Práctica independiente

Para **7** y **8**, escoge entre las fracciones $\frac{2}{3}$, $\frac{7}{8}$, $\frac{1}{4}$ y $\frac{2}{6}$.

7. ¿Cuáles de las fracciones están más cerca de 0 que de 1?

8. ¿Cuáles de las fracciones están más cerca de 1 que de 0?

> Recuerda que puedes escribir fracciones equivalentes, usar modelos, el sentido numérico o fracciones de referencia para ayudarte a comparar fracciones.

Para **9** a **14**, usa una estrategia para comparar. Escribe <, > o =.

9. $\frac{5}{8} \bigcirc \frac{7}{8}$

10. $\frac{5}{8} \bigcirc \frac{2}{8}$

11. $\frac{3}{4} \bigcirc \frac{3}{6}$

12. $\frac{4}{6} \bigcirc \frac{4}{8}$

13. $\frac{2}{6} \bigcirc \frac{2}{4}$

14. $\frac{2}{3} \bigcirc \frac{1}{3}$

Resolución de problemas

Para **15** a **17**, usa la tabla de la derecha.

15. ¿Quién ha caminado más cerca de 1 milla que de 0 millas?

16. ¿Quién ha caminado más cerca de 0 millas que de 1 milla?

17. ¿Quién caminó una fracción de milla que no está más cerca de 0 ni de 1? Explícalo.

DATOS	Nombre	Fracción de milla caminada
	Sra. Avery	$\frac{1}{6}$
	Sr. Núñez	$\frac{5}{6}$
	Sra. Chang	$\frac{1}{3}$
	Sr. O'Leary	$\frac{4}{8}$
	Srta. Lara	$\frac{4}{6}$

18. Raúl compara dos enteros del mismo tamaño. Dice que $\frac{2}{6} < \frac{2}{3}$ porque $\frac{2}{6}$ es menor que $\frac{1}{2}$, y $\frac{2}{3}$ es mayor que $\frac{1}{2}$. ¿Tiene razón Raúl? Explícalo.

Piensa en fracciones que son equivalentes a una mitad.

19. Entender y perseverar Mario maneja 265 millas más que Janice. Mario maneja 642 millas. ¿Cuántas millas maneja Janice?

20. Álgebra Nina tiene 90 lápices. 40 de ellos son amarillos, 13 son verdes, 18 son rojos y los demás son azules. ¿Cuántos lápices azules tiene Nina?

21. Razonamiento de orden superior Omar dice que $\frac{2}{6} < \frac{4}{6}$ porque $\frac{2}{6}$ está entre 0 y $\frac{1}{2}$, y $\frac{4}{6}$ está entre $\frac{1}{2}$ y 1. ¿Tiene razón Omar? Explícalo.

Piensa en fracciones de referencia que conozcas.

☑ **Práctica para la evaluación**

22. Todas las fracciones en las comparaciones de la derecha se refieren al mismo entero. Usa fracciones de referencia para razonar acerca del tamaño de cada fracción. Selecciona todas las comparaciones correctas.

☐ $\frac{2}{3} < \frac{2}{4}$

☐ $\frac{2}{4} < \frac{2}{3}$

☐ $\frac{3}{8} > \frac{5}{8}$

☐ $\frac{1}{4} < \frac{2}{4}$

☐ $\frac{3}{6} > \frac{3}{8}$

Nombre _____

Resuélvelo y coméntalo

Tanya, Rita y Ryan usaron una bolsa de harina cada uno para hacer plastilina. Las bolsas están rotuladas $\frac{3}{4}$ lb, $\frac{1}{4}$ lb y $\frac{2}{4}$ lb. Muestra estas fracciones en una recta numérica. ¿Cómo puedes usar la recta numérica para comparar dos de estas fracciones?

Puedo...
comparar dos fracciones ubicándolas en una recta numérica.

También puedo razonar sobre las matemáticas.

Puedes razonar para comparar fracciones. Piensa en el tamaño de las fracciones. También puedes usar modelos como la recta numérica.

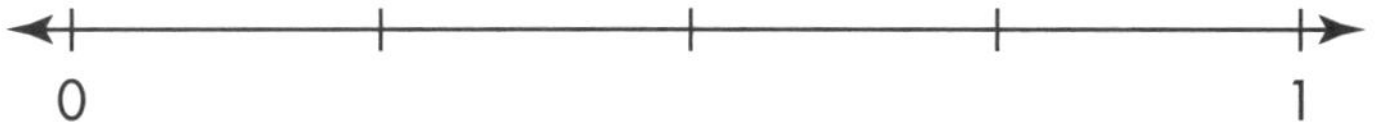

0   1

¡Vuelve atrás! Si las bolsas estuvieran rotuladas $\frac{4}{8}$ lb, $\frac{3}{8}$ lb y $\frac{6}{8}$ lb, ¿cómo podría ayudarte una recta numérica a resolver este problema?

Pregunta esencial ¿Cómo puedes comparar fracciones usando la recta numérica?

A

Talía tiene cinta azul y roja de diferentes longitudes. ¿Ella tiene más cinta azul o más cinta roja?

Mira los numeradores y los denominadores de cada fracción. Puedes comparar las fracciones razonando acerca de su tamaño, usando fracciones de referencia o modelos como la recta numérica.

$\frac{2}{3}$ de yarda

$\frac{1}{3}$ de yarda

B

Ambas fracciones se refieren a 1 yarda de cinta. Este es el entero.

Puedes usar una recta numérica para comparar $\frac{1}{3}$ y $\frac{2}{3}$.

Cuanto más lejos de 0 esté una fracción en la recta numérica, mayor es la fracción.

$0 \qquad \frac{1}{3} \qquad \frac{2}{3} \qquad 1$

En la recta numérica, $\frac{2}{3}$ está más a la derecha que $\frac{1}{3}$.

Por tanto, $\frac{2}{3} > \frac{1}{3}$.

Talía tiene más cinta azul que cinta roja.

¡Convénceme! **Usar la estructura** Talía también tiene un pedazo de cinta verde que mide $\frac{2}{4}$ de yarda. ¿Cómo puedes comparar la longitud de la cinta verde con las longitudes de las cintas azul y roja?

☆Práctica guiada

¿Lo entiendes?

1. Al comparar dos fracciones que se refieren al mismo entero, ¿qué observas cuando los denominadores que estás comparando son los mismos?

2. Escribe un problema que compare dos fracciones con diferentes denominadores.

¿Cómo hacerlo?

Para **3** a **5**, compara las fracciones usando <, > o =. Usa las rectas numéricas como ayuda.

3.
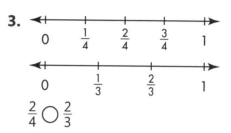

$\frac{2}{4} \bigcirc \frac{2}{3}$

4.
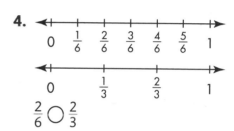

$\frac{2}{6} \bigcirc \frac{2}{3}$

5.
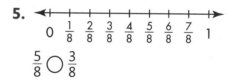

$\frac{5}{8} \bigcirc \frac{3}{8}$

☆Práctica independiente ☆

Para **6** a **9**, usa las rectas numéricas para comparar las fracciones. Escribe <, > o =.

6.
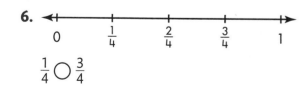

$\frac{1}{4} \bigcirc \frac{3}{4}$

7.
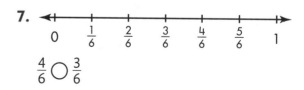

$\frac{4}{6} \bigcirc \frac{3}{6}$

8.
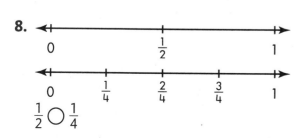

$\frac{1}{2} \bigcirc \frac{1}{4}$

9.
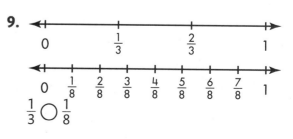

$\frac{1}{3} \bigcirc \frac{1}{8}$

Resolución de problemas

10. Sentido numérico Randy quiere ahorrar $39. La tabla muestra cuánto dinero tiene ahorrado. Explica cómo usarías la estimación para saber si él ahorró suficiente dinero.

Dinero ahorrado	
Mes	**Cantidad**
Marzo	$14
Abril	$11
Mayo	$22

11. Sergio comió $\frac{2}{8}$ de una barra de fruta. Ana comió $\frac{4}{8}$ de una barra del mismo tamaño. ¿Puedes decir quién de los dos comió más de la barra de fruta? Explícalo.

12. Hacerlo con precisión Mario y Alicia tienen pedazos de cartón idénticos para un proyecto de arte. Mario usa $\frac{2}{3}$ de su pedazo. Alicia usa $\frac{2}{6}$ del suyo. ¿Quién usa más: Mario o Alicia? Dibuja dos rectas numéricas para ayudarte a explicar la respuesta.

13. Razonamiento de orden superior Algunos amigos compartieron una pizza. Nicole comió $\frac{2}{8}$ de la pizza. Chris comió $\frac{1}{8}$ más que Johan. Mike comió $\frac{1}{8}$ de la pizza. Johan comió $\frac{1}{8}$ más que Mike. ¿Quién comió más pizza?

$$\overset{\longleftarrow}{\underset{\;\;0\quad\frac{1}{8}\quad\frac{2}{8}\quad\frac{3}{8}\quad\frac{4}{8}\quad\frac{5}{8}\quad\frac{6}{8}\quad\frac{7}{8}\quad1}{\big|\;\;\big|\;\;\big|\;\;\big|\;\;\big|\;\;\big|\;\;\big|\;\;\big|\;\;\big|}}\overset{\longrightarrow}{}$$

14. Inés tiene dos filas de plantas. Hay 8 plantas en cada fila. Cada planta tiene 3 flores. ¿Cuántas flores hay en total?

☑ Práctica para la evaluación

15. Daniel caminó $\frac{3}{4}$ de una milla. Theo caminó $\frac{3}{8}$ de una milla. Usa las rectas numéricas para mostrar las fracciones de una milla que caminaron Daniel y Theo. Luego, selecciona todos los enunciados correctos que describan las fracciones.

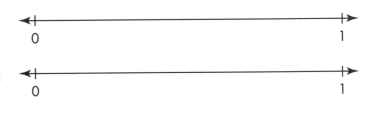

- ☐ $\frac{3}{4}$ es equivalente a $\frac{3}{8}$ porque las fracciones marcan el mismo punto.
- ☐ $\frac{3}{4}$ es mayor que $\frac{3}{8}$ porque está más lejos de cero.
- ☐ $\frac{3}{4}$ es menor que $\frac{3}{8}$ porque está más lejos de cero.
- ☐ $\frac{3}{8}$ es menor que $\frac{3}{4}$ porque está más cerca de cero.
- ☐ $\frac{3}{8}$ es mayor que $\frac{3}{4}$ porque está más cerca de cero.

Nombre _____

Resuélvelo y coméntalo

La familia de Jaime comió 12 pedazos de tarta de manzana durante la semana. Cada pedazo era $\frac{1}{6}$ de una tarta. ¿Cuántas tartas enteras comió la familia de Jaime? ¿Qué fracción de tarta quedó? Explica cómo lo decidiste.

Puedo...
usar representaciones para hallar nombres de fracciones para números enteros.

También puedo hacer mi trabajo con precisión.

Razona. Piensa en el tamaño de cada pedazo y en el tamaño de toda la tarta.

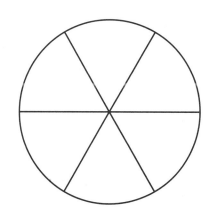 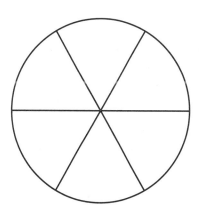

¡Vuelve atrás! Jaime corta otra tarta en pedazos más pequeños. Cada pedazo es $\frac{1}{8}$ del entero. Jaime reparte 8 pedazos. ¿Le quedó a Jaime algo de la tarta? Explica cómo lo sabes.

Pregunta esencial

¿Cómo puedes usar nombres de fracciones para representar números enteros?

A

¿Cuáles son los nombres de algunas fracciones equivalentes para 1, 2 y 3?

Puedes escribir un número entero como una fracción escribiendo el número entero como el numerador y 1 como el denominador.

La recta numérica muestra 3 enteros. Cada entero está dividido en 1 parte igual.

1 entero dividido en 1 parte igual se puede escribir como $\frac{1}{1}$.

2 enteros divididos en 1 parte igual se pueden escribir como $\frac{2}{1}$.

3 enteros divididos en 1 parte igual se pueden escribir como $\frac{3}{1}$.

$1 = \frac{1}{1}$

$2 = \frac{2}{1}$

$3 = \frac{3}{1}$

B Puedes hallar otros nombres de fracciones equivalentes para los números enteros.

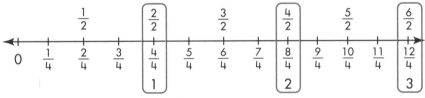

$1 = \frac{1}{1} = \frac{2}{2} = \frac{4}{4}$

$2 = \frac{2}{1} = \frac{4}{2} = \frac{8}{4}$

$3 = \frac{3}{1} = \frac{6}{2} = \frac{12}{4}$

¡Hay muchos nombres de fracciones para los números enteros!

¡Convénceme! **Razonar** ¿Qué nombres de fracciones equivalentes se pueden escribir para 4 usando denominadores de 1, 2 o 4?

Otro ejemplo

Puedes usar fracciones para nombrar números enteros.

1	1	1	1
$\frac{1}{3}$ $\frac{1}{3}$ $\frac{1}{3}$	$\frac{1}{3}$ $\frac{1}{3}$ $\frac{1}{3}$	$\frac{1}{3}$ $\frac{1}{3}$ $\frac{1}{3}$	$\frac{1}{3}$ $\frac{1}{3}$ $\frac{1}{3}$

Doce tiras de fracciones de $\frac{1}{3}$ son iguales a 4 tiras de fracciones de 1 entero.

Todos los números enteros tienen nombres de fracciones. Puedes escribir $4 = \frac{12}{3}$.

También sabes que $4 = \frac{4}{1}$; por tanto, puedes escribir $4 = \frac{4}{1} = \frac{12}{3}$.

☆Práctica guiada

¿Lo entiendes?

1. Explica cómo sabes que $\frac{4}{1} = 4$.

¿Cómo hacerlo?

2. Completa la recta numérica.

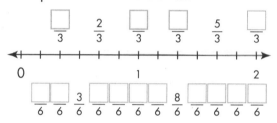

3. Observa la recta numérica. Escribe dos fracciones equivalentes para cada número entero.

$1 = \dfrac{\Box}{3} = \dfrac{\Box}{6}$ $2 = \dfrac{\Box}{3} = \dfrac{\Box}{6}$

☆Práctica independiente

Para **4** a **7**, escribe dos fracciones equivalentes para cada número entero. Puedes dibujar rectas numéricas como ayuda.

4. $4 = \dfrac{\Box}{2} = \dfrac{\Box}{1}$ **5.** $1 = \dfrac{\Box}{4} = \dfrac{\Box}{1}$ **6.** $2 = \dfrac{\Box}{3} = \dfrac{\Box}{1}$ **7.** $5 = \dfrac{\Box}{2} = \dfrac{\Box}{1}$

Para **8** a **11**, escribe el número entero equivalente para cada par de fracciones.

8. $\dfrac{6}{2} = \dfrac{3}{1} =$ **9.** $\dfrac{3}{3} = \dfrac{6}{6} =$ **10.** $\dfrac{8}{4} = \dfrac{6}{3} =$ **11.** $\dfrac{9}{3} = \dfrac{12}{4} =$

Resolución de problemas

12. Henry necesita reparar o reemplazar su refrigerador. Costará $376 repararlo. ¿Cuánto más costará comprar un refrigerador nuevo que arreglar el actual?

Refrigerador nuevo $969

13. Daniel dice: "Para escribir el nombre de una fracción equivalente para 5, puedo escribir 5 como el denominador y 1 como el numerador". ¿Estás de acuerdo con Daniel? Explícalo.

14. Buscar relaciones Describe un patrón en las fracciones equivalentes a 1 entero.

15. enVision® STEM Hay cuatro etapas en el ciclo de vida de una mariposa: huevo, oruga, crisálida y mariposa. Daniel hace un cartel entero para cada etapa. Escribe una fracción para mostrar cuántos carteles enteros hace Daniel.

16. Karen compró 4 boletos para el cine a $9 cada uno. Le quedan $12. ¿Cuánto dinero tenía Karen al empezar?

17. Razonamiento de orden superior Peggy tiene 4 sándwiches enteros. Corta cada uno en mitades. Luego, reparte 1 sándwich entero. Muestra como una fracción la cantidad de sándwiches que le quedan a Peggy.

Cada sándwich se corta en partes iguales.

✅ Práctica para la evaluación

18. Completa las ecuaciones. Selecciona el número entero equivalente a la fracción.

	1	2	4	6
$\frac{6}{1} = \frac{12}{2} = ?$	☐	☐	☐	☐
$\frac{6}{3} = \frac{4}{2} = ?$	☐	☐	☐	☐
$\frac{4}{4} = \frac{1}{1} = ?$	☐	☐	☐	☐
$\frac{8}{2} = \frac{16}{4} = ?$	☐	☐	☐	☐

Nombre _____

Linda y Mateo participan en una carrera de 1 milla. Hasta el momento, ambos han corrido la misma distancia. Escribe una fracción que muestre qué tan lejos pudo haber corrido Linda. Escribe una fracción diferente que muestre qué tan lejos pudo haber corrido Mateo. Construye un argumento matemático para apoyar tu respuesta.

Puedo...
construir argumentos matemáticos usando lo que sé sobre fracciones.

También puedo comparar fracciones.

Pista de atletismo

Hábitos de razonamiento

¡Razona correctamente! Estas preguntas te pueden ayudar.

- ¿Cómo puedo usar números, objetos, dibujos o acciones para justificar mi argumento?

- ¿Estoy usando los números y los signos o símbolos correctamente?

- ¿Es mi explicación clara y completa?

¡Vuelve atrás! **Construir argumentos** ¿Son equivalentes las dos fracciones que escribiste? Construye un argumento matemático usando dibujos, palabras y números para apoyar tu respuesta.

Pregunta esencial ¿Cómo puedes construir argumentos?

A

Clara y Ana están haciendo alfombras del mismo tamaño. Hasta ahora, Clara ha hecho $\frac{3}{4}$ de su alfombra y Ana $\frac{3}{8}$. ¿Quién tiene más avanzada su alfombra?

Conjetura: Clara ha hecho una porción de alfombra mayor que la de Ana.

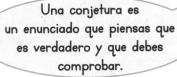

Una conjetura es un enunciado que piensas que es verdadero y que debes comprobar.

¿De qué manera puedo explicar por qué mi conjetura es correcta?

Necesito construir un argumento para justificar mi conjetura.

Este es mi razonamiento...

B **¿Cómo puedo construir un argumento?**

Puedo

- usar números, objetos, dibujos o acciones correctamente para explicar mis ideas.

- asegurarme de que la explicación es simple, completa y fácil de entender.

C Usaré dibujos y números para explicar mi razonamiento.

Las rectas numéricas representan el mismo entero. Una está dividida en cuartos. La otra está dividida en octavos.

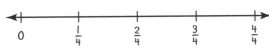

Las rectas numéricas muestran que 3 de los cuartos son mayores que 3 de los octavos.

Por tanto, $\frac{3}{4} > \frac{3}{8}$. La conjetura es correcta.

¡Convénceme! **Construir argumentos** Usa números para construir otro argumento matemático que justifique la conjetura anterior. Piensa en cómo lo puedes ver en el numerador y el denominador.

Práctica Herramientas Evaluación

☆Práctica guiada

Construir argumentos

Pablo y Ana estaban comiendo burritos del mismo tamaño. Pablo comió $\frac{2}{6}$ de un burrito y Ana comió $\frac{2}{3}$ de un burrito. Conjetura: Pablo y Ana comieron la misma cantidad.

1. Dibuja un diagrama como ayuda para justificar la conjetura.

Un ejemplo te puede ayudar a construir un argumento.

2. ¿Es correcta la conjetura? Construye un argumento para justificar tu respuesta.

☆Práctica independiente

Construir argumentos

Reyna tiene una cinta azul que mide 1 yarda y una cinta roja que mide 2 yardas. Ella usa $\frac{2}{4}$ de la cinta roja y $\frac{2}{4}$ de la cinta azul.

Conjetura: Reyna usó la misma cantidad de cinta azul y roja.

3. Dibuja un diagrama como ayuda para justificar la conjetura.

4. ¿Es correcta la conjetura? Construye un argumento para justificar tu respuesta.

5. Explica de qué otra manera podrías justificar la conjetura.

Resolución de problemas

Feria escolar

En la feria escolar trabajaron 21 estudiantes. Los estudiantes de la Sra. Gómez trabajaron en una caseta. La tabla muestra qué fracción de 1 hora trabajaron los estudiantes. La Sra. Gómez quiere saber el orden de los tiempos de trabajo de los estudiantes de menor a mayor.

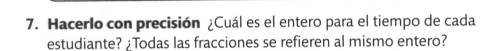

DATOS	Estudiante	Tim	Cathy	José	Pedro
	Horas trabajadas	$\frac{1}{4}$	$\frac{2}{4}$	$\frac{2}{6}$	$\frac{3}{4}$

6. **Entender y perseverar** ¿Qué comparaciones necesitas hacer para hallar quién trabajó menos tiempo?

7. **Hacerlo con precisión** ¿Cuál es el entero para el tiempo de cada estudiante? ¿Todas las fracciones se refieren al mismo entero?

> Cuando construyes argumentos, explicas por qué una conjetura es verdadera.

8. **Usar herramientas apropiadas** ¿Qué herramienta podrías usar para resolver este problema? Explica cómo usarías esta herramienta.

9. **Construir argumentos** ¿Cuál es el orden de las horas de trabajo de menor a mayor? Construye un argumento matemático para justificar tu respuesta.

Emparéjalo

Trabaja con un compañero. Señala una pista.

Lee la pista.

Mira la tabla de la parte de abajo de la página y busca la pareja de esa pista. Escribe la letra de la pista en el recuadro que corresponde.

Halla una pareja para cada pista.

Puedo...
multiplicar y dividir hasta 100.

También puedo construir argumentos.

Pistas

A Es igual a 3 × 3.	E Es igual a 35 ÷ 5.	I Es igual a 2 × 5.
B Es igual a 4 × 4.	F Es igual a 12 ÷ 4.	J Es igual a 3 × 10.
C Es igual a 9 × 4.	G Es igual a 5 × 4.	K Es igual a 9 × 2.
D Es igual a 0 ÷ 10.	H Es igual a 3 × 8.	L Es igual a 2 × 4.

☐ 6 × 6	☐ 3⟌27	☐ 6 × 4
☐ 40 ÷ 4	☐ 0 × 9	☐ 3 × 6
☐ 32 ÷ 4	☐ 5 × 6	☐ 4⟌28
☐ 10 × 2	☐ 7⟌21	☐ 8 × 2

A-Z
Glosario

Lista de palabras

- denominador
- fracción
- fracción unitaria
- fracciones equivalentes
- numerador
- recta numérica

Comprender el vocabulario

Escribe V para *verdadero* y F para *falso*.

1. _____ $\frac{1}{6}$ y $\frac{2}{6}$ tienen el mismo numerador.

2. _____ $\frac{1}{2}$ y $\frac{4}{8}$ son fracciones equivalentes.

3. _____ $\frac{3}{8}$ es una fracción unitaria.

4. _____ Un número entero se puede escribir como una fracción.

5. _____ El denominador en $\frac{1}{3}$ y en $\frac{2}{3}$ es el mismo.

6. _____ Una recta numérica siempre muestra fracciones.

Para cada uno de estos términos, da un ejemplo y un contraejemplo.

	Ejemplo	**Contraejemplo**
7. fracción	_____	_____
8. fracción unitaria	_____	_____
9. fracciones equivalentes	_____	_____

Usar el vocabulario al escribir

10. Usa por lo menos dos términos de la Lista de palabras para explicar cómo comparas $\frac{1}{2}$ y $\frac{1}{3}$.

Nombre _____

Grupo A páginas 485 a 488 _____

Dos fracciones son equivalentes si representan la misma parte de un entero.

¿Qué fracción es equivalente a $\frac{6}{8}$?

Puedes usar tiras de fracciones para hallar fracciones equivalentes.

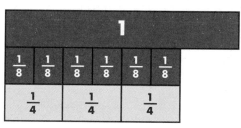

$$\frac{6}{8} = \frac{3}{4}$$

O puedes usar modelos de área para ver que $\frac{6}{8}$ y $\frac{3}{4}$ son fracciones equivalentes. Ambas fracciones coloreadas muestran la misma parte del entero.

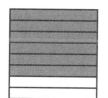 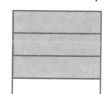

Recuerda que debes revisar que los dos grupos de tiras sean de la misma longitud.

Para **1** y **2**, halla la fracción equivalente. Usa tiras de fracciones y modelos como ayuda.

1.

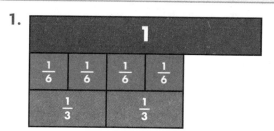

$$\frac{4}{6} = \boxed{}$$

2.

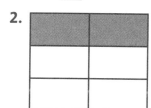 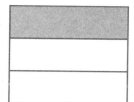

$$\frac{2}{6} = \boxed{}$$

Grupo B páginas 489 a 492 _____

Rafael dice que la biblioteca está a $\frac{2}{8}$ de milla de su casa. Silvia dice que está a $\frac{1}{4}$ de milla.

Usa una recta numérica para hallar quién tiene razón.

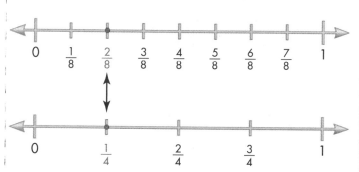

Las fracciones $\frac{2}{8}$ y $\frac{1}{4}$ son equivalentes. Están a la misma distancia de 0 en la recta numérica. Rafael y Silvia tienen razón.

Recuerda que las fracciones equivalentes tienen nombres diferentes, pero representan el mismo punto en una recta numérica.

Para **1** y **2**, escribe dos fracciones que representen la misma ubicación en la recta numérica.

1.

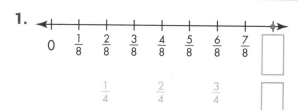

2.

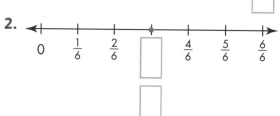

Puedes usar tiras de fracciones para comparar fracciones con el mismo denominador.

Compara $\frac{3}{4}$ con $\frac{2}{4}$.

1		
$\frac{1}{4}$	$\frac{1}{4}$	$\frac{1}{4}$
$\frac{1}{4}$	$\frac{1}{4}$	

El denominador de cada fracción es 4.

Tres tiras de fracciones de $\frac{1}{4}$ muestran $\frac{3}{4}$.

Dos tiras de fracciones de $\frac{1}{4}$ muestran $\frac{2}{4}$.

Las tiras de fracciones que muestran $\frac{3}{4}$ tienen 1 fracción unitaria más que las tiras que muestran $\frac{2}{4}$.

Por tanto, $\frac{3}{4} > \frac{2}{4}$.

Recuerda que si las fracciones tienen el mismo denominador, la fracción mayor tiene un numerador mayor.

Para **1** a **3**, compara. Escribe <, > o =. Usa tiras de fracciones como ayuda.

1.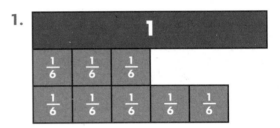

$\frac{3}{6} \bigcirc \frac{5}{6}$

2. $\frac{4}{6} \bigcirc \frac{5}{6}$

3. $\frac{5}{8} \bigcirc \frac{3}{8}$

Puedes usar tiras de fracciones para comparar fracciones con el mismo numerador.

Compara $\frac{1}{6}$ con $\frac{1}{2}$.

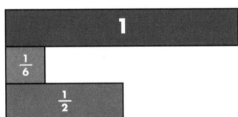

El numerador de cada fracción es 1.

La tira de fracción $\frac{1}{6}$ es menor que la tira $\frac{1}{2}$.

Por tanto, $\frac{1}{6} < \frac{1}{2}$.

La comprensión viene por medio del razonamiento. Piensa en dividir un entero en 6 pedazos y en 2 pedazos. Uno de los 6 pedazos es menor que uno de los 2 pedazos.

Recuerda que si las fracciones tienen el mismo numerador, la fracción mayor tiene el menor denominador.

Para **1** a **3**, compara. Escribe <, > o =. Usa tiras de fracciones como ayuda.

1.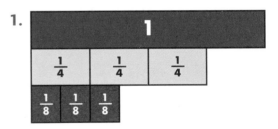

$\frac{3}{4} \bigcirc \frac{3}{8}$

2. $\frac{5}{6} \bigcirc \frac{5}{8}$

3. $\frac{1}{3} \bigcirc \frac{1}{2}$

Nombre _____

Grupo E páginas 501 a 504 _____

Puedes comparar fracciones usando números de referencia como 0, $\frac{1}{2}$ y 1.

Chris y Mary están haciendo dibujos. Los dibujos son del mismo tamaño. Chris pintó $\frac{3}{4}$ de su dibujo. Mary pintó $\frac{3}{8}$ de su dibujo. ¿Cuál de los dos pintó la mayor cantidad?

$\frac{3}{4}$ es mayor que $\frac{1}{2}$.

$\frac{3}{8}$ es menor que $\frac{1}{2}$.

Chris pintó la mayor cantidad.

Recuerda que puedes comparar cada fracción con un número de referencia para ver cómo se relacionan entre sí.

> Para **1** y **2**, usa números de referencia como ayuda para resolver.

1. Mike tenía $\frac{2}{6}$ de una barra de chocolate. Sally tenía $\frac{4}{6}$ de una barra de chocolate. ¿De quién es la fracción de barra de chocolate que está más cerca de 1? ¿Más cerca de 0?

2. Pablo comparó dos bolsas de arroz. Una pesa $\frac{4}{6}$ de libra y la otra pesa $\frac{4}{8}$ de libra. ¿Qué bolsa es más pesada?

Grupo F páginas 505 a 508 _____

Puedes usar una recta numérica para comparar fracciones.

¿Cuál es mayor: $\frac{3}{6}$ o $\frac{4}{6}$?

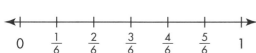

$\frac{4}{6}$ está más lejos de 0 que $\frac{3}{6}$; por tanto, $\frac{4}{6}$ es mayor.

También puedes comparar dos fracciones con el mismo numerador dibujando dos rectas numéricas.

¿Cuál es mayor: $\frac{2}{4}$ o $\frac{2}{3}$?

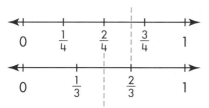

$\frac{2}{3}$ está más lejos de 0 que $\frac{2}{4}$; por tanto, $\frac{2}{3}$ es mayor.

Recuerda que debes dibujar dos rectas numéricas de igual longitud cuando compares fracciones con diferentes denominadores.

> Para **1** y **2**, compara. Escribe <, > o =. Usa las rectas numéricas como ayuda.

1. $\frac{2}{6}$ ◯ $\frac{3}{6}$

2. $\frac{3}{4}$ ◯ $\frac{3}{6}$

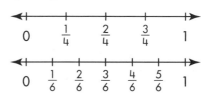

¿Cuántos tercios hay en 2 enteros?

Puedes usar una recta numérica o tiras de fracciones para hallar el nombre de la fracción para 2 usando tercios.

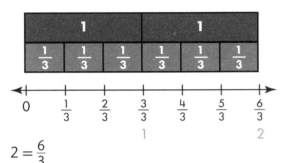

$$2 = \frac{6}{3}$$

El número entero 2 también se puede escribir como la fracción $\frac{6}{3}$.

Recuerda que cuando escribes números enteros como fracciones, el numerador puede ser mayor que el denominador.

Para **1** a **4**, escribe una fracción equivalente para cada número entero.

1. 3

2. 2

3. 5

4. 1

Para **5** a **8**, escribe el número entero equivalente para cada fracción.

5. $\frac{6}{3}$

6. $\frac{10}{2}$

7. $\frac{14}{2}$

8. $\frac{8}{8}$

Piensa en estas preguntas como ayuda para **construir argumentos.**

Hábitos de razonamiento

- ¿Cómo puedo usar números, objetos, dibujos o acciones para justificar mi argumento?

- ¿Estoy usando los números y los signos o símbolos correctamente?

- ¿Es mi explicación clara y completa?

Recuerda que cuando construyes un argumento, explicas por qué está bien tu trabajo.

Óscar y Tania pintan dos paredes iguales. Óscar pinta $\frac{1}{6}$ de una pared. Tania pinta $\frac{1}{3}$ de la otra pared. Conjetura: Óscar pinta menos que Tania.

1. Dibuja un diagrama para justificar la conjetura.

2. Usa el diagrama para justificar la conjetura.

Nombre _____

1. Dos amigos están trabajando en un proyecto. Hasta ahora, Cindy hizo $\frac{4}{8}$ del proyecto y Kim hizo $\frac{3}{8}$ del proyecto. ¿Quién hizo más? Explícalo.

2. Serena puede comparar $\frac{3}{4}$ y $\frac{3}{6}$ sin usar tiras de fracciones. Dice que un entero dividido en 4 partes iguales tendrá partes más grandes que el mismo entero dividido en 6 partes iguales. Tres partes más grandes deben ser mayores en tamaño que 3 partes más pequeñas. Por tanto, $\frac{3}{4}$ es mayor que $\frac{3}{6}$. ¿Tiene razón Serena? Si no es así, explica el error. Luego, escribe la comparación correcta usando símbolos.

3. Jill leyó $\frac{2}{3}$ de un libro para el proyecto de lectura del verano. Owen leyó $\frac{2}{8}$ del mismo libro. Usa las rectas numéricas para comparar cuánto leyó cada uno. ¿Quién leyó más del libro?

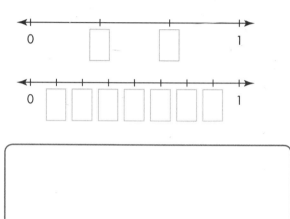

4. Un pastel pequeño se corta en 4 porciones iguales. ¿Qué fracción representa el pastel entero? Explícalo.

5. Mark y Silvia tienen cada uno un pedazo de madera del mismo tamaño. Mark pinta $\frac{2}{8}$ de su pedazo de madera. Silvia pinta $\frac{5}{8}$ de su pedazo. ¿Quién pintó una fracción más cerca de 1 que de 0? Explica cómo encontraste la respuesta. Luego, explica quién pintó menos de su pedazo de madera.

7. Carl, Fiona y Jen comieron un sándwich cada uno. Los sándwiches eran del mismo tamaño y se cortaron en octavos. Carl comió $\frac{7}{8}$ de sándwich, Fiona comió $\frac{3}{8}$ de sándwich y Jen comió $\frac{6}{8}$ de sándwich. ¿Quién comió más? Explícalo.

6. Greg coloreó el siguiente modelo de fracción.

A. ¿Qué fracciones representan la parte morada del modelo? Escoge todas las que apliquen.

☐ $\frac{1}{2}$ ☐ $\frac{3}{4}$

☐ $\frac{2}{3}$ ☐ $\frac{4}{6}$

☐ $\frac{6}{8}$

B. Nombra $\frac{1}{4}$ la parte sin sombrear del modelo. Explícalo.

Nombre _____

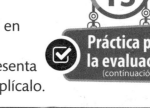

8. George quiere saber si dos pedazos de alambre tienen la misma longitud. Un alambre mide $\frac{6}{8}$ de pie. El otro mide $\frac{3}{4}$ de pie. ¿Tienen la misma longitud? Completa las fracciones de la recta numérica para comparar la longitud de los pedazos de alambre. Luego, explica tu respuesta.

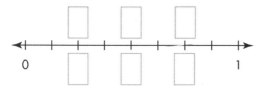

10. Se dividió un mural en 3 partes iguales. ¿Qué fracción representa el mural entero? Explícalo.

11. Megan comió $\frac{3}{4}$ de una galleta. Escribe una fracción equivalente para la cantidad de galleta que Megan **NO** comió. Luego, escribe una fracción que sea equivalente a la cantidad de galleta que sí comió Megan y explica por qué tu respuesta es correcta.

9. Liz caminó $\frac{3}{8}$ de milla el lunes. El miércoles caminó $\frac{3}{6}$ de milla. El viernes caminó $\frac{3}{4}$ de milla. Usa fracciones de referencia para ordenar las longitudes que caminó de menor a mayor.

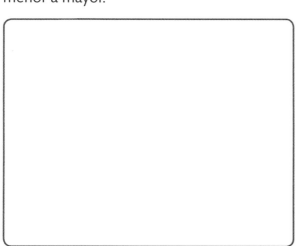

12. Encierra en un círculo todas las fracciones equivalentes a 1. Explica tu razonamiento. Luego, escribe otra fracción que sea igual a 1.

$\frac{2}{4}$ $\frac{3}{3}$ $\frac{3}{6}$ $\frac{4}{6}$ $\frac{6}{6}$

13. Usa la recta numérica como ayuda para ordenar las fracciones de menor a mayor. Luego, explica cómo hallaste la respuesta.

$\frac{6}{8}$ $\frac{4}{4}$ $\frac{1}{4}$ $\frac{1}{2}$ $\frac{0}{4}$

14. Eva y Luis tienen la misma tarea de matemáticas. Eva terminó $\frac{2}{4}$ de la tarea. Luis terminó $\frac{2}{8}$ de la tarea. Conjetura: Eva y Luis terminaron la misma cantidad de sus tareas.

A. Completa las rectas numéricas para ayudarte a pensar acerca de la conjetura.

B. Usa tu diagrama para decidir si la conjetura es correcta. Explícalo.

15. Para cada par de fracciones escribe en el recuadro el número del entero equivalente.

$\frac{16}{4} = \frac{8}{2} = \square$

$\frac{6}{3} = \frac{4}{2} = \square$

$\frac{8}{8} = \frac{6}{6} = \square$

Tienda de ropa
David, Jimena, Eli y Gaby trabajan en una tienda de ropa. El sábado cada uno de ellos trabajó la misma cantidad de horas.

La tabla **Tiempo dedicado en la caja registradora** muestra la fracción de tiempo que cada persona atendió a los clientes. La tabla **Tiempo dedicado a llamadas de los clientes** muestra la fracción de una hora que pasó Jimena respondiendo el teléfono.

Para **1** a **3**, usa la tabla **Tiempo dedicado en la caja registradora**.

1. Dibuja tiras de fracciones para mostrar la fracción de tiempo que cada persona trabajó en la caja registradora.

1

Tiempo dedicado en la caja registradora	
Nombre	**Fracción de trabajo por día**
David	$\frac{3}{6}$
Jimena	$\frac{2}{6}$
Eli	$\frac{6}{6}$
Gaby	$\frac{5}{6}$

2. ¿Quién estuvo más tiempo en la caja registradora?

3. Escribe una comparación que muestre el tiempo que estuvo Gaby en la caja registradora comparado con el tiempo que estuvo David. Usa >, < o =.

4. Usa la tabla **Tiempo dedicado a llamadas de los clientes** para responder a la pregunta. ¿En qué día Jimena estuvo más cerca de una hora en el teléfono? Explica cómo lo sabes.

Tiempo dedicado a llamadas de los clientes			
Día	Sábado	Domingo	Lunes
Fracción de una hora	$\frac{3}{6}$	$\frac{3}{5}$	$\frac{3}{4}$

La tienda vende calcetines para hombre de diferentes colores.
La tabla **Calcetines** muestra la fracción para cada color de calcetines en la tienda.

Para **5** y **6**, usa la tabla **Calcetines**.

Calcetines

Color	Fracción
blanco	$\frac{1}{8}$
negro	$\frac{1}{4}$
café	$\frac{3}{8}$
gris	$\frac{2}{8}$

5. **Parte A**

   Completa las fracciones en la recta numérica. Rotula la fracción que represente cada color de calcetín.

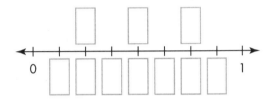

   Parte B

   ¿Tiene la tienda más calcetines cafés o más calcetines blancos?

6. Usa la recta numérica del Ejercicio **5** Parte A para construir un argumento y justificar la siguiente conjetura: La tienda tiene una cantidad igual de calcetines grises y negros.

7. Usa la tabla **Los calcetines de Miguel** para responder a la pregunta.

   Miguel compró algunos calcetines en la tienda de ropa. Después de lavarlos, contó los calcetines individuales que tenía. Cada calcetín es $\frac{1}{2}$ del par. ¿Cuántos pares de calcetines negros tiene? Escribe la cantidad como una fracción.

Los calcetines de Miguel

Color	Cantidad de calcetines
negro	6
gris	8

Resolver problemas sobre la hora, la capacidad y la masa

Pregunta esencial: ¿Cómo se pueden medir y hallar el tiempo transcurrido, la capacidad y la masa?

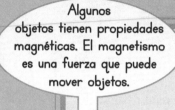

Algunos objetos tienen propiedades magnéticas. El magnetismo es una fuerza que puede mover objetos.

El imán atrae ciertos metales, como el hierro. Pero no atrae otros materiales, como el papel.

Este es un proyecto sobre imanes.

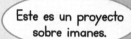

Proyecto de enVision STEM: Fuerzas e interacciones

Investigar Usa la Internet u otras fuentes para buscar información sobre imanes. ¿Cómo se usan? ¿Qué tipos de imanes hay? Sujeta varias hojas de papel con un clip. ¿Cómo puedes levantar las hojas usando un imán? ¿Cuántas hojas puede levantar el imán?

Diario: Escribir un informe Incluye lo que averiguaste. En tu informe, también:

- da ejemplos de materiales con propiedades magnéticas y sin propiedades magnéticas.

- halla las masas del clip y del papel.

- escribe una ecuación que represente cuánta masa puedes levantar con un imán.

Repasa lo que sabes

(A-Z) Vocabulario

Escoge el mejor término del recuadro.
Escríbelo en el espacio en blanco.

| • denominador | • numerador |
| • fracción unitaria | • recta numérica |

1. El /La _____ representa el número de repeticiones de la fracción unitaria.

2. El /La _____ representa la parte fraccionaria que se está contando.

3. Una parte igual de un entero se puede representar usando un/una _____ .

Resolver problemas de dos pasos

4. El Sr. Vernon viaja 188 millas en tren. Después, viaja en tren subterráneo y hace 9 paradas. Cada parada está a 2 millas de distancia. ¿Qué distancia viaja en total?

5. La Sra. Solís tiene una caja con 320 focos nuevos. Ella cambia los focos de 50 lámparas. Cada lámpara tiene 5 focos. ¿Cuántos focos le quedan a la Sra. Solís?

Rectas numéricas

Escribe los números que faltan en las rectas numéricas.

6.

7.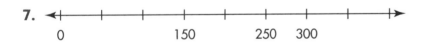

Fracciones

8. Rena divide un cuadrado en 8 partes iguales. ¿Qué fracción unitaria debe escribir para representar cada parte?

(A) $\frac{0}{8}$ (B) $\frac{1}{8}$ (C) $\frac{8}{8}$ (D) $\frac{8}{1}$

9. Escribe dos fracciones que sean iguales a $\frac{1}{2}$.

Nombre _____

PROYECTO 14A

¿Cómo puedes mostrar el tiempo transcurrido en un reloj?

Proyecto: Escribe y cuenta una historia acerca del tiempo

PROYECTO 14B

¿Cuál es la mejor forma de planificar el día completo?

Proyecto: Crea y juega un juego de memoria

PROYECTO
14C

¿Cómo se decía la hora antes de que existieran los relojes?

Proyecto: Diseña y construye un reloj solar

PROYECTO
14D

¿Cuál es tu receta favorita?

Proyecto: Interpreta una canción acerca de la masa de los objetos

Nombre _____

Resuélvelo y coméntalo

Javier y su mamá están visitando una tienda. En la tienda, hay muchos relojes en los estantes. Los relojes muestran diferentes horas. Di las horas que se muestran en cada uno de los siguientes relojes.

Puedo...
usar relojes para mostrar y decir la hora al minuto más cercano.

También puedo buscar patrones para resolver problemas.

Usa la estructura. Recuerda que el espacio entre cada pequeña marca del reloj representa una unidad de 1 minuto.

¡Vuelve atrás! Javier y su madre se van de la tienda a las 8:47. ¿Cómo puedes mostrar esa hora en el reloj?

Pregunta esencial ¿Cómo dices la hora al minuto más cercano?

A

El reloj muestra la hora en que un tren que viene de Memphis debe llegar a la estación Central. ¿A qué hora debe llegar el tren? Escribe la hora en forma digital y de otras dos maneras.

Los relojes analógicos son herramientas que nos ayudan a mostrar y decir la hora al minuto más cercano usando los minuteros y las manecillas de la hora.

La forma digital usa números y símbolos para mostrar y decir la hora. También puedes escribir la hora con palabras y números.

B Paso 1

La manecilla de la hora está entre el 12 y el 1. La hora es después de las 12:00 y antes de la 1:00.

C Paso 2

En 5 minutos, el minutero se mueve de un número al siguiente.

Cuenta de cinco en cinco desde el 12 hasta el 8. El resultado es 40 minutos.

D Paso 3

En 1 minuto, el minutero se mueve de una marca a la siguiente.

Cuenta dos minutos más. La hora digital es 12:42. Eso es 42 minutos después de las 12 o 18 minutos para la 1.

¡Convénceme! **Representar con modelos matemáticos** Un tren llega de Atlanta una hora después del tren de Memphis. Escribe la hora de llegada del tren de Atlanta en forma digital y de otras dos maneras. Usa una esfera de reloj como ayuda.

Nombre _____

☆Práctica guiada

¿Lo entiendes?

1. ¿Por qué 42 minutos después de las 12 es lo mismo que 18 minutos para la 1 en el ejemplo del tren de Memphis? Explícalo.

2. Un avión aterriza a las 3:55. ¿Muestra el reloj correctamente la hora en que aterriza el avión? Explícalo.

¿Cómo hacerlo?

Para **3** y **4**, escribe de dos maneras la hora de cada reloj.

3.

4.

☆Práctica independiente

Para **5** a **7**, escribe de dos maneras la hora de cada reloj.

5.

6.

7.

Resolución de problemas

Para **8** y **9**, usa la tabla.

8. Roy dice que la bufanda y la gorra cuestan lo mismo que la frazada y la gorra. ¿Es una estimación razonable? Explícalo.

9. ¿Qué artículos compró Jorge en la venta de invierno si $19 + $19 + $19 + $18 representa el total de su compra?

Venta de invierno		
Frazada		$19
Gorra		$12
Bufanda		$18

10. **Hacerlo con precisión** Maya salió de su casa cuando faltaban 25 minutos para las 3. Dibuja las manecillas en el reloj para mostrar la hora en que salió.

11. **Razonamiento de orden superior** La fiesta de Sandra empezó a las 7:00. Sus amigos Theo y Lily llegaron 10 minutos después de las 7. Su amigo Marcos llegó 35 minutos después que Theo y Lily. ¿A qué hora llegó Marcos? Escribe la hora de dos maneras.

☑ Práctica para la evaluación

12. Clay y su familia se sentaron a cenar a la hora que se muestra en el reloj. ¿Qué opciones son otras maneras de escribir esa hora? Escoge todas las que apliquen.

- ☐ 3:25
- ☐ 5:16
- ☐ 16 minutos después de las 5
- ☐ 44 minutos para las 5
- ☐ 16 minutos para las 5

13. Mary Ann llamó a su abuela. Ella terminó la llamada a la hora que se muestra en el reloj. ¿Qué opciones **NO** son maneras de escribir esta hora? Escoge todas las que apliquen.

- ☐ 14 minutos para las 9
- ☐ 3:46
- ☐ 46 minutos después de las 3
- ☐ 9:19
- ☐ 14 minutos para las 4

Nombre _____

Resuélvelo y coméntalo

Denise fue al cine. La película empezó a la 1:05 *p. m.* y terminó a las 2:35 *p. m.* ¿Cuánto tiempo duró la película? Explica tu razonamiento.

Inicio

Final

Usa el razonamiento. Usa las esferas de los relojes para ayudarte a determinar los cambios en la hora.

¡Vuelve atrás! Sin contar las horas y los minutos, ¿cómo sabes que la película que Denise fue a ver duró menos de 2 horas?

A

Janey tomó parte en la caminata para una obra benéfica. La caminata empezó a las 7:10 a. m. y terminó a las 11:20 a. m. ¿Cuánto tiempo duró la caminata?

Inicio  Final

Tiempo transcurrido es el tiempo total que transcurre desde el inicio hasta el final.

Las horas entre la medianoche y el mediodía son las horas *a. m.* Las horas entre el mediodía y la medianoche son las horas *p. m.*

B **Paso 1**

Halla la hora de inicio.

C **Paso 2**

Cuenta las horas.

D **Paso 3**

Cuenta los minutos.

La caminata duró 4 horas y 10 minutos.

¡Convénceme! **Entender y perseverar** Después de la caminata para la obra benéfica, Janey habló con sus amigos desde las 11:25 *a. m.* hasta las 11:40 *a. m.* Después sirvieron el almuerzo desde las 11:45 *a. m.* hasta las 2:10 *p. m.* ¿Cuánto tiempo duró el almuerzo?

Otro ejemplo

También puedes usar una recta numérica para medir el tiempo transcurrido.

La caminata de caridad de Janey duró 4 horas con 10 minutos.

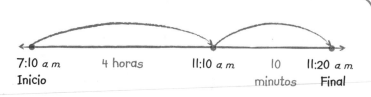

7:10 *a. m.*   4 horas   11:10 *a. m.*   10   11:20 *a. m.*
Inicio   minutos   Final

La recta numérica muestra las horas y los minutos que transcurrieron durante la caminata.

☆ Práctica guiada

¿Lo entiendes?

1. Si la hora de inicio es a las 7:15 *a. m.* y la hora final es a las 7:45 *a. m.*, ¿por qué no necesitas contar las horas para hallar el tiempo transcurrido?

2. Una película empieza a las 2:30 *p. m.* y dura 2 horas con 15 minutos. ¿A qué hora terminó la película?

¿Cómo hacerlo?

3. Dibuja una recta numérica para contar las horas desde las 11:00 *a. m.* hasta las 5:00 *p. m.* ¿Cuál es el tiempo transcurrido?

☆ Práctica independiente

Práctica al nivel Para **4** a **7**, usa relojes o rectas numéricas para hallar el tiempo transcurrido o la hora final.

4. Hora inicial: 6:30 *p. m.*   Hora final: 9:50 *p. m.*

Horas desde las 6:30 p. m. hasta las 9:30 *p. m.*

_____

Minutos desde las 9:30 *p. m.* hasta las 9:50 *p. m.*

_____

El tiempo transcurrido es _____ horas con _____ minutos.

5. Hora inicial: 10:00 *a. m.*

Hora final: 3:00 *p. m.*
Tiempo transcurrido:

_____

6. Hora inicial: 9:15 *a. m.*

Hora final: 10:45 *p. m.*
Tiempo transcurrido:

_____

7. Hora inicial: 11:30 *a. m.*

Tiempo transcurrido: 5 horas con 25 minutos. Hora final:

_____

Resolución de problemas

Para **8** y **9**, usa la lista de la derecha.

8. Razonar El Sr. Flores hizo una lista del tiempo para hornear alimentos. ¿Qué alimentos se hornean en menos de $\frac{1}{2}$ hora?

Alimento	Tiempo en minutos
Pan	27
Barras de granola	21
Plato de fideos	48
Verduras	24

9. ¿Cuáles son los dos alimentos que, al sumar sus tiempos en el horno, llevan menos tiempo para hornear que el plato de fideos?

10. Sally halla el tiempo transcurrido usando estas esferas de reloj. Sally cuenta las horas de 1 en 1 y los minutos de 5 en 5. ¿Por qué cuenta los minutos de 5 en 5 en vez de contarlos de 1 en 1?

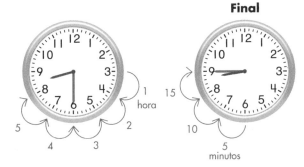

11. Razonamiento de orden superior
Un torneo de básquetbol empezó a las 12:15 p. m. y terminó a las 4:00 p. m. ¿Duró el torneo más de 4 horas? Explícalo.

12. Álgebra Un granjero vende 744 productos. Vende 162 sandías, 345 mazorcas y algunos aguacates. Escribe y resuelve una ecuación para hallar cuántos aguacates vende. Sea x la letra que representa la cantidad desconocida de aguacates.

✓ Práctica para la evaluación

13. Geo viaja en tren desde Carlton hasta Elgin. El tren parte de Carlton a las 9:25 a. m. y llega a Elgin a las 10:55 a. m. ¿Cuánto tiempo dura el viaje? Usa la recta numérica como ayuda.

9:25 a. m.
Hora de salida del tren

10:25 a. m.   10:55 a. m.
Hora de llegada del tren

Ⓐ 30 minutos   Ⓑ 1 hora   Ⓒ 1 hora con 30 minutos   Ⓓ 2 horas

Nombre _____

Resuélvelo y coméntalo

Madison quiere hacer 30 minutos de ejercicio cada día. Antes de ir a la escuela, ella tiene 10 minutos o menos para hacer ejercicio. Un día hizo ejercicio por 8 minutos antes de ir a la escuela y 22 minutos después de la escuela. Esta es una manera en que ella puede hacer ejercicio durante 30 minutos.

Halla dos maneras diferentes en que ella pueda hacer ejercicio antes y después de la escuela, y así pueda cumplir su meta de hacer ejercicio 30 minutos cada día.

Representa con modelos matemáticos. Puedes usar una recta numérica, un diagrama de barras o una tabla para mostrar las maneras en que Madison puede organizar su tiempo para hacer 30 minutos de ejercicio cada día.

Puedo...
usar representaciones para resolver problemas verbales acerca del tiempo.

También puedo representar con modelos matemáticos para resolver problemas.

¡Vuelve atrás! ¿Crees que hay más de dos maneras de resolver el problema anterior? Explícalo.

Pregunta esencial ¿Cómo puedes sumar o restar intervalos de tiempo?

A

Joaquín hizo una lista del tiempo que les dedica a diferentes actividades. Joaquín ha practicado el piano 35 minutos hasta ahora. ¿Cuánto tiempo más necesita practicar el piano?

Un intervalo de tiempo es una cantidad de tiempo.

Actividades después de la escuela

Jugar con Raúl: 50 min
Practicar el piano: 45 min
Hacer las tareas: 60 min

B ## Una manera

Puedes usar un diagrama de barras para representar el problema y mostrar los intervalos de tiempo.

45 minutos	
35	?

$35 + ? = 45$

$35 + 10 = 45$

¿Cuánto tiempo necesitas sumar a 35 minutos para llegar a 45 minutos?

Joaquín tiene que practicar 10 minutos más.

C ## Otra manera

Puedes usar una recta numérica para representar el problema y mostrar los intervalos de tiempo.

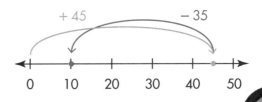

$45 - 35 = ?$

$45 - 35 = 10$

Joaquín tiene que practicar 10 minutos más.

¡**Convénceme!** **Representar con modelos matemáticos** ¿Cuánto tiempo más necesita Joaquín para terminar todas las actividades que hace después de la escuela? Muestra una manera de representar el problema y resuélvelo.

542 **Tema 14** | Lección 14-3

Nombre _____

✮Práctica guiada

¿Lo entiendes?

Para **1** y **2**, completa el diagrama de barras o la recta numérica para resolverlos.

1. Rhody planea montar en bicicleta durante 55 minutos. Hasta ahora, ha montado 29 minutos. ¿Cuántos minutos le quedan por montar?

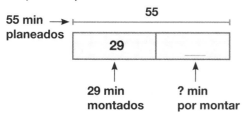

55 min → planeados

55

29

29 min montados

? min por montar

¿Cómo hacerlo?

2. La Sra. Darren dedica el período de lectura para trabajar con dos grupos de lectura. Se reúne por 23 minutos con el primer grupo y 17 minutos con el segundo. ¿Cuánto tiempo dura el período de lectura?

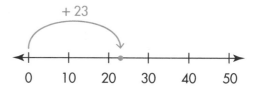

+ 23

0   10   20   30   40   50

✮Práctica independiente✮

Práctica al nivel Para **3** a **6**, completa o haz un diagrama de barras o una recta numérica para resolverlos.

3. Clara y Óscar juegan videojuegos. El primer juego dura 24 minutos. Después del primer juego, Clara y Óscar toman el almuerzo por 30 minutos. El segundo juego dura 36 minutos. ¿Cuántos minutos les dedican a los videojuegos?

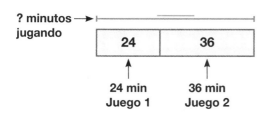

? minutos → jugando

24

36

24 min Juego 1

36 min Juego 2

4. Yan trotó 60 minutos el viernes. Dino trotó 12 minutos menos que Yan. Los dos nadaron 40 minutos cada semana. ¿Cuántos minutos trotó Dino el viernes?

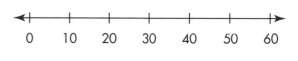

0   10   20   30   40   50   60

5. La clase del Sr. Ortiz prepara una obra de teatro. La obra está dividida en dos actos. Cada acto dura 27 minutos. ¿Cuántos minutos dura la obra?

6. Un chef quiere hornear una comida en 30 minutos. Hasta ahora la comida se ha horneado 12 minutos. ¿Cuántos minutos más necesita hornearse?

Resolución de problemas

7. Razonar La Sra. Marín dedica 55 minutos a lavar las ventanas en su casa de dos pisos. ¿Cuánto tiempo le podría haber dedicado a cada piso? Completa la tabla para mostrar tres maneras diferentes.

Tiempo para lavar las ventanas	
Primer piso	Segundo piso
25 min	

8. Sentido numérico Harry tiene un lápiz que mide $\frac{4}{2}$ de pulgada. El lápiz de Ruth mide $\frac{6}{2}$ de pulgada. ¿Quién tiene el lápiz más largo? Explícalo.

9. Razonamiento de orden superior El Sr. Collins está aprendiendo a manejar un camión. Maneja 22 minutos el lunes y 14 minutos el martes. Por último, maneja 6 minutos más el miércoles de lo que manejó el martes. ¿De cuántos minutos en total fue su práctica para aprender a manejar?

✓ Práctica para la evaluación

10. Sonia va de caminata a una montaña. Le lleva 25 minutos subir una colina que es parte del camino a la montaña. Después, ella camina 17 minutos más hasta la cima. Usa la recta numérica y completa la tabla para mostrar cuántos minutos en total duró la caminata de Sonia.

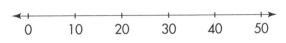

Destino	Tiempo (min)
Caminata a la colina	25
Caminata a la cima	
Total	

11. Meg pasea a su perro Shep 12 minutos. Después, pasea a Sparky. Por último, pasea a Brownie 18 minutos. Meg dedica 52 minutos a pasear a los tres perros. Usa la recta numérica y completa la tabla para mostrar cuánto tiempo dedica Meg a pasear cada perro.

Perro paseado	Tiempo (min)
Shep	
Sparky	
Brownie	
Total	

Nombre _____

Resuélvelo y coméntalo

La botella de agua de la ilustración tiene una capacidad de 1 litro. Estima la capacidad de un tazón pequeño, un tazón grande y una jarra al medio litro más cercano. Usa una botella de 1 litro de agua, tazones pequeños y grandes y una jarra para resolver este problema.

Puedo...
usar una unidad estándar para estimar el volumen líquido.

También puedo hacer mi trabajo con precisión.

Hazlo con precisión. ¿Qué unidad usarías para estimar la capacidad del tazón grande?

¡Vuelve atrás! Después de estimar la capacidad de los recipientes, ¿cómo puedes usar una botella de 1 litro de agua para comprobar si la capacidad que hallaste para cada recipiente tiene sentido? Revisa tus estimaciones.

Pregunta esencial ¿Cómo estimas la capacidad?

A

¿Cuál es la capacidad del balde?

Capacidad (volumen líquido) es la cantidad medida en unidades líquidas que un recipiente puede contener. Una unidad métrica de capacidad es el litro (L).

Este balde tiene una capacidad aproximada de ? litros.

Esta botella tiene una capacidad aproximada de 1 litro.

B

Compara la capacidad de la botella de agua con la capacidad del balde.

El balde parece ser lo suficientemente grande para contener varios litros.

Cuenta cuántas veces puedes llenar un recipiente de un litro y verterlo en el balde.

Este balde contiene aproximadamente 8 litros.

Puedes medir para comprobar si tu estimación es razonable.

¡Convénceme! **Hacerlo con precisión** Supón que quieres estimar la capacidad del balde al medio litro más cercano. ¿Cómo puedes comprobar que tu estimación es razonable?

Nombre _____

☆ Práctica guiada

¿Lo entiendes?

1. Susie estimó la capacidad de un vaso de agua como 3 litros. Hakim estimó la capacidad como $\frac{1}{4}$ de litro. ¿Cuál de las estimaciones es la más razonable? Explícalo.

2. Halla un recipiente que, según tus predicciones, contendrá más de un litro y otro que contendrá menos de un litro. Usa un recipiente de 1 litro para comprobar tus predicciones hallando la capacidad real de cada recipiente.

¿Cómo hacerlo?

Para **3** a **6**, encierra en un círculo la mejor estimación para cada uno.

3.

$\frac{1}{4}$ L o 2 L

4.

100 L o 1 L

5. Botella de jugo

3 L o 1 L

6. Tazón de cereal

$\frac{1}{4}$ L o 3 L

☆ Práctica independiente

Para **7** a **14**, encierra en un círculo la mejor estimación para cada objeto.

7.

$\frac{1}{4}$ L o 40 L

8.

$\frac{1}{8}$ L o 1 L

9.

$\frac{1}{2}$ L o 14 L

10.

$\frac{1}{4}$ L o 250 L

11. Taza de té

$\frac{1}{4}$ L o 15 L

12. Bañera

15 L o 115 L

13. Plato sopero

$\frac{1}{2}$ L o 3 L

14. Tetera

1 L o 10 L

15. Escribe una estimación de la capacidad de un plato de comida para perros. _____

16. Escribe una estimación de la capacidad de un florero. _____

Resolución de problemas

17. Generalizar ¿Cuál de las hieleras tiene mayor capacidad? Explica tu razonamiento.

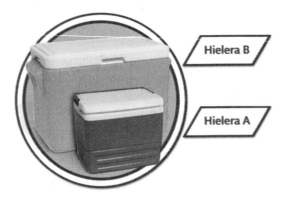

Hielera B

Hielera A

18. Escribe estos recipientes en orden de menor a mayor capacidad.

Lavadora de ropa   Olla grande

Cuchara sopera   Termo

19. Un equipo de básquetbol anota 27 puntos en el primer partido y 41 en el segundo. Después de tres partidos, el puntaje total es 100. ¿Cuántos puntos anotó el equipo en el tercer partido?

20. Razonamiento de orden superior Becky quiere medir la capacidad de la pequeña piscina de su hermano. Tiene recipientes de 1 L y de 10 L. ¿Cuál debe usar? Explica tu razonamiento.

21. Una perdiz puede absorber agua en sus suaves plumas. Lleva el agua un largo trecho para sus polluelos. ¿Lleva la perdiz $\frac{1}{10}$ de litro de agua o 2 litros de agua?

> Una perdiz puede absorber suficiente agua para llenar una botella pequeña de perfume.

☑ Práctica para la evaluación

22. Gary está pintando un cobertizo pequeño. Estima que puede hacerlo usando una lata de pintura. ¿Qué opción es la mejor estimación del volumen líquido total de una lata de pintura?

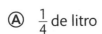

Pintura

     Ⓐ $\frac{1}{4}$ de litro   Ⓑ 4 litros   Ⓒ 40 litros   Ⓓ 400 litros

Nombre_____

Resuélvelo y coméntalo

Selecciona seis recipientes diferentes. Estima la capacidad de cada uno. Anota tus estimaciones en la tabla y ordena los recipientes de menor a mayor volumen líquido. Luego, usa un vaso de laboratorio de 1 litro para medir la capacidad de cada recipiente. Anota las medidas en la tabla. Compara tus estimaciones con tus medidas. Usando las medidas, reacomoda los recipientes en orden de menor a mayor volumen líquido.

Puedo...
usar una unidad estándar para medir el volumen líquido.

También puedo hacer mi trabajo con precisión.

Recipiente	Estimación	Capacidad real

Hazlo con precisión. Cuando mides con un vaso de laboratorio de 1 litro, puedes estimar y medir a $\frac{1}{4}$, $\frac{1}{2}$ o $\frac{3}{4}$ de un litro.

¡Vuelve atrás! ¿Cómo mediste la capacidad de los recipientes que contenían menos de 1 litro? ¿Hay alguna otra manera de medir?

Pregunta esencial ¿Cómo mides la capacidad?

A

Eric está limpiando su pecera y quiere saber qué cantidad de agua necesita para llenarla. ¿Cómo puede hallar la capacidad de la pecera?

Eric necesita medir la capacidad de la pecera con precisión.

B

Vierte el líquido de la pecera en el recipiente de 1 litro. Vacía el agua del recipiente y vuelve a llenarlo hasta que la pecera quede vacía.

Te puede ser de ayuda anotar las medidas que haces.

El recipiente de 1 litro se llenó 5 veces.

Por tanto, la capacidad de la pecera es 5 litros.

¡Convénceme! **Evaluar el razonamiento** Jason dice: "Pienso que es mejor hallar la capacidad de la pecera llenándola con litros de agua en vez de vaciarla usando vasos de laboratorio". ¿Tiene razón Jason?

Práctica Herramientas Evaluación

Otro ejemplo

Cuando solo está llena una parte del recipiente de 1 litro, usa fracciones de litros.

La capacidad de la olla es $2\frac{1}{2}$ litros.

Dos recipientes de un litro y un recipiente de $\frac{1}{2}$ litro llenan la olla.

✩ Práctica guiada

¿Lo entiendes?

1. ¿Cuál es la capacidad de 2 ollas como la que se muestra en Otro ejemplo?

2. Halla un recipiente que pienses que puede contener menos de un litro. Estima y luego comprueba tu estimación de la capacidad del recipiente.

¿Cómo hacerlo?

Para **3** y **4**, halla la capacidad total representada en cada ilustración.

3.

4.

✩ Práctica independiente ✩

Para **5** a **7**, halla la capacidad total representada en cada ilustración.

5.

6.

7.

Tema 14 | Lección 14-5   **551**

Resolución de problemas

8. Lawrence fabrica mermeladas. Hace 200 litros de mermelada de uva y 350 litros de mermelada de fresa. Luego vende 135 litros de la mermelada de uva. ¿Qué cantidad de mermelada le queda?

9. Usar herramientas apropiadas Halla un recipiente que pienses que puede contener más de un litro. Estima y luego comprueba tu estimación sobre la capacidad del recipiente.

10. ¿Cuántos envases de 2 litros puedes llenar con 18 litros de jugo?

Puedes multiplicar o dividir para resolver este problema.

11. ¿Cuál de las siguientes medidas **NO** es razonable para medir la capacidad de un lavamanos: 15 litros, $\frac{1}{2}$ litro, 10 litros, 9 litros o 12 litros? Explícalo.

12. Razonamiento de orden superior Emma prepara 72 litros de refresco para un evento. Vierte todo el refresco en cantidades iguales en las jarras de 9 mesas diferentes. Si hay 4 jarras en cada mesa, ¿cuántos litros de refresco hay en cada jarra?

Puedes usar diagramas de barra como ayuda para entender y perseverar en resolver este problema.

☑ Práctica para la evaluación

13. Usa el dibujo de los recipientes de agua para hallar la cantidad de agua que bebe el equipo durante la práctica de fútbol.

Ⓐ   6 litros

Ⓑ   7 litros

Ⓒ   8 litros

Ⓓ   23 litros

Antes de la práctica de fútbol

Después de la práctica de fútbol

Nombre _____

Mira las medidas de la masa del libro y de la aceituna. Escribe una lista de 4 objetos que se deberían medir usando kilogramos y 4 objetos que se deberían medir usando gramos. Explica tu razonamiento.

Puedo...
usar unidades estándar para estimar la masa de objetos sólidos.

También puedo razonar sobre las matemáticas.

1 gramo

1 kilogramo   **1,000 gramos = 1 kilogramo**

Puedes usar el razonamiento. ¿Cómo pueden ayudarte a escribir tu lista la masa de un libro y de una aceituna?

¡Vuelve atrás! ¿Cómo puedes usar herramientas para comprobar si los objetos que escogiste para tu lista son opciones razonables para medir la masa usando gramos? Explícalo.

Pregunta esencial ¿Cómo puedes usar el razonamiento para estimar la masa?

A

Stephen y Marissa hicieron una estimación de la masa de una manzana. Stephen estima que es 250 gramos. Marissa estima que es 2 kilogramos. ¿Cuál es la estimación más acertada de la masa de una manzana?

La masa es la medida de la cantidad de materia que hay en un objeto. Los gramos y los kilogramos son dos unidades métricas de la masa.

1 kilogramo (kg)

1 gramo (g)

?

B

Paso 1

Usa las masas conocidas y la tabla para comparar gramos y kilogramos. Escoge la unidad que te dé la mejor estimación.

 DATOS

Unidades de masa
1,000 gramos = 1 kilogramo

La manzana es más pequeña que el melón. El kilogramo es una unidad muy grande para estimar la masa de una manzana.

La uva es más pequeña que la manzana. Los gramos son unidades más pequeñas que se pueden usar para estimar la masa de la manzana.

C

Paso 2

Usa una balanza de platillos para hallar la masa de la manzana. Luego, evalúa la estimación de Stephen.

La manzana tiene una masa de 262 gramos.

250 gramos está cerca de 262 gramos. La estimación de Stephen es razonable.

250 gramos es una mejor estimación que 2 kilogramos.

¡Convénceme! **Evaluar el razonamiento** Zoe dice que dos manzanas tienen una masa mayor que un kilogramo. ¿Estás de acuerdo? Explícalo.

☆ Práctica guiada

¿Lo entiendes?

1. En el Paso 2 de la página anterior, ¿por qué necesitas hallar la masa real de la manzana?

2. Halla un objeto que pienses que tiene una masa de más de un kilogramo y otro que tenga una masa de menos de un kilogramo. Luego, decide qué herramientas debes usar para comprobar tu estimación.

¿Cómo hacerlo?

Para **3** a **6**, encierra en un círculo la mejor estimación.

3.

5 g o 5 kg

4.

40 g o 4 kg

5. Gafas de sol

16 g o 1 kg

6. Sobre

1 g o 70 g

☆ Práctica independiente ☆

Práctica al nivel Para **7** a **18**, encierra en un círculo la mejor estimación.

7.

100 g o 10 kg

8.

15 g o 15 kg

9.

4 g o 400 g

10.

200 g o 2 kg

11. Bicicleta

2 kg o 12 kg

12. Pluma

1 g o 1 kg

13. Caballo

5 kg o 550 kg

14. Moneda de 1¢

3 g o 300 g

15. Mesa de comedor

350 g o 35 kg

16. Horno de microondas

1,500 g o 15 kg

17. Gatito

2 kg o 20 kg

18. Crayón

20 g o 200 g

Resolución de problemas

19. Usar herramientas apropiadas Escoge la herramienta más apropiada para medir cada objeto. Escribe la letra de la herramienta en el espacio en blanco.

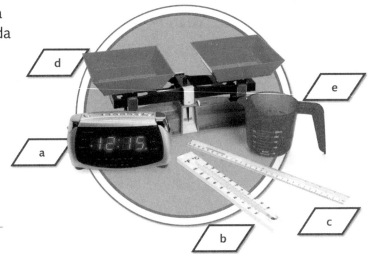

La capacidad de una taza _____

La temperatura del agua _____

La longitud de una caja _____

La masa de una pera _____

La hora en que terminas de almorzar _____

---

20. Sentido numérico Ethan resta un número de 3 dígitos de 920. Ethan dice que la diferencia puede ser un número de 1 dígito, un número de 2 dígitos o un número de 3 dígitos. Escribe tres ecuaciones de resta que muestren cada diferencia. Asegúrate de empezar con 920 y restarle un número de 3 dígitos cada vez.

> Puedes usar el valor de posición y el cálculo mental para resolver este problema.

---

21. enVision® STEM Clay aprendió que los sólidos tienen una forma definida. Ahora quiere medir algunos sólidos y mide la masa de la cuenta de un collar que tiene 10 gramos de masa. Clay estima que 10 cuentas tienen una masa de 1 kilogramo. ¿Tiene razón? Explícalo.

22. Razonamiento de orden superior Corrige los errores de la siguiente lista de compras.

Lista de compras
2 L de manzanas
3 kg de leche
5 cm de harina

☑ Práctica para la evaluación

23. Todd está pensando en un animal que tiene una masa mayor que 1 kilogramo pero menor que 20 kilogramos. ¿En qué animal podría estar pensando Todd?

Ⓐ Caballo

Ⓑ Gato

Ⓒ Elefante

Ⓓ Rinoceronte

24. Ana tiene una barra de jabón y hace una estimación de la masa antes de pesarla y hallar su masa real. ¿Qué unidades debería usar Ana para medirla?

Ⓐ Gramos

Ⓑ Kilogramos

Ⓒ Litros

Ⓓ Pulgadas

Nombre _____

Resuélvelo y coméntalo

Trabaja con un grupo para escoger 6 objetos cuyas masas se puedan medir usando una balanza de platillos. Hagan una estimación de la masa de cada objeto. Luego, usen las pesas métricas para hallar la masa real de cada uno en gramos (g) o kilogramos (kg). Usa la tabla y explica tu razonamiento.

Puedo...

usar gramos y kilogramos para medir la masa de los objetos.

También puedo buscar patrones para resolver problemas.

Buscar relaciones. Piensa en qué se parecen y en qué se diferencian los objetos para ayudarte a decidir si es apropiado usar gramos, kilogramos o las dos unidades para medir la masa de los objetos.

Objeto	Estimación	Masa real

¡Vuelve atrás! ¿Cómo decidiste qué unidad o unidades métricas usar cuando hiciste tus estimaciones? Explícalo.

Pregunta esencial ¿Cómo mides la masa?

A

Se puede usar una balanza de platillos con pesas de gramos y kilogramos para hallar la masa de un objeto. ¿Cuál es la masa de la caja de tiza?

Cuando mides la masa es importante hacerlo con precisión. Usa gramos, kilogramos o los dos para hallar la masa con exactitud.

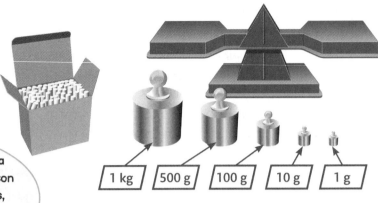

| 1 kg | 500 g | 100 g | 10 g | 1 g |

B Pon la caja en un platillo. Pon suficientes pesas de gramos y kilogramos en el otro platillo para equilibrar los platillos.

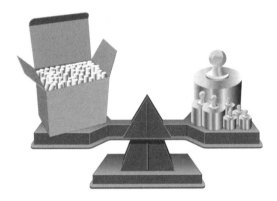

C La caja se equilibra con una pesa de 1 kilogramo, dos pesas de 100 gramos y cuatro de 10 gramos.

Por tanto, la masa de la caja es 1 kilogramo con 240 gramos o 1,240 gramos.

Escribe la unidad más grande antes de la más pequeña cuando anotes las medidas.

¡Convénceme! **Hacerlo con precisión** ¿Qué unidades métricas usarías para estimar la masa de media caja de tiza? Explícalo.

Nombre _____

☆ Práctica guiada

¿Lo entiendes?

1. Halla un objeto que piensas que tiene una masa mayor que un kilogramo. Halla otro objeto que tenga una masa menor que un kilogramo. Usa una balanza de platillos con pesas de gramos y kilogramos para medir la masa de cada objeto.

2. Si usas una balanza de platillos para medir la masa de un bolígrafo, ¿usarías pesas de kilogramo? Explícalo.

¿Cómo hacerlo?

Para **3** y **4**, escribe el total de la masa representada en cada ilustración.

3.

    1 kg   1 kg   1 kg   500 g

4.

                10 g 10 g   1 g 1 g

100 g 100 g

                10 g 10 g 1 g 1 g 1 g

☆ Práctica independiente ☆

Para **5** a **7**, escribe el total de la masa representada en cada ilustración.

5.

          100 g   100 g

 500 g   100 g   100 g

10 g 10 g 10 g   1 g

6.

   1 kg   1 kg   1 kg

   1 kg   1 kg   1 kg

7.

   1 kg   1 kg   100 g

1 g 1 g 1 g 1 g 1 g 1 g

Resolución de problemas

8. Álgebra Olivia pone 220 gramos de nueces en una bolsa. Le añade más nueces a la bolsa. La masa total de la bolsa de nueces es 850 gramos. Usa la ecuación $220 + a = 850$ para hallar en gramos la masa de las nueces que Olivia añadió a la bolsa.

9. Un manatí adulto tiene una masa de aproximadamente 450 kilogramos. ¿Cuál es la masa de 2 manatíes adultos?

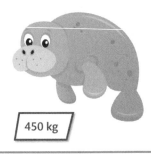

450 kg

10. Razonar Sofía usó una balanza de platillos para medir la masa de una piña. Los platillos están equilibrados cuando ella usa una pesa de 500 gramos y tres de 100 gramos. Rafa midió la misma piña pero usó ocho pesas de 100 gramos. ¿Alguien cometió un error? Explícalo.

11. Razonamiento de orden superior Lawrence compró algunas papas rojas que tienen una masa de 410 gramos. También compró papas blancas con una masa de 655 gramos. ¿Compró más o compró menos de 1 kilogramo de papas? Explica cómo lo sabes.

12. Meg usa 16 kilogramos de mantequilla para hacer 8 tandas grandes de galletas. Usa cantidades iguales de mantequilla para cada tanda. ¿Cuántos kilogramos de mantequilla usa para cada una?

13. Kalista tiene 154 gramos de purpurina. Usa 97 gramos para esparcirla sobre los tableros. ¿Cuántos gramos de purpurina quedan?

☑ Práctica para la evaluación

14. Iván usó una balanza de platillos y pesas métricas para medir el total de la masa de tres ladrillos. ¿Cuál es la masa de los tres ladrillos?

Ⓐ 6 kilogramos

Ⓑ 5 kilogramos

Ⓒ 4 kilogramos

Ⓓ 3 kilogramos

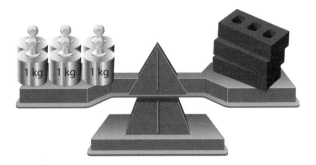

Nombre _____

Resuélvelo y coméntalo

Los animales de una tienda de mascotas comen 80 kilogramos de verduras cada día. ¿Cuántos kilogramos de verduras consumen en una semana?

Puedes hacer diagramas de barras y escribir ecuaciones como ayuda para representar con modelos matemáticos.

80 kilogramos

Puedo...
resolver problemas sobre masa y volumen líquido.

También puedo representar con modelos matemáticos para resolver problemas.

¡Vuelve atrás! Describe el plan que usaste para resolver el problema.

¿Cómo resuelves los problemas que incluyen masa y volumen líquido?

A

En una fábrica de jugos, un recipiente de 50 litros tenía 28 litros de jugo. Una hora después, tenía 45 litros. ¿Cuántos litros de jugo se le agregaron?

Puedes usar diagramas de barra y ecuaciones para representar el problema y ayudarte a resolverlo.

28 litros al inicio

45 litros una hora después

B Usa un diagrama de barras.

45 litros en total

28 L	h

↑ Cantidad al inicio   ↑ Cantidad agregada

Sabes cuál es el total y una parte.

Los diagramas de barra pueden ayudarte a entender qué operación usar.

C Escribe y resuelve ecuaciones.

Puedes escribir una ecuación de suma o de resta para el diagrama de barras.

$28 + h = 45$

$45 - 28 = h$

Resta para resolver el problema.

$$\begin{array}{r} 45 \\ -\ 28 \\ \hline 17 \end{array}$$

Se agregaron 17 litros de jugo al recipiente.

¡Convénceme! **Entender y perseverar** En el ejemplo anterior, hay otro vaso de laboratorio con 33 litros de jugo. ¿Cuántos litros de jugo hay en total? ¿Cómo puedes resolver este problema?

Práctica Herramientas Evaluación

☆ Práctica guiada

¿Lo entiendes?

1. Supón que 42 litros de jugo se dividen por igual en 6 recipientes. ¿Cuántos litros de jugo hay en cada recipiente? Escribe y resuelve una ecuación.

¿Cómo hacerlo?

2. Alex compra una caja de mezcla para un pastel y una caja de cacao. La masa de la caja para el pastel es 100 gramos. El total de la masa de las 2 cajas es 550 gramos. ¿Cuál es la masa de la caja de cacao?

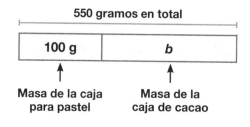

☆ Práctica independiente

Práctica al nivel Para **3** a **6**, usa diagramas de barra o ecuaciones para resolver los problemas.

3. Peter divide 120 litros de agua por igual en 3 recipientes. ¿Cuántos litros vierte en cada recipiente?

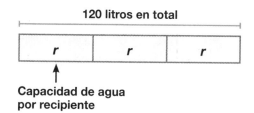

4. Adela vierte 235 mililitros de leche en un recipiente azul y 497 mililitros de leche en un recipiente rojo. ¿Cuántos mililitros de leche vertió en total? Escribe y resuelve una ecuación.

5. Samantha compró 523 gramos de uvas. Después de comer algunas le quedan 458 gramos. ¿Cuántos gramos de uvas comió?

6. Omar está enviando 3 cajas por correo. La masa de cada caja es 8 kilogramos. ¿Cuál es el total de la masa de todas las cajas?

Resolución de problemas

Para **7** y **8**, usa la tabla. Para **8**, usa el diagrama de barras.

7. La profesora Newman recogió una muestra de suelo de un parque bajo protección en su pueblo. ¿Cuál es la masa total de los 3 minerales que contiene la muestra?

Muestra de suelo	
Componente	**Cantidad**
Cuarzo	141 g
Calcita	96 g
Feldespato	42 g

8. Razonamiento de orden superior La profesora se da cuenta de que hay la misma cantidad de feldespato en cada una de las muestras que recogió. Si hay 210 gramos de feldespato en total, ¿cuántas muestras recogió?

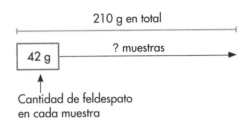

210 g en total

42 g   ? muestras

Cantidad de feldespato en cada muestra

9. Elías tiene 2 horas libres antes de la cena. En los primeros 37 minutos practica la guitarra y en los siguientes 48 minutos hace su tarea. ¿Cuánto tiempo libre le queda antes de la cena?

10. Entender y perseverar Escribe y resuelve un problema relacionado con el diagrama de barras.

678 g	
239 g	*a*

✅ Práctica para la evaluación

11. Hace una hora Eric llenó un recipiente con jugo hasta la marca de 18 L. Ahora el jugo está en la marca de 15 L. Muestra la cantidad de jugo que tenía Eric en los vasos de laboratorio. Luego, halla cuántos litros de jugo se han sacado.

Ⓐ 3 litros

Ⓑ 4 litros

Ⓒ 5 litros

Ⓓ 6 litros

Cantidad de jugo hace una hora

Cantidad de jugo ahora

Nombre _____

Resuélvelo y coméntalo

Nina quiere llegar a las 9:30 *a. m.* al centro comunitario para asistir a una clase de arte. Le lleva 15 minutos caminar hasta el centro, 30 minutos preparar el desayuno y desayunar, y 15 minutos alistarse para salir. ¿A qué hora debe Nina empezar a preparar el desayuno? Usa tu razonamiento para resolverlo.

Puedo...
entender cantidades y relaciones que se dan en los problemas.

También puedo resolver problemas sobre la hora.

Llegada al centro comunitario

Hábitos de razonamiento

¡Razona correctamente! Estas preguntas te pueden ayudar.

- ¿Que significan los números y los símbolos del problema?

- ¿Cómo están relacionados los números o las cantidades?

- ¿Cómo puedo representar un problema verbal usando dibujos, números o ecuaciones?

¡Vuelve atrás! **Razonar** ¿Tiene sentido usar "minutos" como la unidad para resolver este problema? Explícalo.

Pregunta esencial

¿Cómo puedes usar el razonamiento para resolver problemas?

A

La familia de Eric quiere llegar al cine a las 2:30 p. m. Les lleva 30 minutos almorzar, 15 minutos prepararse después del almuerzo y 30 minutos llegar al cine.

¿A qué hora debe la familia empezar a almorzar? Usa tu razonamiento para resolverlo.

Puedes hacer un dibujo como ayuda para razonar.

¿Qué necesito hacer para resolver este problema?

Necesito empezar por la hora final. Después necesito usar los intervalos de tiempo que se dan y empezar por el final para hallar la hora inicial.

Llegar al cine

B

¿Cómo puedo usar el razonamiento para resolver este problema?

Puedo

- identificar las cantidades que conozco.

- hacer una recta numérica para mostrar las relaciones.

- dar la respuesta usando la unidad correcta.

C

Este es mi razonamiento...

Usé una recta numérica para mostrar las cantidades y mi razonamiento

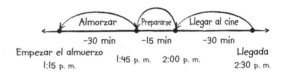

30 minutos antes de las 2:30 *p. m.* es las 2:00 *p. m.*

15 minutos antes de las 2:00 *p. m.* es la 1:45 *p. m.*

30 minutos antes de la 1:45 *p. m.* es la 1:15 *p. m.*

La familia de Eric debe empezar a almorzar a la 1:15 *p. m.*

¡Convénceme! **Razonar** ¿Cómo puedes comprobar que la respuesta anterior tiene sentido?

Práctica guiada

Razonar

La cita médica de Kevin es a las 10:30 *a. m.* A Kevin le lleva 30 minutos ordenar su habitación, 20 minutos prepararse después de limpiarla y 20 minutos caminar al consultorio del médico. ¿A qué hora debe Kevin empezar a ordenar su habitación? Usa tu razonamiento para resolverlo.

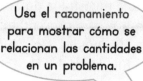

Usa el razonamiento para mostrar cómo se relacionan las cantidades en un problema.

1. Describe las cantidades que conoces.

2. Resuelve el problema y explica tu razonamiento. Puedes usar un dibujo como ayuda.

Práctica independiente

Razonar

El programa de televisión preferido de Dora empieza a las 5:30 *p. m.* Ella quiere cortarse el pelo antes del programa. Le lleva 10 minutos caminar hasta la peluquería y 10 minutos regresar a casa. El corte de pelo se demora 25 minutos. ¿A qué hora debe Dora salir de casa para regresar a tiempo y ver el programa? Usa tu razonamiento para resolverlo.

3. Describe las cantidades que conoces.

4. Resuelve el problema y explica tu razonamiento. Puedes usar un dibujo como ayuda.

5. ¿Cómo supiste si debías usar *a. m.* o *p. m.* en tu respuesta al Ejercicio **4**?

Resolución de problemas

Teatro escolar

Karina está planificando una función escolar con 28 estudiantes.
La siguiente tabla muestra la duración de cada acto. Karina
necesita 5 minutos para presentar cada acto. También necesita
20 minutos de intermedio. No se necesita presentar el
intermedio. La función debe finalizar a las 9 *p. m.*

DATOS

Actos antes del intermedio	Tiempo en minutos	Actos después del intermedio	Tiempo en minutos
Grado 3 danza	10	Grado 5 canto	10
Grado 3 canto	10	Grado 5 acto de magia	10
Grado 4 canto	10	Grado 5 danza	10
Grado 4 acto de magia	15	Final	30

6. **Hacerlo con precision** ¿Cuánto tiempo en total se necesita para
todos los actos antes del intermedio? Explica tu razonamiento.

Usa tu razonamiento.
Piensa en el significado
de cada número.

7. **Evaluar el razonamiento** Sachi dice que los cantantes del
Grado 5 deben comenzar a las 7:40 *p. m.* Phil dice que deben
comenzar a las 8:00 *p. m.* ¿Quién tiene razón?

8. **Razonar** ¿A qué hora debe empezar la función? Explica tu
razonamiento. Puedes usar un dibujo como ayuda.

Nombre _____

Trabaja con un compañero. Necesitan papel y lápiz. Cada uno escoge un color diferente: celeste o azul.

El compañero 1 y el compañero 2 apuntan a uno de los números negros al mismo tiempo. Ambos restan el número menor del número mayor.

Si la respuesta está en el color que escogiste, puedes anotar una marca de conteo. Sigan la actividad hasta que uno de los compañeros tenga siete marcas de conteo.

Mientras juegan, los compañeros pueden sumar para comprobar sus restas.

Puedo...
sumar y restar hasta 1,000.

También puedo construir argumentos matemáticos.

Compañero 1

| 790 |
| 382 |
| 180 |
| 327 |
| 705 |

139	283	430	84
228	95	542	235
180	375	173	164
249	547	150	47
572	194	657	462
79	487	689	63

Compañero 2

| 243 |
| 610 |
| 555 |
| 133 |
| 869 |

| **Marcas de conteo del compañero 1** |
| |

| **Marcas de conteo del compañero 2** |
| |

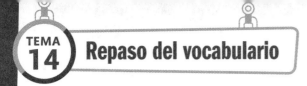

Glosario

Lista de palabras

- *a. m.*
- capacidad
- gramo
- hora
- intervalo de tiempo
- kilogramo
- litro
- masa
- minuto
- *p. m.*
- tiempo transcurrido

Comprender el vocabulario

1. Tacha las unidades que **NO** son unidades para medir la *capacidad*.

   gramo   pulgada   kilogramo   hora   litro

2. Tacha las unidades que **NO** son unidades para medir la *masa*.

   kilogramo   minuto   hora   gramo   litro

3. Tacha las cantidades que representan *gramos* o *kilogramos*.

   5 kg   2 L   80 pulgs.   250 g   12 kg

Escoge el término correcto de la Lista de palabras. Escríbelo en el espacio en blanco.

4. Las horas entre la medianoche y el mediodía son las horas _____.

5. Una cantidad de tiempo es un/una _____.

6. Las horas entre el mediodía y la medianoche son las horas _____.

7. 1 _____ es igual a 1,000 gramos.

8. El total del tiempo que pasa desde el inicio hasta el final se llama _____.

Usar el vocabulario al escribir

9. Maggie quiere medir la capacidad de este recipiente. Usa por lo menos 3 términos de la Lista de palabras para explicar cómo puede Maggie medir el recipiente de diferentes maneras.

Pintura

Nombre _____

Grupo A | páginas 533 a 536 _____

¿Qué hora es al minuto más cercano?

La manecilla de la hora está entre las 10 y las 11. La hora indica después de las 10:00.

Recuerda que para contar los minutos se cuentan los números del reloj de cinco en cinco y las marcas se cuentan de uno en uno.

Escribe de dos maneras la hora que se muestra en cada reloj.

Cuenta de cinco en cinco desde el 12 hasta el 5. 5, 10, 15, 20, 25 minutos.

Después de contar de cinco en cinco, cuenta las marcas de uno en uno. 5, 10, 15, 20, 25, 26, 27 minutos.

La hora digital es 10:27.
Son 27 minutos después de las 10 o 33 minutos para las 11.

1.

2.

Grupo B | páginas 537 a 540 _____

Tomás empieza a practicar la viola a las 4:25 p. m. Practica hasta las 5:05 p. m. ¿Cuánto tiempo practica?

La cantidad de tiempo es menos de 1 hora, por tanto, cuento los minutos de cinco en cinco desde que empezó a practicar hasta que terminó.

Recuerda que puedes usar una esfera de reloj para hallar el tiempo transcurrido.

Para **1** a **3**, halla el tiempo transcurrido.

1. La práctica de básquetbol empieza a las 6:30 p. m. y termina a las 8:15 p. m. ¿Cuánto tiempo dura la práctica?

2. El Sr. Walters empieza a preparar el desayuno a las 6:45 a. m. y termina a las 7:50 a. m. ¿Cuánto tiempo le lleva preparar el desayuno?

3. Juana va de paseo en caballo. Sale del cobertizo con su caballo a las 2:10 p. m. y regresa a las 2:50 p. m. ¿Cuánto tiempo duró el paseo?

Hay 40 minutos entre las 4:25 p. m. y las 5:05 p. m. Por tanto, Tomás practicó 40 minutos.

Puedes usar una recta numérica para mostrar la suma y la resta de intervalos de tiempo.

Xavier corre 19 minutos por la mañana y 27 minutos por la noche. ¿Cuánto tiempo corre Xavier en total?

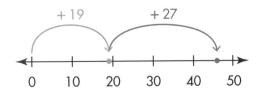

$19 + 27 = ?$

$19 + 27 = 46$ Por tanto, Xavier corre 46 minutos.

Recuerda que debes decidir si necesitas sumar o restar.

Para **1**, resuelve el problema dibujando una recta numérica o un diagrama de barras.

1. Dany se tarda 52 minutos para ir a su trabajo manejando. Ya ha manejado 16 minutos. ¿Cuántos minutos más tiene que manejar?

Estima la capacidad de una jarra.

Piensa en algo que ya conoces. Un litro es aproximadamente la misma cantidad de una botella grande de agua. Una jarra generalmente contiene más líquido que una botella de agua. Por tanto, 2 litros puede ser una buena estimación.

Recuerda que la capacidad se puede medir usando litros.

Para **1** a **4**, encierra en un círculo la mejor estimación.

1.

1 L o 10 L

2.

$\frac{1}{4}$ L o 8 L

3. Vaso
5 L o $\frac{1}{2}$ L

4. Lavadora
40 L o 4 L

¿Qué cantidad de agua hay en este vaso de laboratorio?

Usa la escala para determinar qué tan lleno está el vaso de laboratorio. Piensa en la escala como si fuera una recta numérica. Cada marca representa 1 litro. El agua está 3 marcas arriba de 5 litros.

Hay 8 litros en el vaso de laboratorio.

Recuerda que debes usar las unidades correctas cuando midas la capacidad.

Para **1** y **2**, halla la capacidad total.

1.

2.

Nombre _____

Grupo F   páginas 553 a 556 _____

Estima la masa de esta pila.

Recuerda que se puede medir la masa usando gramos y kilogramos.

Un kilogramo es muy pesado, por tanto, estima usando gramos.

Piensa en lo que ya sabes. Un gramo es aproximadamente el mismo peso de una uva. Una pila pesa aproximadamente tanto como un racimo de uvas. Por tanto, 30 gramos puede ser una buena estimación.

Para **1** a **6**, encierra en un círculo la mejor estimación de la masa.

1.

15 g o 15 kg

2.

500 g o 500 kg

3. Una oveja

800 g o 80 kg

4. Bolsa de harina

2 g o 2 kg

5. Computadora portátil

3 g o 3 kg

6. Moneda de 25¢

5 g o 500 g

Grupo G   páginas 557 a 560 _____

¿Cuál es la masa de esta barra de jabón?

Cuando una balanza de platillos está equilibrada, la masa en el lado izquierdo es igual a la masa en el lado derecho.

Halla el total de las pesas en el lado izquierdo. Usa el cálculo mental y el valor de posición como ayuda para sumar.

$100 + 10 + 5 + 1 + 1 + 1 = 118$

La barra de jabón tiene una masa de 118 gramos.

Recuerda que debes usar las unidades correctas cuando midas la masa.

Para **1** y **2**, halla la masa total.

1.

500 g   100 g   100 g   1 g

2.

1 kg   1 kg   100 g   100 g   5 g   5 g

Hay 7 personas jugando a los bolos. Cada uno es dueño de su bola de bolos. La masa de cada bola es 5 kilogramos. ¿Cuál es la masa total de todas las bolas del equipo?

? kg en total

5 kg	5 kg	5 kg	5 kg	5 kg	5 kg	5 kg

$7 \times 5 =$ **El total de la masa de todas**

$7 \times 5 = 35$ **las bolas del equipo**

es 35 kg.

Recuerda que puedes usar diagramas de barra o ecuaciones para representar los problemas.

Para **1** y **2**, usa diagramas de barra o ecuaciones para ayudarte a resolver los problemas.

1. El tanque de agua del patio de Mary tiene capacidad para 60 litros de agua. Mary usó 13 litros para regar sus plantas. ¿Cuántos litros quedan en el tanque?

2. Eric tiene 3 perros y cada uno tiene una masa de 8 kilogramos. ¿Cuánta masa tienen los perros de Eric en total?

Piensa en estas preguntas como ayuda para **razonar de manera abstracta y cuantitativa**.

Hábitos de razonamiento

- ¿Qué representan los números y los símbolos en el problema?
- ¿Cómo se relacionan los números o cantidades?
- ¿Cómo puedo representar un problema verbal usando dibujos, números o ecuaciones?

Recuerda que debes pensar en las unidades que se te dan en la información.

Ted se reunirá con un amigo en el parque a la 1:00 *p. m.* Ted necesita 30 minutos para caminar hasta el parque, 15 minutos para almorzar y 10 minutos para preparar el almuerzo. ¿A qué hora necesita Ted empezar a preparar el almuerzo?

1. Describe las cantidades que conoces.

2. ¿Cómo puedes mostrar las relaciones que hay en este problema?

3. ¿Cuándo debe empezar a preparar el almuerzo?

1. Dibuja las manecillas en el reloj para mostrar las 8:36. ¿Qué hora será en 2 horas y 6 minutos?

2. Jessica y Cody participaron en una carrera de larga distancia por la tarde. La hora del inicio fue diferente, de manera que los atletas no comenzaron a la misma hora ¿Quién terminó primero y por cuántos minutos?

Jessica

Inicio   Final

Cody

Inicio   Final

Ⓐ Jessica; 5 minutos antes que Cody

Ⓑ Cody; 5 minutos antes que Jessica

Ⓒ Jessica; 10 minutos antes que Cody

Ⓓ Los dos terminaron con el mismo tiempo.

3. Dos tiendas venden bolsas de manzanas. En la tienda A, cada bolsa pesa 2 kg. En la tienda B, cada bolsa pesa 4 kg. Si compras 6 bolsas en cada tienda, ¿cuántos kilogramos más de manzanas comprarás en la tienda B?

4. Escribe una unidad métrica que pueda ser la más apropiada para medir la capacidad de un fregadero. Luego, usando esa unidad, escribe una estimación razonable para la capacidad del fregadero.

5. A. Mason está buscando una herramienta para medir la masa de una manzana. ¿Qué herramienta debe usar?

Ⓐ Balanza de platillos

Ⓒ Recipiente de 1 taza

Ⓑ Regla

Ⓓ Reloj

B. Si usas la herramienta de la **Parte A**, ¿qué unidad usará Mason para medir la masa de la manzana?

Ⓐ Gramos

Ⓒ Tazas

Ⓑ Minutos

Ⓓ Pulgadas

6. El autobús escolar recoge a Dave a las 7:45 *a. m.* Para prepararse para ir a la escuela, Dave necesita 15 minutos para desayunar, 10 minutos para preparar el almuerzo y 10 minutos para vestirse. ¿A qué hora necesita Dave empezar a prepararse para ir a la escuela?

A. Describe las cantidades que conoces.

B. Resuelve el problema. Explica tu razonamiento. Puedes usar dibujos como ayuda.

7. Mary tiene un total de 18 litros de agua en 6 botellas. Jess tiene un total de 15 litros en 3 botellas. Si las botellas están llenas con cantidades iguales, ¿cuánta agua más hay en cada una de las botellas de Jess que en las de Mary?

---

8. Eric toca la guitarra 33 minutos el lunes y 19 minutos el martes. Escribe y resuelve una ecuación para hallar cuántos minutos más toca Eric la guitarra el lunes.

9. La Sra. Grigg escribe una lista de compras que dice que tiene que comprar 1 gramo de manzanas. ¿Es razonable? Explícalo.

Nombre _____

10. Irene midió la capacidad de una bolsa de manzanas usando kilogramos. Forest midió la misma bolsa usando gramos. ¿Cómo se comparan las medidas? Escoge todas las oraciones que son verdaderas.

☐ Hay más gramos que kilogramos.

☐ Hay más kilogramos que gramos.

☐ Hay cantidades iguales de gramos y kilogramos.

☐ Hay menos gramos que kilogramos.

☐ Hay menos kilogramos que gramos.

11. Jason dice que la masa de su libro es aproximadamente 1 kilogramo. Julie dice que es 1 litro. ¿Quién tiene razón? Escoge la mejor respuesta.

Ⓐ Jason tiene razón porque los kilogramos son unidades de masa, los litros son unidades de capacidad.

Ⓑ Julie tiene razón porque los litros son unidades métricas.

Ⓒ Los dos tienen razón porque los kilogramos y los litros son unidades de masa.

Ⓓ Ninguno de los dos tiene razón porque sus estimaciones no son razonables.

12. Explica por qué es mejor usar gramos en vez de kilogramos para medir la masa de un crayón.

13. A Wallace le llevó 45 minutos leer parte de un capítulo de su libro de ciencias. Terminó de leer el resto del capítulo en 17 minutos. Escribe y resuelve una ecuación para hallar en cuánto tiempo leyó Wallace el capítulo.

14. Cuatro hermanos, Raphael, Don, Leo y Mike, fueron al gimnasio para hacer ejercicio. Don y Mike comenzaron a las 2:21 *p. m.* y se ejercitaron por 33 minutos. Raphael y Leo comenzaron luego de que Don y Mike terminaran y se ejercitaron hasta las 3:36 *p. m.* ¿Cuántos minutos hicieron ejercicio los 4 hermanos en total?

15. Mike usó una balanza de platillos para hallar la masa de su pelota de básquetbol. Mike dice que es 580 kilogramos. ¿Es razonable su respuesta? Explícalo.

16. Mira la hora en el siguiente reloj.

A. Escoge todas las formas en que puedes escribir esa hora.

☐ 3:46

☐ 14 minutos antes de las 4

☐ 46 minutos después de las 3

☐ 9 minutos antes de las 4

☐ 4:14

B. ¿Qué hora era hace 2 horas y 45 minutos?

17. Maryann se fue al mercado a las 3:10 *p. m.* Regresó a casa 1 hora y 15 minutos después.

A. ¿A qué hora regresó?

B. Su vecina, Betty Sue, llegó al mercado a la misma hora que Maryann y regresó a su casa a las 4:02 *p.m.* ¿Cuánto tiempo menos estuvo Betty Sue en el mercado?

18. Ricardo usó 337 gramos de harina para hornear un pan en la tarde. Él ya había usado 284 gramos de harina para hornear panes por la mañana. Escribe y resuelve una ecuación para hallar cuántos gramos de harina usó Ricardo en total.

19. Un tanque tenía 750 litros de agua. Luego de que se drenara algo del líquido, quedaron 250 litros en el tanque. Escribe y resuelve una ecuación para hallar cuántos litros de agua se drenaron.

Nombre _____

Reunión familiar

Anita y su hermano Logan preparan una reunión familiar.

1. Usa la tabla **Frutas compradas** para responder a la pregunta. Logan hizo una estimación de la masa de las frutas, pero olvidó incluir la unidad de masa. Para cada fruta, explica si él usó gramos o kilogramos.

Frutas compradas	
Fruta	Masa aproximada
Bolsa de toronjas	4
Un limón	90
Una sandía	3

2. Usa la ilustración **Masa de un limón** para responder a las preguntas.

Parte A

La masa de cada limón se muestra a la derecha. ¿Cuál es la masa de un limón?

Masa de un limón

10 g   10 g   10 g

Parte B

Logan necesita comprar por lo menos 200 gramos de limones. Logan espera poder comprar 7 limones. ¿Comprará lo suficiente? Usa tu respuesta de la Parte A para explicarlo.

3. Usa la tabla **Líquidos necesarios** para responder a la pregunta. Logan mide los líquidos que necesitan. Completa la tabla para mostrar si la capacidad de cada recipiente será de más o menos de 1 litro.

Ingrediente	Capacidad del recipiente
Vinagre	
Leche	
Agua	

Líquidos necesarios	
Ingrediente	Recipiente
Vinagre	Cuchara
Leche	Taza para medir
Agua	Olla

La ilustración **Caldo usado** muestra la cantidad de caldo que Anita tenía al inicio y el caldo que le quedó después de verter un poco en dos sopas.

Caldo usado

Cantidad al inicio   Cantidad al final

4. Usa la ilustración **Caldo usado** para responder a las preguntas.

Parte A

¿Qué cantidad de caldo usó Anita?

Parte B

Anita puso partes iguales del caldo en 2 ollas. ¿Qué cantidad puso en 1 olla?

5. La receta de Logan dice que lleva 50 minutos cocinar el pollo. Luego de 22 minutos, Logan voltea el pollo. ¿Cuántos minutos más debe hornearlo antes de voltearlo? Muestra tu trabajo en una recta numérica.

6. Usa la tabla **Antes de la reunión** para responder a la pregunta.

Anita y Logan quieren llegar a la reunión a la 1:45 *p. m.* Ellos necesitan limpiar, empacar y manejar al lugar de la reunión. ¿A qué hora deben empezar a limpiar? Explícalo.

Antes de la reunión	
Actividad	**Tiempo en minutos**
Limpiar	20
Empacar	15
Manejar	55

TEMA 15

Atributos de las figuras bidimensionales

Pregunta esencial: ¿Cómo se pueden describir, analizar y clasificar las figuras bidimensionales?

Recursos digitales

 Libro del estudiante

 Aprendizaje visual

 Práctica

 Evaluación

 Herramientas

 Glosario

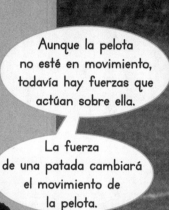

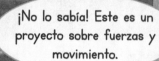

Proyecto de enVision STEM: Fuerzas y movimiento

Investigar Usa la Internet u otras fuentes para hallar información acerca de las fuerzas y el movimiento de un objeto. ¿Qué significa una fuerza equilibrada? ¿Qué sucede cuando las fuerzas no están equilibradas?

Diario: Escribir un informe Incluye lo que averiguaste. En tu informe, también:

- da ejemplos de fuerzas equilibradas y desequilibradas en los objetos.

- haz un dibujo que muestre la fuerza que actúa sobre un objeto y el resultado.

- describe las figuras en tus dibujos.

Nombre _____

 Repasa lo que sabes

(A-Z) Vocabulario

Escoge el mejor término del recuadro.
Escríbelo sobre la línea.

• círculo	• pentágono
• hexágono	• triángulo

1. Una figura con 6 lados exactamente se llama _____.

2. Una figura con 3 lados exactamente se llama _____.

3. Una figura con 5 lados exactamente se llama _____.

Nombres de figuras

Escribe el nombre de cada figura.

4.

5.

6.

7.

Figuras

Para **8** a **11**, escribe la cantidad de vértices que tiene cada figura.

8.

9.

10.

11.

12. ¿Cuántas caras tiene un cubo?

   Ⓐ 3   Ⓑ 4   Ⓒ 5   Ⓓ 6

13. ¿En qué se parecen los cuadrados y los triángulos? ¿En qué se diferencian?

PROYECTO 15A

¿Dónde juegan sus partidos los jugadores profesionales de béisbol?

Proyecto: Crea adivinanzas de cuadriláteros

PROYECTO 15B

¿Cómo se miden los libros?

Proyecto: Reúne datos sobre la forma de los libros

PROYECTO 15C

¿Dónde podemos encontrar cuadriláteros en la vida diaria?

Proyecto: Construye un modelo de cuadriláteros

Representación matemática

Encuádralo

▶ Video

Antes de ver el video, piensa:

Se requiere mucho tiempo para diseñar algo como esto en la arena o nieve. Y eso me recuerda... si los zapatos para la nieve te permiten caminar en la nieve, ¿por qué los zapatos para el agua no te permiten caminar sobre el agua?

Puedo...

representar con modelos matemáticos para resolver un problema sobre usar atributos de las figuras bidimensionales para comparar pesos.

Nombre _____

Resuélvelo y coméntalo

Dobla un pedazo de papel cuadrado para que las líneas dobladas queden como se muestra a continuación. Halla la mayor cantidad de cuadriláteros diferentes usando las líneas dobladas y los extremos del papel cuadrado. Dibuja cada cuadrilátero que encuentres y descríbelo.

El área de cada triángulo pequeño del papel representa una fracción unitaria. Escribe la fracción unitaria y, luego, halla qué fracción de todo el cuadrado representa cada uno de los cuadriláteros.

Puedo...
identificar cuadriláteros y usar atributos para describirlos.

También puedo buscar patrones para resolver problemas.

Puedes buscar relaciones. ¿Qué atributos de los cuadriláteros pueden ayudarte a identificar cada uno por su nombre?

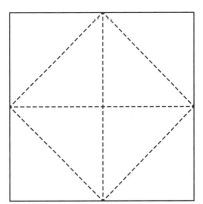

¡Vuelve atrás! Describe cómo usaste lo que sabes sobre cuadriláteros para identificar las figuras.

Pregunta esencial

¿Cuáles son algunos atributos de los cuadriláteros?

A

El cartel de bienvenida de Florida es un cuadrilátero. ¿Cómo puedes describir a los cuadriláteros?

Recuerda que un polígono es una figura cerrada que tiene solo lados rectos. Un cuadrilátero es un polígono con cuatro lados y cuatro ángulos.

Un ángulo se forma cuando dos lados de un polígono se encuentran.

El punto donde dos lados se encuentran es el vértice.

ángulo recto

lado →

vértice

B Algunos cuadriláteros tienen nombres especiales.

Trapecio

Exactamente un par de lados en líneas que nunca se cruzan.

Paralelogramo

Los lados opuestos tienen la misma longitud. Los ángulos opuestos son del mismo tamaño.

Rectángulo

Cuatro ángulos rectos, o esquinas cuadradas.

Un *rectángulo* es un *paralelogramo* especial.

Rombo

Todos los lados tienen la misma longitud.

Un *rombo* es un *paralelogramo* especial.

Cuadrado

Cuatro ángulos rectos y todos los lados tienen la misma longitud.

Un *cuadrado* es un *paralelogramo* especial.

¡Convénceme! **Entender y perseverar** Dibuja un cuadrilátero que sea un ejemplo de una de las figuras del Recuadro B. Nombra la figura. Luego, dibuja un cuadrilátero que **NO** sea un ejemplo de las figuras que aparecen en el Recuadro B.

Práctica Herramientas Evaluación

Otro ejemplo

Estos son polígonos **convexos**. Todos los ángulos apuntan hacia fuera.

Estos son polígonos **cóncavos**. Uno o más ángulos apuntan hacia adentro.

☆Práctica guiada

¿Lo entiendes?

1. Esta figura es un rectángulo, pero **NO** es un cuadrado. ¿Por qué?

2. Dibuja dos cuadriláteros diferentes que **NO** sean rectángulos, cuadrados o rombos.

¿Cómo hacerlo?

Para **3** a **6**, escribe tantos nombres específicos como sea posible para cada cuadrilátero.

☆Práctica independiente☆

Para **7** a **9**, escribe tantos nombres específicos como sea posible para cada cuadrilátero.

Para **10**, nombra todos los cuadriláteros posibles que cumplan la regla.

10. Tiene 2 pares de lados opuestos iguales _____

Resolución de problemas

Para **11** y **12**, escribe el nombre que mejor describa el cuadrilátero. Haz un dibujo como ayuda.

11. (A-Z) **Vocabulario** Un rectángulo con todos los lados de la misma longitud es un _____ .

12. (A-Z) **Vocabulario** Un paralelogramo con cuatro ángulos rectos es un _____ .

13. Soy un cuadrilátero con lados opuestos de la misma longitud. ¿Qué cuadriláteros puedo ser?

14. **Razonamiento de orden superior** Juan dice que la figura de la izquierda es un trapecio. Carmen dice que la figura de la derecha es un trapecio. ¿Quién tiene razón? Explícalo.

Algunos problemas tienen más de una respuesta correcta.

15. **Representar con modelos matemáticos** Sue compró un libro por $12, dos mapas por $7 cada uno y un paquete de tarjetas postales por $4. Usa lo que sabes sobre matemáticas, diagramas de barra, ecuaciones o las propiedades de las operaciones para hallar cuál fue el costo total.

16. **Álgebra** Ángela dibujó 9 rombos y 6 trapecios. Quiere hallar *c*, el total de ángulos en los cuadriláteros. Explica cómo puede Ángela hallar *c*.

✓ **Práctica para la evaluación**

17. Se muestran un cuadrado y un rombo a la derecha. ¿Qué atributos siempre tienen en común estas figuras? Escoge todas las que apliquen.

☐ Cantidad de lados

☐ Longitud de los lados

☐ Medidas de los ángulos

☐ Ángulos rectos

☐ Cantidad de ángulos

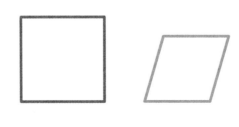

Nombre _____

Resuélvelo y coméntalo

Clasifica las siguientes figuras en dos grupos. Usa lápices de colores o crayones para colorear cada grupo de diferente color. ¿Cómo clasificaste las figuras? ¿En qué se parecen las figuras de los dos grupos?

Puedo...

clasificar figuras de varias maneras basándome en aquello en que se parecen y en aquello en que se diferencian.

También puedo hacer generalizaciones a partir de ejemplos.

Puedes usar lo que sabes para generalizar. ¿Qué atributos son los mismos en las figuras?

¡Vuelve atrás! ¿Qué fracción de los triángulos anteriores tiene cada atributo: todos sus lados tienen la misma longitud, no hay lados con la misma longitud, dos ángulos exactamente iguales o un ángulo recto?

Pregunta esencial **¿Cómo describes grupos diferentes de figuras?**

A

Ethan hizo dos grupos de polígonos. ¿En qué se diferencian y en qué se parecen los grupos?

Cuando clasificas grupos de figuras, identificas los atributos de cada una y luego las comparas con otras figuras.

Grupo 1: Rombos

Grupo 2: Trapecios

B

Esta es una manera en la que se diferencian los dos grupos.

En el grupo 1, todos los lados de cada polígono tienen la misma longitud.

En el grupo 2, cada polígono tiene lados y no todos ellos tienen la misma longitud.

C

Estas son algunas maneras en las que se parecen los grupos.

En el grupo 1 y en el grupo 2, todos los polígonos tienen 4 lados.

En el grupo 1 y en el grupo 2, todos los polígonos tienen 4 ángulos.

En el grupo 1 y en el grupo 2, todos los polígonos son cuadriláteros.

¡Convénceme! **Construir argumentos** Dibuja un cuadrilátero que no pertenezca al grupo 1 ni al grupo 2. Explica por qué no pertenece a ningún grupo.

Nombre _____

☆ Práctica guiada

¿Lo entiendes?

1. Nellie dibujó un grupo de rectángulos y un grupo de trapecios. ¿En qué se diferencian las figuras de cada grupo?

2. ¿En qué se parecen los rectángulos y los trapecios?

3. ¿A qué grupo más grande de polígonos pertenecen las figuras de Nellie?

¿Cómo hacerlo?

Para **4** a **6**, usa los grupos de la página anterior.

4. Dibuja una figura que pertenezca al Grupo 1 de Ethan.

5. Dibuja una figura que pertenezca al Grupo 2 de Ethan.

6. ¿Por qué hay un cuadrado en el Grupo 1?

☆ Práctica independiente ☆

Para **7** a **11**, usa los siguientes grupos.

Grupo 1

Grupo 2

7. ¿En qué se diferencian las figuras del grupo 1 de las del grupo 2?

8. ¿En qué se parecen los dos grupos?

9. ¿A qué grupo más grande pertenecen todas las figuras?

10. Dibuja una figura que podría pertenecer al grupo 2 pero no al grupo 1.

11. Dibuja una figura que podría pertenecer al grupo 1 pero no al grupo 2.

Resolución de problemas

Para **12** a **14**, usa el dibujo de la derecha.

12. ¿En qué se parecen y en qué se diferencian las figuras amarillas y las azules?

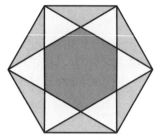

13. ¿A qué grupo más grande de polígonos pertenecen las figuras amarillas y las azules?

14. ¿Pertenece la figura rosada al grupo identificado en el Ejercicio **13**? Explícalo.

---

15. Dibuja un cuadrilátero que **NO** sea un rectángulo, un rombo o un cuadrado.

16. Todd compró una chaqueta por $57 y dos mapas por $9 cada uno. ¿Cuál fue el costo total?

---

17. **Usar herramientas apropiadas** Victoria quiere hacer dos rombos del mismo tamaño. ¿Qué herramienta puede usar? Explícalo.

18. **Razonamiento de orden superior** Jane necesita hallar 3×3, 4×6 y 7×2. Ella dibuja modelos de área para resolver el problema. ¿A qué grupo de polígonos pertenecen sus modelos de área? Explícalo.

✓ Práctica para la evaluación

19. ¿Cuál es el nombre de la figura que **NO** siempre es un rectángulo, pero siempre es un cuadrilátero?

   Ⓐ   Cuadrado

   Ⓑ   Triángulo

   Ⓒ   Hexágono

   Ⓓ   Paralelogramo

20. ¿Qué figura se podría clasificar en un grupo de paralelogramos o en un grupo de rombos?

   Ⓐ   Cuadrado

   Ⓑ   Rectángulo

   Ⓒ   Trapecio

   Ⓓ   Hexágono

Nombre _____

Resuélvelo y coméntalo

Describe por los menos dos atributos que sean iguales en todas o algunas de estas figuras. Describe dos atributos que sean diferentes.

Puedo...
analizar, comparar y agrupar los cuadriláteros por sus atributos.

También puedo buscar patrones para resolver problemas.

Puedes usar la estructura. Observa los atributos comunes, como la longitud de los lados o el tamaño de los ángulos.

 A B 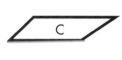 C D E

¡Vuelve atrás! Dibuja un cuadrilátero que sea diferente de todos los cuadriláteros anteriores. Di en qué se diferencia.

Pregunta esencial ¿Cómo analizas y comparas figuras?

A

¿De cuántas maneras diferentes puedes clasificar los siguientes cuadriláteros?

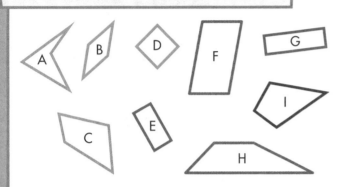

Los cuadriláteros tienen 4 lados. También tienen diferencias; por tanto, puedes clasificarlos en grupos más pequeños.

B Las figuras B, D, E, F y G también son paralelogramos. Cada una tiene dos pares de lados que son de la misma longitud.

C Las figuras D, E y G también son rectángulos. Cada una tiene 4 ángulos rectos.

D Las figuras B y D son paralelogramos que también son rombos. Cada una tiene 4 lados iguales.

La figura D es un cuadrado y está en cada grupo. Es un cuadrilátero, paralelogramo, rectángulo y rombo.

¡Convénceme! **Razonar** ¿Cuáles de las figuras anteriores puedes cubrir con unidades cuadradas enteras sin dejar espacios o sobreposiciones? ¿Qué atributos tienen en común las figuras?

☆Práctica guiada

¿Lo entiendes?

1. ¿Qué figura de la página anterior es un rombo, pero no es un rectángulo? Explícalo.

2. ¿Puede haber un trapecio cuadrado? Explícalo.

¿Cómo hacerlo?

3. ¿Qué figuras de la página anterior no son un paralelogramo, rectángulo, rombo o cuadrado?

4. ¿Qué atributos tiene un cuadrado por los cuales es siempre un rectángulo?

☆Práctica independiente

Para **5** a **9**, haz una lista de todos los polígonos que están a la derecha y se ajustan a cada descripción. Si no es un polígono, di por qué.

5. No es un paralelogramo.

6. Es un cuadrilátero, pero no es un paralelogramo o trapecio.

7. Es un cuadrado y no es un paralelogramo.

8. Es un rombo y no es un rectángulo.

9. Es un paralelogramo y no es un rombo.

Resolución de problemas

10. Carl juntó los bloques 1 y 2 para formar una nueva figura. ¿En qué se parecen los bloques que usó? ¿En qué se diferencian?

---

11. Razonar Explica cuál de las figuras de la derecha puedes cubrir con unidades cuadradas enteras sin dejar espacios o sobreposiciones.

---

12. Razonamiento de orden superior Dibuja un cuadrilátero que no tenga lados con la misma longitud. Di por qué no es un paralelogramo.

Usa definiciones para apoyar tu respuesta.

13. Sam necesita 25 minutos para estar listo y 15 minutos para ir en bicicleta a la práctica de natación. La práctica comienza a las 4:00 *p. m.* ¿A qué hora debe comenzar a prepararse?

14. Observa estos polígonos.

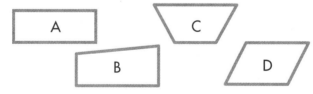

Parte A

Nombra un atributo que tengan los 4 polígonos.

Parte B

Nombra un atributo que tengan A y D, pero que no lo tengan B y C.

Nombre _____

Resuélvelo y coméntalo

Dibuja figuras que correspondan a estas pistas. Usa términos matemáticos y números correctamente para nombrar cada figura y explicar cómo se ajustan a las pistas.

Pista 1: *Soy un polígono con 4 lados.*

Pista 2: *Soy un polígono con 4 ángulos rectos.*

Pista 3: *Mi área es 12 unidades cuadradas.*

Puedo...

ser preciso cuando resuelvo problemas de matemáticas.

También puedo identificar las figuras de acuerdo a sus atributos.

Hábitos de razonamiento

¡Razona correctamente! Estas preguntas te pueden ayudar.

- ¿Estoy usando los números, las unidades y los símbolos correctamente?

- ¿Estoy usando las definiciones correctas?

- ¿Estoy haciendo los cálculos con precisión?

- ¿Es clara mi respuesta?

¡Vuelve atrás! **Hacerlo con precisión** ¿Cómo usaste los términos matemáticos o los números para que tu explicación fuera clara?

Pregunta esencial

¿Cómo puedes resolver problemas de matemáticas con precisión?

A

¿Qué figuras puedes dibujar para esta adivinanza?

Soy un polígono con 4 lados.
Tengo 4 ángulos rectos.
Mis lados opuestos tienen la misma longitud.

Hacerlo con precisión significa que usas de manera correcta los términos, números y símbolos matemáticos mientras resuelves los problemas.

¿Qué necesito hacer para resolver este problema?

Leeré la información dada y la usaré para dibujar las figuras que correspondan a la descripción.

B

¿Cómo puedo ser preciso resolviendo este problema?

Puedo

- usar correctamente la información dada.

- usar dibujos u objetos para identificar las posibles respuestas.

- decidir si mi respuesta es clara y apropiada.

C

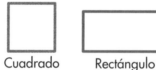 Este es mi razonamiento...

Sé que la figura es un polígono de 4 lados con 4 ángulos iguales y lados opuestos que tienen la misma longitud.

Dibujo figuras que correspondan a todas las pistas. Luego, doy un nombre a cada figura.

Cuadrado   Rectángulo

Cada una de las figuras tiene 4 lados, 4 ángulos iguales y lados opuestos que tienen la misma longitud.

¡Convénceme! **Hacerlo con precisión** Dibuja una figura para esta adivinanza. Explica cómo corresponde a las pistas.

Soy un polígono con 4 lados.
Ninguno de mis ángulos son ángulos rectos.
Mis lados no tienen la misma longitud.

Hacerlo con precisión

Los estudiantes de la clase del Sr. Triana hicieron dibujos de sus figuras favoritas. Jackie hizo un polígono con 4 lados que tiene 4 ángulos rectos, pero no todos los lados de la figura son de la misma longitud.

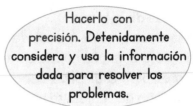

Hacerlo con precisión. Detenidamente considera y usa la información dada para resolver los problemas.

1. ¿Qué términos matemáticos y números son importantes en este problema?

2. Dibuja y escribe el nombre del tipo de polígono que hizo Jackie.

3. ¿Cómo puedes comprobar para asegurarte de que tu respuesta es clara y correcta?

☆ Práctica independiente ☆

Hacerlo con precisión

Los estudiantes de la clase de la Sra. Edison diseñaron un mural para mostrar lo que aprendieron sobre cuadriláteros. Édgar hizo una figura con lados opuestos de la misma longitud.

4. ¿Qué términos matemáticos y números son importantes en este problema?

5. Dibuja el polígono que pudo haber hecho Édgar. ¿Hay más de un tipo de cuadrilátero que represente correctamente la descripción? Explícalo.

6. ¿Cómo puedes comprobar para asegurarte de que tu respuesta es clara y correcta?

Resolución de problemas

Colchas de retazos

Cada estudiante de la clase de arte de la Sra. Beardon está diseñando una pieza para una colcha de retazos. Pueden usar diferentes colores, pero cada pieza debe tener la misma forma. Los atributos del diseño de la pieza se muestran en el recuadro de la derecha.

> • 4 lados iguales
>
> • 4 ángulos rectos

Para **7** a **10**, dibuja y nombra una figura que corresponda a la descripción para resolver el problema.

7. Entender y perseverar ¿Qué sabes? ¿Qué se te pide que hagas?

8. Hacerlo con precisión ¿Qué términos matemáticos y números pueden ayudarte a resolver el problema?

9. Usar herramientas apropiadas Escoge herramientas para ayudarte a resolver este problema. Luego, dibuja y nombra un posible diseño de la pieza.

> Asegúrate de usar las definiciones correctas para que tus respuestas sean precisas.

10. Evaluar el razonamiento Talía siguió las instrucciones de la Sra. Beardon e hizo una pieza para la colcha de retazos con la siguiente figura. ¿Siguió correctamente las instrucciones? Explícalo.

Nombre _____

Colorea una ruta que vaya desde la **SALIDA** hasta la **META**. Sigue los productos y cocientes que son números pares. Solo te puedes mover hacia arriba, hacia abajo, hacia la derecha o hacia la izquierda.

TEMA 15

Actividad de práctica de fluidez

Puedo...
multiplicar y dividir hasta 100.

También puedo hacer mi trabajo con precisión.

Salida							
6 × 2	9 ÷ 1	9 × 5	24 ÷ 4	10 × 0	56 ÷ 7	3 × 8	35 ÷ 5
20 ÷ 5	5 × 8	8 × 2	36 ÷ 6	54 ÷ 6	3 × 5	2 × 3	27 ÷ 3
3 × 7	15 ÷ 3	5 × 7	5 ÷ 1	25 ÷ 5	6 ÷ 6	9 × 8	21 ÷ 7
48 ÷ 8	2 × 9	42 ÷ 7	3 × 5	8 ÷ 2	5 × 4	30 ÷ 5	9 × 9
3 × 6	5 × 1	6 × 10	0 ÷ 6	4 × 6	7 × 1	9 × 1	45 ÷ 9
9 × 6	4 × 8	72 ÷ 8	9 × 3	9 ÷ 3	4 × 4	18 ÷ 9	16 ÷ 2
5 × 5	2 × 7	81 ÷ 9	6 ÷ 2	4 × 7	80 ÷ 8	3 × 9	9 × 4
63 ÷ 9	4 × 3	7 × 8	8 × 9	10 ÷ 5	24 ÷ 8	9 × 7	40 ÷ 5
							Meta

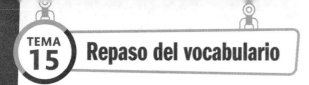

Glosario

Lista de palabras

- ángulo
- ángulo recto
- cuadrado
- cuadrilátero
- paralelogramo
- polígono
- rectángulo
- rombo
- trapecio

Comprender el vocabulario

Encierra en un círculo todos los términos que correspondan a cada descripción.

1. Un cuadrilátero

cuadrado   rombo   trapecio   polígono

2. Un polígono

ángulo   cuadrilátero   rectángulo   cuadrado

3. Un polígono con 4 ángulos rectos

cuadrado   trapecio   rombo   rectángulo

4. Un paralelogramo

rombo   triángulo   rectángulo   trapecio

Para cada término, dibuja un ejemplo y un contraejemplo.

	Ejemplo	Contraejemplo

5. ángulo recto

6. rectángulo

7. trapecio

Usar el vocabulario al escribir

8. Usa al menos 3 términos de la Lista de palabras para explicar por qué un *cuadrado* es un *rectángulo*.

Nombre _____

Grupo A páginas 585 a 588 _____

Refuerzo

Puedes dibujar y describir cuadriláteros por sus atributos.

Nombre: Paralelogramo
Atributos: 2 pares de lados opuestos de la misma longitud

Nombre: Cuadrilátero
Atributos: 2 pares de lados de la misma longitud

Nombre: Rectángulo
Atributos: 2 pares de lados opuestos de la misma longitud, 4 ángulos rectos

Recuerda que un polígono con cuatro lados es un cuadrilátero.

Para **1** a **3**, dibuja las figuras mencionadas a continuación y describe sus atributos.

1. Trapecio

2. Rombo

3. Un cuadrilátero que **NO** es un trapecio, paralelogramo, rectángulo, rombo o cuadrado.

Grupo B páginas 589 a 592 _____

¿En qué se diferencian y en qué se parecen las figuras de los grupos 1 y 2?

Grupo 1

Grupo 2

Las figuras de los grupos son diferentes porque en el grupo 1, todas las figuras son convexas. En el grupo 2, todas las figuras son cóncavas.

Las figuras de ambos grupos son parecidas porque todas ellas tienen líneas rectas y son cerradas. Por tanto, todas son polígonos.

Recuerda que todas las figuras en estos grupos tienen algo en común.

Para **1** y **2**, usa los siguientes grupos.

Grupo 1

Grupo 2

1. ¿En qué se diferencian las figuras de los grupos 1 y 2?

2. ¿En qué se parecen las figuras de los grupos 1 y 2?

Todas las figuras siguientes tienen 4 lados; por tanto, son cuadriláteros. Algunos cuadriláteros se pueden clasificar en varios grupos.

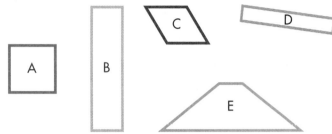

Los paralelogramos tienen 2 pares de lados de la misma longitud. Las figuras A, B, C y D son paralelogramos.

Los rombos tienen 4 lados de la misma longitud. Las figuras A y C son rombos.

Los rectángulos tienen 2 pares de lados de la misma longitud y 4 ángulos rectos. Las figuras A, B y D son rectángulos.

Los cuadrados tienen 4 lados de la misma longitud y 4 ángulos rectos. La figura A es un cuadrado.

Los trapecios tienen 1 par de lados paralelos. La figura E es un trapecio.

Recuerda que los cuadriláteros con nombres diferentes pueden tener algunos de los mismos atributos.

Para **1** a **4**, escribe todos los polígonos que se ajustan a los atributos dados.

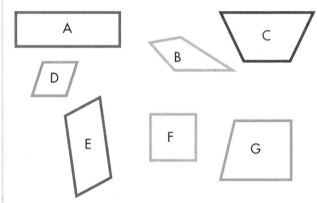

1. Tiene al menos 2 ángulos rectos, pero no es un rectángulo.

2. Tiene pares de lados de la misma longitud, pero no es un rectángulo.

3. Es un cuadrilátero que no tiene ángulos rectos.

4. Tiene 4 lados de la misma longitud, pero no es un cuadrado.

Piensa en estas preguntas para ayudarte a **prestar atención a la precisión**.

Hábitos de razonamiento

- ¿Estoy usando los números, las unidades y los símbolos correctamente?

- ¿Estoy usando las definiciones correctas?

- ¿Estoy haciendo los cálculos con precisión?

- ¿Es clara mi respuesta?

Recuerda que debes tener en cuenta todas las partes de la pregunta.

Anton dibujó un cuadrilátero con 4 lados de la misma longitud y 4 ángulos rectos.

1. ¿Qué cuadrilátero dibujó?

2. ¿Podría dibujar otra figura? Explícalo.

Nombre _____

1. ¿A qué otra categoría podría pertenecer un paralelogramo?

Ⓐ Cuadrilátero; porque tiene 4 ángulos rectos

Ⓑ Cuadrado; porque tiene 4 lados

Ⓒ Cuadrilátero; porque tiene 4 lados

Ⓓ Rombo; porque los 4 lados tienen la misma longitud

2. Usa las palabras del siguiente recuadro. Escribe los nombres para las figuras en la columna correcta.

Cuadrilátero	Paralelogramo

rectángulo   rombo   cuadrado   trapecio

3. Escribe el nombre y dibuja una figura de un polígono cóncavo con 4 lados.

4. ¿Qué figuras podrían ser un paralelogramo con 4 ángulos rectos?

5. Se clasificaron las siguientes figuras en dos grupos: las que están encerradas en un círculo y las que no. ¿En qué se diferencian los dos grupos?

6. Escoge todos los enunciados verdaderos.

☐ Un trapecio es un paralelogramo.

☐ Un paralelogramo es un cuadrilátero.

☐ Un cuadrado es un rombo.

☐ Un triángulo es un cuadrilátero.

☐ Un cuadrado es un rectángulo.

7. ¿Cuáles son los dos cuadriláteros que usó Kim para hacer el diseño de la alfombra? ¿Qué tienen en común las figuras?

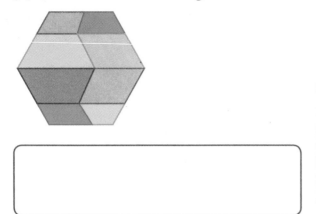

8. Observa cada grupo.

Grupo 1   **Grupo 2**

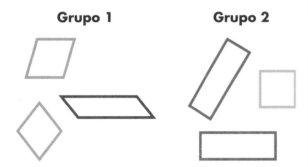

A. ¿En qué se parecen los dos grupos?

B. ¿En qué se diferencian los dos grupos?

9. ¿Qué enunciado sobre el rectángulo es verdadero?

Ⓐ   Es un paralelogramo.

Ⓑ   Es un cuadrado.

Ⓒ   Es un trapecio.

Ⓓ   Es un rombo.

10. ¿Es el cuadrado siempre un rombo? Explícalo.

11. Escribe el nombre y dibuja un cuadrilátero que **NO** sea un rectángulo ni un rombo. ¿Hay otra figura que podrías dibujar? Explícalo.

Nombre _____

Etiquetas de identificación para mascotas

Amelia y Bryce trabajan en una tienda de mascotas que vende etiquetas de identificación de varias figuras. El diagrama **Etiquetas de identificación para mascotas** muestra las diferentes figuras disponibles.

Usa el arte de **Etiquetas de identificación para mascotas** para responder a las Preguntas **1** a **4**.

Etiquetas de identificación para mascotas

A   B   C   D   E   F   G   H

1. Un cliente le pregunta a Amelia si la tienda tiene etiquetas de identificación cóncavas. ¿Cómo debería responder Amelia?

2. Otro cliente le pregunta a Bryce qué etiquetas para mascotas tienen 2 pares de lados con la misma longitud y son cuadriláteros. ¿Qué etiquetas tienen estos atributos? Incluye el nombre común para cada figura.

3. La dueña de la tienda quiere rebajar las etiquetas para mascotas que no son rectángulos. ¿Qué etiquetas debe rebajar y qué figuras son?

4. La dueña le dice a Bryce que agrupe las etiquetas para mostrar cuáles tienen por lo menos 1 par de lados con la misma longitud. Completa la tabla con los rótulos de las etiquetas.

Con lados iguales	Sin lados iguales

5. Usa el diagrama **Etiquetas de identificación para mascotas** y la tabla **Clasificación de las etiquetas** para responder a las preguntas de las Partes A y B.

Amelia clasificó algunas de las etiquetas para mascotas en dos grupos diferentes.

Clasificación de las etiquetas	
Grupo 1	**Grupo 2**
B, G, D, H	A, C, E, F

Parte A

¿En qué se diferencian los grupos?

Parte B

¿En qué se parecen los grupos?

Usa el diagrama **Etiquetas de identificación para mascotas** para responder a las Preguntas **6** y **7**.

6. Una clienta quiere comprar la etiqueta para mascota que es un rombo y un rectángulo. ¿Qué etiqueta quiere? Explícalo.

7. Diseña una etiqueta para mascotas nueva que tenga 2 pares de lados con la misma longitud, pero que no sea un rectángulo ni un rombo. Explica la figura que dibujaste.

Resolver problemas sobre el perímetro

Pregunta esencial: ¿Cómo se puede medir y hallar el perímetro?

Los animales viven en hábitats.

Algunos animales solo viven en determinados hábitats.

¡Aquí viven muchos animales! Este es un proyecto sobre hábitats y perímetros.

Proyecto de enVision STEM: ¿Qué vive aquí?

Investigar Usa la Internet u otras fuentes para investigar los hábitats. Incluye una lista de animales que pueden sobrevivir en un determinado hábitat y algunos que no podrían sobrevivir ahí.

Diario: Escribir un informe Incluye lo que averiguaste. En tu informe, también:

- usa papel cuadriculado para hacer un dibujo que represente uno de los hábitats que investigaste. Rotula el hábitat para mostrar lo que se puede encontrar allí. Cuenta la cantidad de unidades cuadradas o el área que mide el hábitat.

- halla el perímetro del hábitat. Luego, halla otro posible perímetro que tenga la misma área.

⭐Repasa lo que sabes⭐

🅰🇿 Vocabulario

Escoge el mejor término del recuadro.
Escríbelo en el espacio en blanco.

| • área | • unidad cuadrada |
| • rectángulo | • unidades cuadradas |

1. Si 14 cuadrados con una longitud de lado de 1 unidad cubren una figura, el área es 14 _____.

2. Puedes usar metros cuadrados o pies cuadrados para medir el/la _____.

3. Un cuadrado con una longitud de lado de 1 unidad es un/una _____.

Área de las figuras

Halla el área de cada figura. Usa papel cuadriculado como ayuda.

4.
4 pulgs.
7 pulgs.

5.
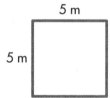
5 m
5 m

6. El área de un rectángulo es 32 centímetros cuadrados. Tiene 4 centímetros de ancho. ¿Cuál es la longitud del rectángulo?

Ⓐ   4 centímetros   Ⓑ   8 centímetros   Ⓒ   16 centímetros   Ⓓ   32 centímetros

---

Área de las figuras irregulares

7. ¿Cuál es el área de la figura de la derecha? Explica cómo resolviste el problema.

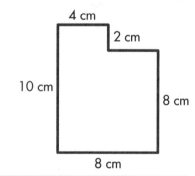

4 cm
2 cm
10 cm
8 cm
8 cm

Dividir las regiones en partes iguales

8. Encierra en un círculo las figuras que muestran partes iguales. Rotula esas figuras usando una fracción unitaria.

PROYECTO 16A

¿Dónde se cultiva la caña de azúcar?

Proyecto: Diseña un campo de caña de azúcar

PROYECTO 16B

¿Qué hace un diseñador de interiores?

Proyecto: Reúne datos sobre objetos comunes

¿Qué construye realmente un constructor?

Proyecto: Crea un juego de perímetros

¿Por qué es útil tener una reserva en un restaurante?

Proyecto: Crea un cartel para el diagrama de las mesas de un restaurante

Nombre _____

Resuélvelo y coméntalo

Troy hizo un dibujo de su jardín. Cada cuadrado de la siguiente cuadrícula tiene una longitud de lado de 1 pie. Halla la distancia que hay alrededor del jardín de Troy. Luego, dibuja en el papel cuadriculado un jardín que tenga diferente forma pero cuya distancia alrededor sea la misma que la del jardín de Troy.

Puedo...
hallar el perímetro de diferentes polígonos.

También puedo hacer mi trabajo con precisión.

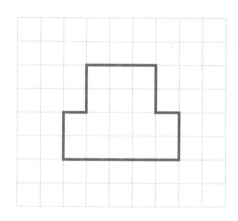

Hazlo con precisión cuando halles la distancia total. Conoces la longitud de cada lado del jardín.

¡Vuelve atrás! Usa palabras, números y símbolos para explicar cómo hallaste la distancia alrededor del jardín de Troy.

Pregunta esencial ¿Cómo se puede hallar el perímetro?

A

Gustavo quiere hacer un parque para perros y rodearlo de una valla. Él hace dos diseños. ¿Cuál es el perímetro del parque en cada diseño? ¿Qué diseño debería usar Gustavo?

escala: ⊢─┤ = 1 pie

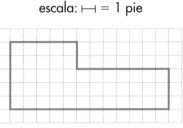

La distancia alrededor de una figura es su perímetro.

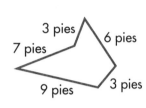

3 pies
6 pies
7 pies
9 pies
3 pies

El perímetro del parque debe tener al menos 30 pies.

B **Una manera**

Puedes hallar el perímetro contando los segmentos de unidades.

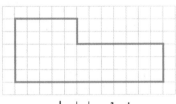

escala: ⊢─┤ = 1 pie

El perímetro es 34 pies.

34 > 30. Gustavo puede usar este diseño.

C **Otra manera**

Suma las longitudes de los lados para hallar el perímetro.

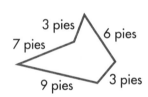

3 pies
6 pies
7 pies
9 pies
3 pies

$3 + 9 + 7 + 3 + 6 = 28$

El perímetro es 28 pies.

28 < 30. Gustavo no puede usar este diseño.

¡Convénceme! **Representar con modelos matemáticos** Haz un diseño diferente del parque para perros que podría usar Gustavo. Halla el perímetro de tu diseño.

Nombre _____

 Práctica guiada

¿Lo entiendes?

1. ¿Cuál es el perímetro del jardín que se muestra en el diagrama?

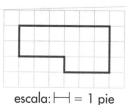

escala: ⊢—⊣ = 1 pie

2. En el Ejercicio **1**, ¿cómo sabes qué unidad debes usar para el perímetro?

¿Cómo hacerlo?

Para **3** y **4**, halla el perímetro.

3.

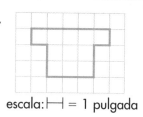

escala: ⊢—⊣ = 1 pulgada

4.

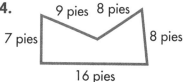

9 pies 8 pies
7 pies   8 pies
16 pies

 Práctica independiente

Práctica al nivel Para **5** a **7**, halla el perímetro de cada polígono.

5.

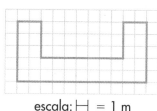

escala: ⊢—⊣ = 1 m

6.

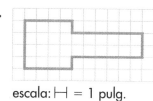

escala: ⊢—⊣ = 1 pulg.

7.

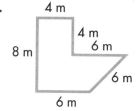

4 m
4 m
8 m   6 m
6 m
6 m

8. Dibuja una figura con un perímetro de 20 unidades en la cuadrícula.

Puedes dibujar muchas figuras diferentes que tengan el mismo perímetro.

Resolución de problemas

9. Niko hace collares de cuentas de tres tamaños diferentes. ¿Cuántas cuentas más que las que se necesitan para hacer 1 collar largo se necesitan para hacer dos collares medianos? Escribe ecuaciones para resolver el problema.

Tamaño del collar	Cantidad de cuentas
Pequeño	68
Mediano	129
Largo	212

10. Javi pega esta calcomanía en su libreta. ¿Cuál es el perímetro de la calcomanía?

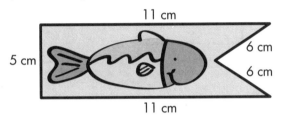

11 cm
5 cm
6 cm
6 cm
11 cm

11. Razonar ¿Cuál es el perímetro de la siguiente figura?

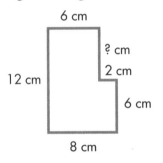

6 cm
? cm
2 cm
12 cm
6 cm
8 cm

12. Sentido numérico Yuli necesita 425 cubos. Hay 275 en una bolsa grande. Hay 175 cubos en una bolsa pequeña. ¿Serían suficientes los cubos de una bolsa grande y una bolsa pequeña? Explícalo.

13. Razonamiento de orden superior El perímetro de este trapecio es 40 pulgadas. ¿Cuál es la longitud del lado que falta?

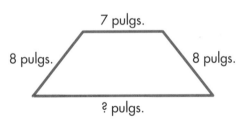

7 pulgs.
8 pulgs.
8 pulgs.
? pulgs.

Práctica para la evaluación

14. El señor Korda necesita hallar el perímetro del patio que se muestra a la derecha. ¿Cuál es el perímetro del patio?

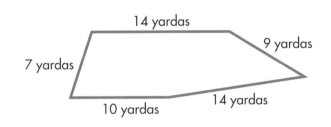

14 yardas
9 yardas
7 yardas
10 yardas
14 yardas

Ⓐ   48 yardas

Ⓑ   50 yardas

Ⓒ   52 yardas

Ⓓ   54 yardas

Nombre _____

Resuélvelo y coméntalo

¿Cuál es el perímetro del rectángulo? Muestra dos maneras de hallar el perímetro que no sean midiéndolo.

Puedo...
hallar el perímetro de polígonos con figuras comunes.

También puedo buscar patrones para resolver problemas.

Puedes usar la estructura. ¿De qué manera lo que sabes sobre los atributos de las figuras comunes puede ayudarte a hallar el perímetro?

5 pulgs.

3 pulgs.

¡Vuelve atrás! ¿Cómo puedes usar la suma y la multiplicación para hallar el perímetro?

Pregunta esencial

¿Cómo se puede hallar el perímetro de figuras comunes?

A

El señor Gómez necesita hallar el perímetro de dos diseños de piscinas. Una de las piscinas tiene forma de rectángulo. La otra tiene forma de cuadrado. ¿Cuál es el perímetro de cada piscina?

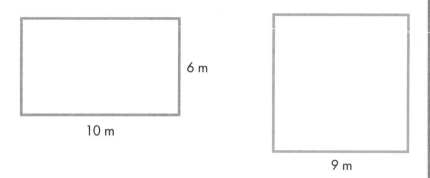

6 m

10 m

9 m

B Halla el perímetro de la piscina que tiene forma rectangular.

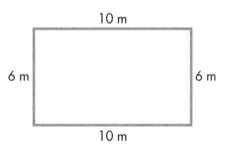

10 m

6 m　　6 m

10 m

$10 + 6 + 10 + 6 = 32$ o
$(10 \times 2) + (6 \times 2) = 32$
El perímetro de esta piscina es 32 metros.

Recuerda: los lados opuestos de un rectángulo tienen la misma longitud.

C Halla el perímetro de la piscina que tiene forma cuadrada.

Recuerda: todos los lados de un cuadrado tienen la misma longitud.

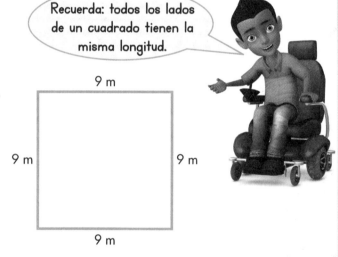

9 m

9 m　　9 m

9 m

$9 + 9 + 9 + 9 = 36$ o $4 \times 9 = 36$
El perímetro de esta piscina es 36 metros.

¡Convénceme! **Entender y perseverar** Diana dibujó el paralelogramo de la derecha. Escribe ecuaciones para demostrar cómo hallar el perímetro.

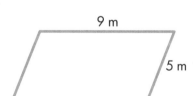

9 m

5 m

Otro ejemplo

Un **triángulo equilátero** tiene 3 lados de la misma longitud.

$4 + 4 + 4 = 12$ o $3 \times 4 = 12$.

Por tanto, el perímetro de este triángulo equilátero es 12 pulgadas.

4 pulgs.   4 pulgs.

4 pulgs.

☆Práctica guiada

¿Lo entiendes?

1. ¿Cómo puedes usar la multiplicación y la suma para hallar el perímetro de un rectángulo que tiene 6 pies de longitud y 4 pies de ancho?

2. Explica cómo puedes hallar el perímetro de un cuadrado que tiene una longitud de lado de 7 cm.

¿Cómo hacerlo?

Para **3** y **8**, halla el perímetro.

3. Rectángulo

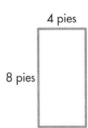

4 pies

8 pies

4. Cuadrado

5 cm

☆Práctica independiente☆

Para **5** a **7**, halla el perímetro de cada polígono.

5. Cuadrado

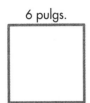

6 pulgs.

6. Rectángulo

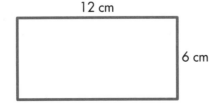

12 cm

6 cm

7. Triángulo equilátero

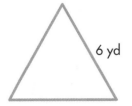

6 yd

Resolución de problemas

Para **8** y **9**, usa la imagen de la derecha.

8. La base de la casa de cristal de la derecha es un rectángulo. ¿Cuál es el perímetro de la base de la casa?

La base de la casa de cristal mide 56 pies de largo y 32 pies de ancho.

9. El dueño de la casa decide construirle una extensión. La nueva base tiene 112 pies de largo y 64 pies de ancho. ¿Cuál es el nuevo perímetro?

---

10. Identifica la cantidad de lados y vértices del siguiente hexágono.

11. Evaluar el razonamiento Marcos dice que puede hallar el perímetro del salón cuadrado del zoológico multiplicando la longitud de uno de los lados por 4. ¿Tiene razón? Explica por qué.

---

12. Razonamiento de orden superior Dani dibujó el trapecio de la derecha. La parte superior mide 3 pulgadas de largo. La longitud de la parte inferior es el doble de la superior. La longitud de cada uno de sus lados es de 5 pulgadas. ¿Cómo puedes hallar el perímetro del trapecio? Rotula las longitudes de los lados.

☑ Práctica para la evaluación

13. Micaela dibuja un rectángulo con lados de 4 y 8 pies de longitud. ¿Cuál es el perímetro, en pies, del rectángulo de Micaela?

   Ⓐ   12 pies

   Ⓑ   16 pies

   Ⓒ   20 pies

   Ⓓ   24 pies

14. Emma dibuja un triángulo equilátero con lados de 5 pulgadas de longitud cada uno. ¿Cuál es el perímetro, en pulgadas, del triángulo de Emma?

   Ⓐ   5 pulgadas

   Ⓑ   10 pulgadas

   Ⓒ   15 pulgadas

   Ⓓ   20 pulgadas

Nombre _____

 Resuélvelo y coméntalo

Julio tiene 16 pies de madera para hacer un arenero de 4 lados. Julio hace los lados de 6 pies, 5 pies y 3 pies. ¿Qué longitud debe tener el cuarto lado para que Julio pueda usar los 16 pies de madera?

Puedo...
hallar la longitud desconocida de un polígono usando un perímetro conocido.

También puedo razonar sobre las matemáticas.

Usa el razonamiento para mostrar cómo se relacionan el perímetro y las longitudes de los lados.

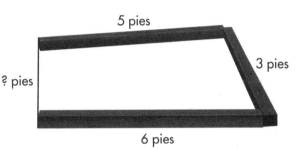

5 pies

3 pies

? pies

6 pies

¡Vuelve atrás! Describe el plan que usaste para resolver el problema.

Pregunta esencial

¿Cómo se puede hallar la longitud de lado desconocida de un perímetro?

A

Lilia hace decoraciones con pajillas y tela y les coloca encaje alrededor. ¿De qué longitud debe ser la cuarta pajilla para que pueda usar todo el encaje?

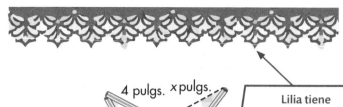

4 pulgs. x pulgs.

6 pulgs.   8 pulgs.

Lilia tiene 22 pulgadas de encaje.

Lilia necesita hallar la longitud que le dé un perímetro de 22 pulgadas a la figura.

B   Dibuja un diagrama de barras y escribe una ecuación.

Sea x = a la longitud del lado que falta.

El perímetro de la figura es 22 pulgadas.

22			
8	6	4	x

$8 + 6 + 4 + x = 22$

$18 + x = 22$

C   Resuelve.

$18 + x = 22$

Piensa: ¿Qué número más 18 es igual a 22?

$18 + 4 = 22$, por tanto, $x = 4$.

Por tanto, el cuarto lado debe tener 4 pulgadas de largo.

También puedes usar la resta para hallar $22 - 18 = 4$.

¡Convénceme! **Buscar relaciones** Si Lilia tuviese 25 pulgadas de encaje, ¿cómo cambiaría la longitud de la cuarta pajilla? Explica cómo resolver.

Nombre _____

☆Práctica guiada

¿Lo entiendes?

1. En el problema de la página anterior, ¿por qué es $x + 8 + 6 + 4$ igual al perímetro, 22 pulgadas?

2. Escribe una ecuación que puedas usar para hallar la longitud del lado que falta en este triángulo que tiene un perímetro de 23 cm. Luego, resuelve.

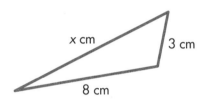

x cm   3 cm
8 cm

¿Cómo hacerlo?

Para **3** y **4**, halla la longitud del lado que falta en cada polígono para que tenga el perímetro que se da.

3. perímetro = 30 cm

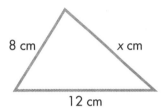

8 cm   x cm
12 cm

4. perímetro = 25 pies

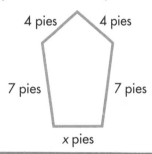

4 pies   4 pies
7 pies   7 pies
x pies

☆Práctica independiente

Para **5** a **10**, halla la longitud del lado que falta en cada polígono para que tenga el perímetro que se da.

5. perímetro = 24 pulgs.

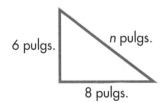

6 pulgs.   n pulgs.
8 pulgs.

6. perímetro = 30 m

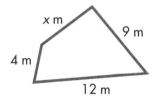

x m
9 m
4 m
12 m

7. perímetro = 37 yd

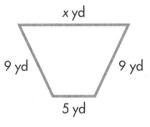

x yd
9 yd   9 yd
5 yd

8. perímetro = 37 cm

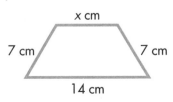

x cm
7 cm   7 cm
14 cm

9. perímetro = 18 pies

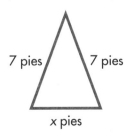

7 pies   7 pies
x pies

10. perímetro = 32 pulgs.

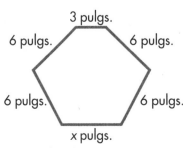

3 pulgs.
6 pulgs.   6 pulgs.
6 pulgs.   6 pulgs.
x pulgs.

Tema 16 | Lección 16-3   **623**

Resolución de problemas

11. Cada una de estas figuras planas tiene lados iguales que son números enteros. Una de las figuras tiene un perímetro de 25 pulgadas. ¿Cuál de ellas puede ser? Explícalo.

---

12. **enVision®** STEM Leticia regó un jardín con 40 litros de agua cada día. Regó otro jardín con 80 litros de agua cada día. ¿Cuánta agua más recibió el segundo jardín en una semana?

13. **Entender y perseverar** Manuel tiene 18 pies de madera para hacer el marco de una ventana rectangular. Él quiere que la ventana tenga 3 pies de ancho. ¿Cuál debería ser la longitud? Muestra cómo sabes que tu respuesta es correcta.

---

14. El piso del cuarto de Novak se muestra a continuación. Tiene un perímetro de 52 pies. Escribe una ecuación para hallar la longitud del lado que falta.

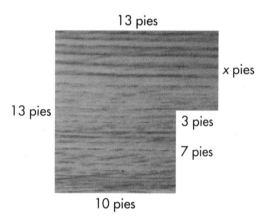

13 pies

x pies

13 pies

3 pies

7 pies

10 pies

15. **Razonamiento de orden superior** La tabla muestra las longitudes de las varillas que Sonia necesita para enmarcar una foto. Ella quiere que el marco tenga 5 lados y un perímetro de 40 pulgadas. Dibuja y rotula un diagrama de un posible marco que Sonia pueda hacer.

DATOS	Longitud de las varillas	Cantidad de piezas
	6 pulgs.	2
	8 pulgs.	2
	10 pulgs.	2

☑ Práctica para la evaluación

16. Marcos dibuja el cuadrilátero de la derecha con un perímetro de 28 cm. Escoge números del recuadro para escribir y resolver una ecuación para hallar la longitud de lado que falta.

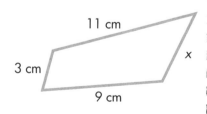

11 cm

x

3 cm

9 cm

0	1	2	3	4	5	6	7	8	9

$x +$ ☐☐ $+$ ☐ $+$ ☐ $=$ ☐☐

$x =$ ☐ centímetros

Nombre _____

Resuélvelo y coméntalo

Dibuja 2 rectángulos diferentes con un perímetro de 10 unidades. Halla el área de cada rectángulo. Compara las áreas.

Puedo...
entender la relación de las figuras que tienen el mismo perímetro y diferentes áreas.

También puedo hacer mi trabajo con precisión.

Hazlo con precisión cuando dibujes y halles el perímetro y el área. Piensa en cómo se miden y anotan el perímetro y el área.

¡Vuelve atrás! Explica por qué los rectángulos tienen áreas diferentes.

Pregunta esencial ¿Pueden los rectángulos tener áreas diferentes y el mismo perímetro?

A

Beth, Nancy y Marcia construyen corrales rectangulares para sus conejos. Cada corral tiene un perímetro de 12 pies. ¿Cuál de los corrales tiene mayor área?

Hacer dibujos te ayuda a ver en qué se parecen y se diferencian los rectángulos.

1 pie
5 pies

2 pies
4 pies

3 pies
3 pies

B | **El plan de Beth**

Halla el perímetro:
$P = 5 + 1 + 5 + 1 = 12$ pies

Para hallar el área, multiplica la cantidad de filas por la cantidad de unidades cuadradas en cada fila.

$A = 1 \times 5 = 5$ pies cuadrados

El corral de Beth tiene un área de 5 pies cuadrados.

C | **El plan de Nancy**

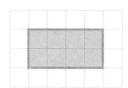

Halla el perímetro:
$P = 4 + 2 + 4 + 2 = 12$ pies

Halla el área:
$A = 2 \times 4 = 8$ pies cuadrados

El corral de Nancy tiene un área de 8 pies cuadrados.

D | **El plan de Marcia**

Halla el perímetro:
$P = 3 + 3 + 3 + 3 = 12$ pies

Halla el área:
$A = 3 \times 3 = 9$ pies cuadrados

El corral de Marcia tiene un área de 9 pies cuadrados.

El corral de Marcia tiene la mayor área.

¡Convénceme! **Generalizar** Halla posibles corrales rectangulares con un perímetro de 14 pies. ¿Tienen todos la misma área? ¿Qué generalización puedes hacer a partir de esta información?

Nombre _____

☆ Práctica guiada

¿Lo entiendes?

1. En el problema de la página anterior, ¿qué notas acerca del área de los rectángulos a medida que la forma se va pareciendo más a un cuadrado?

2. Andrés está construyendo un corral para conejos con 25 pies de valla. ¿Cuáles son las dimensiones del rectángulo que debe construir para tener la mayor área?

¿Cómo hacerlo?

Para **3** a **6**, usa papel cuadriculado para dibujar dos rectángulos diferentes con el perímetro dado. Escribe las dimensiones y el área de cada rectángulo. Encierra en un círculo el que tenga la mayor área.

3. 16 pies

4. 20 centímetros

5. 24 pulgadas

6. 40 metros

☆ Práctica independiente

Para **7** a **10**, usa papel cuadriculado para dibujar dos rectángulos diferentes con el perímetro dado. Escribe las dimensiones y el área de cada rectángulo. Encierra en un círculo el que tenga la mayor área.

7. 10 pulgadas

8. 22 centímetros

9. 26 yardas

10. 32 pies

Práctica al nivel Para **11** a **14**, escribe las dimensiones de un rectángulo diferente que tenga el mismo perímetro que el que se muestra. Luego, di qué rectángulo tiene la mayor área.

11.

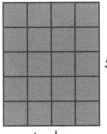

5 pulgs.

4 pulgs.

12.

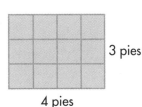

3 pies

4 pies

13.

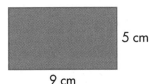

5 cm

9 cm

14.

3 m

5 m

Resolución de problemas

15. Generalizar Tere está preparando la tierra para sembrar un jardín de rosas en su patio. El jardín tendrá forma de cuadrado con una longitud de lado de 7 metros. ¿Cuál será el área del jardín?

16. Karen dibujó un rectángulo con un perímetro de 20 pulgadas. El lado más corto mide 3 pulgadas. Karen dijo que el lado más largo del rectángulo tiene que ser de 7 pulgadas. ¿Tiene razón?

17. Razonamiento de orden superior Los rectángulos X y Y tienen el mismo perímetro. ¿Cómo puedes decir cuál de los rectángulos tiene mayor área sin medir o multiplicar?

18. Álgebra Marcos hizo la misma cantidad de tiros libres en 4 juegos de básquetbol. Cada tiro libre vale 1 punto. Si hizo un total de 24 tiros libres, ¿cuántos tiros libres hizo en cada juego? ¿Cuántos puntos hizo en cada juego?

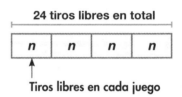

24 tiros libres en total

n	n	n	n

Tiros libres en cada juego

✓ Práctica para la evaluación

19. Betina dibuja dos rectángulos. Selecciona todos los enunciados verdaderos acerca de los rectángulos de Betina

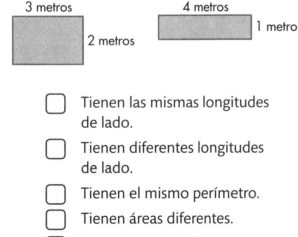

3 metros
2 metros

4 metros
1 metro

- ☐ Tienen las mismas longitudes de lado.
- ☐ Tienen diferentes longitudes de lado.
- ☐ Tienen el mismo perímetro.
- ☐ Tienen áreas diferentes.
- ☐ Tienen áreas iguales.

20. Selecciona todas las ecuaciones que se pueden usar para hallar el área del rectángulo.

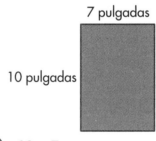

7 pulgadas

10 pulgadas

- ☐ $10 \times 7 = a$
- ☐ $(5 \times 7) + (5 \times 7) = a$
- ☐ $a = 10 \times 7$
- ☐ $7 \times 7 = a$
- ☐ $10 \times 10 = a$

Nombre _____

Resuélvelo y coméntalo

Jessica tiene 12 fichas cuadradas que quiere usar para formar rectángulos. Halla 3 rectángulos diferentes que puede hacer usando las 12 fichas en cada uno. Incluye el área y el perímetro de cada rectángulo. Luego, compara las áreas y los perímetros.

Puedo...
entender la relación de las figuras que tienen la misma área y perímetros diferentes.

También puedo escoger y usar una herramienta matemática para ayudarme a resolver problemas.

Puedes seleccionar las herramientas apropiadas, como papel cuadriculado o cuadrados de papel recortados, y usarlas como ayuda para resolver el problema.

¡Vuelve atrás! ¿Cómo afecta al perímetro la forma de cada rectángulo?

Pregunta esencial

¿Pueden los rectángulos tener la misma área y diferentes perímetros?

A

En un videojuego, tienes 16 fichas de castillo para hacer un castillo rectangular y 16 fichas de agua para hacer un foso. ¿Cómo podrías rodear todo el castillo de agua?

16 fichas de castillo

Haz rectángulos que tengan un área de 16 unidades cuadradas. Halla el perímetro de cada rectángulo.

16 fichas de agua

Las fichas para el castillo representan el área y las fichas para el agua representan el perímetro.

B

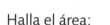

Halla el área:
$A = 1 \times 16$
   $= 16$ unidades cuadradas

Halla el perímetro:
$P = (2 \times 16) + (2 \times 1)$
   $= 32 + 2$
   $= 34$ unidades

C

Halla el área:
$A = 2 \times 8$
   $= 16$ unidades cuadradas

Halla el perímetro:
$P = (2 \times 8) + (2 \times 2)$
   $= 16 + 4$
   $= 20$ unidades

D

Halla el área:
$A = 4 \times 4$
   $= 16$ unidades cuadradas

Halla el perímetro:
$P = (2 \times 4) + (2 \times 4)$
   $= 8 + 8$
   $= 16$ unidades

Solo el castillo de 4×4 puede rodearse con las 16 fichas para el agua.

¡Convénceme! **Evaluar el razonamiento** Isabel dice que si se aumenta la cantidad de fichas de castillo a 25, es posible usar exactamente 25 fichas de agua para rodear el castillo. ¿Estás de acuerdo? Explica por qué.

Nombre _____

⭐Práctica guiada

¿Lo entiendes?

1. En el ejemplo de la página anterior, ¿qué observas acerca del perímetro de los rectángulos a medida que la figura se parece más a un cuadrado?

2. En la Ronda 2 del videojuego de rompecabezas, tienes 24 fichas de castillo. ¿Cuál es la cantidad menor de fichas de agua que necesitarías para rodear tu castillo?

¿Cómo hacerlo?

Para **3** a **6**, usa papel cuadriculado para dibujar dos rectángulos diferentes con el área que se da. Indica las dimensiones y el perímetro de cada rectángulo y di cuál tiene el menor perímetro.

3. 6 pies cuadrados

4. 36 yardas cuadradas

5. 64 metros cuadrados

6. 80 pulgadas cuadradas

⭐Práctica independiente

Para **7** a **10**, usa papel cuadriculado para dibujar dos rectángulos diferentes con el área que se da. Indica las dimensiones y el perímetro de cada rectángulo. Encierra en un círculo el que tenga el menor perímetro.

7. 9 pulgadas cuadradas

8. 18 pies cuadrados

9. 30 metros cuadrados

10. 32 centímetros cuadrados

Práctica al nivel Para **11** a **14**, escribe las dimensiones de un rectángulo diferente que tenga la misma área del que se muestra. Luego, di qué rectángulo tiene el menor perímetro.

11.
6 m
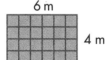
4 m

12.
3 yd

4 yd

13.
5 pies
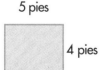
4 pies

14.
8 cm
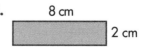
2 cm

Resolución de problemas

15. Susi compró 2 suéteres por $18 cada uno y unos mitones por $11. ¿Aproximadamente cuánto dinero gastó? ¿Aproximadamente cuánto recibió de cambio si pagó con 3 billetes de veinte dólares?

16. Razonar El perímetro de un rectángulo es 12 pies. El perímetro de otro rectángulo es 18 pies. Ambos rectángulos tienen la misma área. Halla el área y las dimensiones de cada rectángulo.

17. Razonamiento de orden superior La escuela Park y la escuela Norte cubren la misma área. En las clases de educación física, cada estudiante corre una vuelta alrededor de la escuela. ¿En cuál de las escuelas los estudiantes tienen que correr más? ¿Cómo lo sabes?

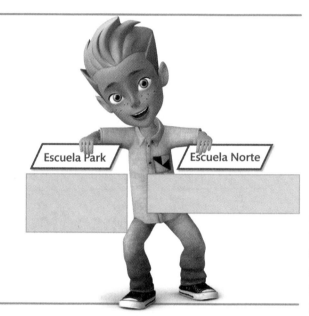

Escuela Park   Escuela Norte

18. La señora Falcón usa 64 cuadrados de alfombra para hacer un área de lectura en su clase. Cada cuadrado mide 1 pie por 1 pie. Ella quiere ordenar los 64 cuadrados de forma rectangular y con el menor perímetro posible. ¿Qué dimensiones debe usar para hacer el área de lectura?

19. Bety está poniendo césped nuevo. Ella tiene 20 yardas cuadradas de césped. Indica las dimensiones de dos regiones rectangulares que puede cubrir con césped. ¿Cuál es el perímetro de cada región?

✓ Práctica para la evaluación

20. Lara dibujó dos rectángulos. ¿Cuál de los enunciados sobre los rectángulos de Lara es verdadero?

ⓐ Tienen las mismas dimensiones.

ⓑ Tienen la misma forma.

ⓒ Tienen el mismo perímetro.

ⓓ Tienen la misma área.

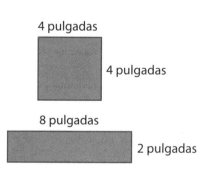

4 pulgadas

4 pulgadas

8 pulgadas

2 pulgadas

Resuélvelo y coméntalo

Supón que quieres cortar un trozo de correa para enrollarla alrededor de tu libro de matemáticas. Mide el ancho y la altura de tu libro y, luego, usa esas dimensiones para hallar una longitud posible para la correa. Asegúrate de incluir correa adicional para poner la hebilla. Usa el razonamiento para decidirlo.

Puedo...
entender la relación entre los números para simplificar y resolver problemas relativos al perímetro.

También puedo resolver problemas sobre el perímetro.

Hábitos de razonamiento

¡Razona correctamente!
Estas preguntas te pueden ayudar.

- ¿Qué significan los números y los símbolos del problema?

- ¿Cómo están relacionados los números o las cantidades?

- ¿Cómo puedo representar un problema verbal usando dibujos, números o ecuaciones?

¡Vuelve atrás! **Razonar** Explica cómo puedes resolver el problema usando una unidad diferente. ¿Tienes que cambiar la longitud que hallaste?

Pregunta esencial ¿Cómo puedes usar el razonamiento para resolver problemas?

A

Ana está colocando 3 de estas mesas extremo con extremo en una fila larga para una fiesta. Cada persona de la mesa necesita un espacio de 2 pies de ancho.

¿Cómo puede Ana averiguar cuántas personas se pueden sentar a la mesa? Usa el razonamiento para decidirlo.

Puedes hacer un dibujo para ayudarte con tu razonamiento.

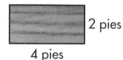
2 pies
4 pies

¿Qué debo hacer para resolver el problema?

Necesito usar la información que conozco para hallar la cantidad de personas que pueden sentarse en 3 mesas.

B ¿Cómo puedo usar el razonamiento para resolver este problema?

Puedo

- identificar las cantidades que conozco.

- hacer un dibujo para mostrar las relaciones.

- responder usando la unidad correcta.

C

Este es mi razonamiento...

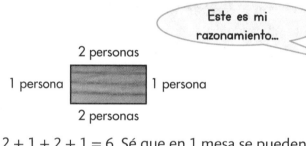
2 personas
1 persona   1 persona
2 personas

$2 + 1 + 2 + 1 = 6$. Sé que en 1 mesa se pueden sentar 6 personas.

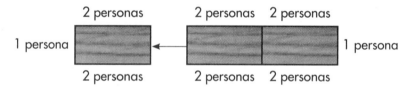
2 personas   2 personas   2 personas
1 persona   1 persona
2 personas   2 personas   2 personas

Si son 3 mesas, la cantidad de personas que se pueden sentar en las cabeceras se mantiene igual. Hay 4 personas más en cada lado. $6 + 1 + 6 + 1 = 14$. Sé que en 3 mesas se pueden sentar 14 personas.

¡Convénceme! **Razonar** Ana decide girar las mesas. Ahora las mesas están unidas por los lados más largos. ¿Cómo cambia esto la cantidad de personas que se pueden sentar? Puedes usar un dibujo como ayuda.

Nombre _____

Práctica guiada

Razonar

Corina tiene 3 mesas triangulares con lados de la misma longitud. Ella quiere saber cuántas personas se pueden sentar si coloca las mesas una al lado de la otra en una fila. Cada persona necesita un espacio de 2 pies. ¿Cuántas personas se pueden sentar?

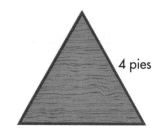

4 pies

1. Describe las cantidades que se dan.

2. Resuelve el problema y explica tu razonamiento. Puedes usar un dibujo como ayuda.

Práctica independiente

Razonar

Tito tiene 3 bloques en forma de trapecio. Él quiere hallar el perímetro de los bloques cuando los coloque lado a lado en una fila.

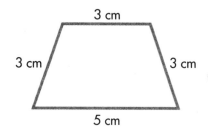

3 cm

3 cm   3 cm

5 cm

3. Describe las cantidades que se dan.

Usa el **razonamiento** pensando en cómo cambian los números en el problema.

4. Resuelve el problema y explica tu razonamiento. Puedes usar un dibujo como ayuda.

Resolución de problemas

Un pastel de boda

En la pastelería Las delicias se hacen pasteles de bodas de varias formas. María compra cintas para decorar tres cuadrados de un pastel. La cinta cuesta 50¢ el pie.

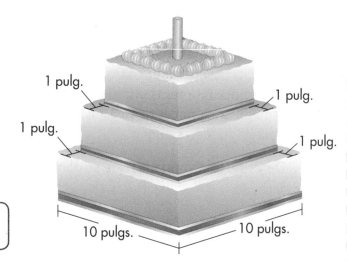

1 pulg.   1 pulg.

1 pulg.   1 pulg.

10 pulgs.   10 pulgs.

5. **Hacerlo con precisión** ¿Cuántas pulgadas de cinta necesita María para el piso inferior del pastel?

6. **Entender y perseverar** ¿Qué longitud tiene un lado del piso del medio? Explica cómo sabes que tu respuesta tiene sentido.

7. **Razonar** ¿Cuántas pulgadas de cinta necesita María para el piso del medio y el piso superior? Usa el razonamiento para decidirlo.

Hacer un diagrama te puede ayudar con tu razonamiento al resolver un problema.

8. **Evaluar el razonamiento** María dice que si compra 100 pulgadas de cinta tendría suficiente cinta para los 3 pisos. Graciela dice que María necesita más de 100 pulgadas de cinta. ¿Quién tiene razón? Explícalo.

Emparéjalo

Trabaja con un compañero. Señala una pista y léela.

Mira la tabla de la parte de abajo de la página y busca la pareja de esa pista. Escribe la letra de la pista en la casilla que corresponde.

Halla una pareja para cada pista.

Actividad de práctica de fluidez

Puedo...
sumar y restar hasta 1,000.

También puedo construir argumentos matemáticos.

Pistas

A El número que falta es 725.

B El número que falta es 898.

C El número que falta es 580.

D El número que falta es 419.

E El número que falta es 381.

F El número que falta es 83.

G El número que falta es 750.

H El número que falta es 546.

☐	☐	☐	☐
___ $+ 219 = 969$	$529 - 148 =$ ___	$642 + 256 =$ ___	$878 -$ ___ $= 332$

☐	☐	☐	☐
$850 -$ ___ $= 125$	___ $+ 511 = 930$	$910 - 827 =$ ___	$399 + 181 =$ ___

A-Z
Glosario

Lista de palabras

- área
- cuadrado
- ecuación
- multiplicación
- perímetro
- rectángulo
- unidad cuadrada

Comprender el vocabulario

Escribe V si es *verdadero* o F si es *falso*.

1. _____ Para hallar el *área* de un *cuadrado*, puedes multiplicar la longitud de un lado por 4.

2. _____ El *perímetro* se mide en *unidades cuadradas*.

3. _____ Puedes usar una resta o una *ecuación de multiplicación* para hallar el *área* de un *rectángulo*.

4. _____ Un *rectángulo* con un ancho de 6 pulgadas y una longitud de 8 pulgadas tiene un *perímetro* de 28 pulgadas.

5. _____ Un *cuadrado* con una longitud de lado de 5 metros tiene un *área* de 20 metros cuadrados.

Para **6** a **8**, di si cada ecuación muestra una manera de hallar el *área* o el *perímetro* de la figura.

6.
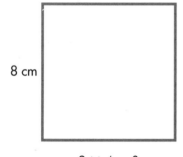
8 cm

$8 \times 4 = ?$
_____

7.
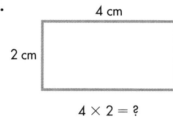
4 cm
2 cm

$4 \times 2 = ?$
_____

8.
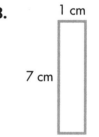
1 cm
7 cm

$7 + 7 + 1 + 1 = ?$
_____

Usar el vocabulario al escribir

9. Compara el perímetro y el área de cada figura. Usa al menos 2 términos de la Lista de palabras en tu respuesta.

Figura A

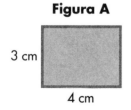
3 cm

4 cm

Figura B

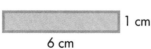
1 cm

6 cm

Nombre _____

Grupo A páginas 613 a 620 _____

Puedes hallar el perímetro si cuentas los segmentos de unidades.

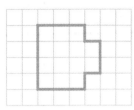

⊢—⊣ = 1 cm

El perímetro de esta figura es 16 centímetros.

Puedes hallar el perímetro de una figura si sumas las longitudes de sus lados.

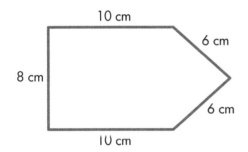

$10 + 10 + 8 + 6 + 6 = 40$

El perímetro de esta figura es 40 centímetros.

Recuerda que la distancia alrededor de una figura es su perímetro.

Para **1** a **3**, halla el perímetro de cada figura.

1.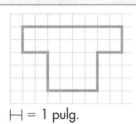

⊢—⊣ = 1 pulg.

2.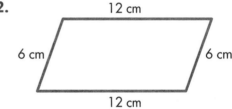

3.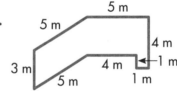

Grupo B páginas 621 a 624 _____

Si conoces el perímetro, puedes hallar la longitud del lado que falta. ¿Cuál es la longitud del lado que falta en este polígono?

perímetro = 21 yd

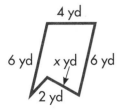

$x + 2 + 6 + 4 + 6 = 21$

$x + 18 = 21$

$3 + 18 = 21$; por tanto, $x = 3$

El lado que falta mide 3 yd de longitud.

Recuerda que para hallar la longitud del lado que falta, necesitas hallar la suma de los lados que conoces.

Halla la longitud del lado que falta.

1. perímetro = 35 cm

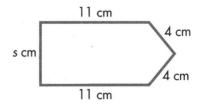

Halla el perímetro y el área de los rectángulos.

8 pies

3 pies

$P = (2 \times 3) + (2 \times 8)$ $A = 8 \times 3$
$\quad = 22$ pies $\qquad = 24$ pies
$\qquad\qquad\qquad\qquad$ cuadrados

7 pies

4 pies

$P = (2 \times 4) + (2 \times 7)$ $A = 7 \times 4$
$\quad = 22$ pies $\qquad = 28$ pies
$\qquad\qquad\qquad\qquad$ cuadrados

Los rectángulos tienen el mismo perímetro.
Los rectángulos tienen áreas diferentes.

Recuerda que dos rectángulos pueden tener el mismo perímetro y diferentes áreas, o la misma área y perímetros diferentes.

Dibuja dos rectángulos diferentes que tengan el perímetro que se da. Halla el área de cada rectángulo.

1. $P = 24$ pies

Dibuja dos rectángulos diferentes que tengan el área que se da. Halla el perímetro de cada rectángulo.

2. $A = 64$ pulgadas cuadradas

Piensa en estas preguntas como ayuda para **razonar de manera abstracta y cuantitativa**.

Hábitos de razonamiento

- ¿Qué significan los números y los símbolos del problema?

- ¿Cómo están relacionados los números o las cantidades?

- ¿Cómo puedo representar un problema verbal usando dibujos, números o ecuaciones?

Recuerda que debes pensar en cómo se relacionan las cantidades en el problema. Puedes usar un dibujo para mostrar las relaciones.

Julián tiene 5 bloques de triángulos con lados de la misma longitud. ¿Cuál es el perímetro de los bloques si Julián los coloca juntos uno al lado del otro?

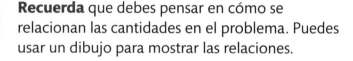

2 pulgs.

1. Describe las cantidades que se dan.

2. Resuelve el problema y explica tu razonamiento. Puedes usar un dibujo como ayuda.

Nombre _____

1. Tori está haciendo una mesa cuadrada. Cada lado tiene 6 pies de longitud. ¿Es el perímetro de la mesa igual que el área? Explícalo.

2. El diseño que hizo Roberto con sus fichas se muestra a continuación.

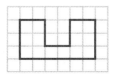

Dibuja otro diseño de fichas que tenga la misma área pero un perímetro diferente que el de Roberto.

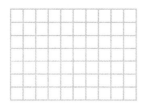

3. Delia dibujó un rectángulo con un perímetro de 34 centímetros. Ella rotuló uno de los lados de 7 centímetros, pero se olvidó de rotular el otro lado. Escribe en el recuadro la longitud del lado que falta.

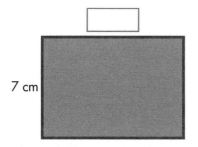

7 cm

4. La señora Gil tiene 24 cuadrados de alfombra. ¿Cómo los puede ordenar para obtener el menor perímetro?

Ⓐ En un rectángulo de 12 por 2

Ⓑ En un rectángulo de 1 por 24

Ⓒ En un rectángulo de 8 por 3

Ⓓ En un rectángulo de 4 por 6

5. El diseño del jardín de Alberto se muestra a continuación.

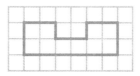

¿Cuál de las siguientes figuras tiene un área diferente pero el mismo perímetro que el diseño del jardín de Alberto?

Ⓐ

Ⓑ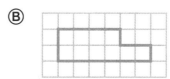

Ⓒ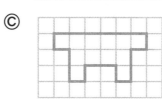

Ⓓ

6. El perímetro del signo es 24 pies. ¿Cuál es la longitud del lado que falta?

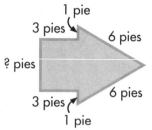

1 pie
3 pies
6 pies
? pies
3 pies
6 pies
1 pie

Ⓐ 4 pies   Ⓒ 6 pies

Ⓑ 5 pies   Ⓓ 7 pies

---

7. La señora Kent mide el perímetro de una figura común. Uno de los lados mide 7 cm y el perímetro es 21 cm. Si todos los lados tienen la misma longitud, ¿qué figura midió la señora Kent? Explícalo.

---

8. Kyle dibujó dos figuras. Escoge todos los enunciados que sean verdaderos para estas figuras.

2 cm

4 cm   8 cm

☐ Las figuras tienen diferentes perímetros.

☐ Las figuras tienen el mismo perímetro.

☐ Las figuras tienen diferentes áreas.

☐ Las figuras tienen la misma área.

☐ El cuadrado tiene mayor área que el rectángulo.

9. El jardín con forma de trapecio de Mandy tiene un perímetro de 42 pies. Ella conoce las longitudes de 3 de los lados: 8 pies, 8 pies y 16 pies. ¿Cuál es la longitud del cuarto lado?

---

10. El corral para perros de Pepa se muestra a continuación.

6 m

4 m

A. Halla el perímetro y el área del corral para perros.

B. ¿Puede un cuadrado con longitudes de lado que sean números enteros tener el mismo perímetro que el corral para perros? ¿Puede tener la misma área? Explícalo.

---

11. Un marco cuadrado de una pintura tiene una longitud de lado de 24 pulgadas. ¿Cuál es el perímetro? Halla las dimensiones de un rectángulo cuyo perímetro sea menor.

Nombre _____

Planeando el nuevo parque

La señora Martínez planea construir un nuevo parque. Tres posibles diseños se muestran a continuación. Se construirá un sendero a lo largo de cada lado del parque.

Diseño A

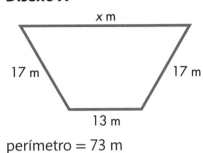

perímetro = 73 m

Diseño B

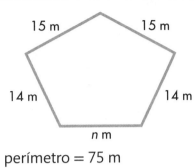

perímetro = 75 m

Diseño C

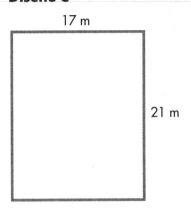

Para **1** a **3**, usa las figuras del **diseño A**, el **diseño B** y el **diseño C**.

1. En el diseño A, ¿cuán largo debería ser el sendero para la longitud de lado que falta?

2. En el diseño B, ¿cuán largo debería ser el sendero para la longitud de lado que falta?

3. La señora Martínez selecciona el diseño que tiene el mayor perímetro.

    Parte A
    ¿Cuál es el perímetro del diseño C? Explícalo.

    Parte B
    ¿Qué diseño escogió la señora Martínez?

Para **4**, usa la figura **Diseño de arenero**.

Diseño del arenero

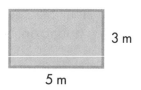

3 m

5 m

4. El parque tendrá un arenero.
   Uno de los diseños se muestra a la derecha.

   Parte A

   Halla el área y el perímetro del diseño del arenero.

   Parte B

   En la cuadrícula, dibuja un diseño diferente de arenero rectangular que tenga el mismo perímetro pero un área diferente. Encierra en un círculo la figura que tenga la mayor área.

Para **5**, usa la figura **Estanque sur**.

Estanque sur

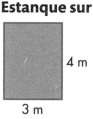

4 m

3 m

5. Habrá 2 estanques en el parque.
   Cada estanque tendrá forma rectangular.

   Parte A

   Halla el área y el perímetro del estanque sur.

   Parte B

   El estanque norte tiene la misma área pero un perímetro diferente. Dibuja una figura para representar el estanque norte. Encierra en un círculo la figura con mayor perímetro.

Estanque norte

6. El parque tendrá un cartel cuadrado.
   Uno de los lados del cartel será de 2 metros de longitud.
   Explica dos maneras de hallar el perímetro del cartel.

enVision® Matemáticas

Fotografías

Every effort has been made to secure permission and provide appropriate credit for photographic material. The publisher deeply regrets any omission and pledges to correct errors called to its attention in subsequent editions.

Unless otherwise acknowledged, all photographs are the property of Savvas Learning Company LLC.

Photo locators denoted as follows: Top (T), Center (C), Bottom (B), Left (L), Right (R), Background (Bkgd)

1 Gemenacom/Shutterstock; **3** (T) Pisaphotography/Shutterstock, (C) NASA images/Shutterstock, (B) Tetra Images/Alamy Stock Photo; **4** (Bkgrd) Boris Bulychev/Shutterstock, ArtCookStudio/Shutterstock **37** Jacek Chabraszewski/Fotolia; **39** (T) Harry B. Lamb/Shutterstock, (B) John Green/Cal Sport Media/Alamy Stock Photo; **40** (T) John Green/Cal Sport Media/Alamy Stock Photo, (B) Monkey Business Images/Shutterstock **73** Pk7comcastnet/Fotolia; **75** (T) Monkey Business Images/Shutterstock, (C) David M. Schrader/Shutterstock, (B) Jeff Kinsey/Shutterstock; **76** (Bkgrd) NavinTar/Shutterstock, MO_SES Premium/Shutterstock, MO_SES Premium/Shutterstock **113** Christopher Dodge /Shutterstock; **115** (T) Joe Petro/Icon Sportswire/Getty Images, (B) Olekcii Mach/Alamy Stock Photo; **116** (T) Image Source/REX/Shutterstock, (B) Stockbroker/123RF **165** Ann Worthy/Shutterstock; **167** (T) STLJB/Shutterstock, (C) Bmcent1/iStock/Getty Images, (B) Monkey Business Images/Shutterstock; **168** (Bkgrd) Ewastudio/123RF, Versus Studio/Shutterstock; **180** Ian Scott/Fotolia **205** Marques/Shutterstock; **207** (T) Stephanie Starr/Alamy Stock Photo, (B) Hero Images Inc./Alamy Stock Photo; **208** (T) Compassionate Eye Foundation/DigitalVision/Getty Images, (B) Spass/Shutterstock **249** Barbara Helgason/Fotolia; **251** (T) Africa Studio/Shutterstock, (C) Tonyz20/Shutterstock, (B) Ermolaev Alexander/Shutterstock; **252** (Bkgrd) Oleg Mayorov/Shutterstock, LightSecond/Shutterstock **285** Erni/Shutterstock; **287** (T) Richard Thornton/Shutterstock, (B) Hxdyl/Shutterstock; **288** (T) The Linke/E+/Getty Images, (B) David Grossman/Alamy Stock Photo; **308** Goodshoot/Getty Images; **310** Keren Su/Corbis/Getty Images; **320** Rabbit75_fot/Fotolia **333** Arnold John Labrentz/ShutterStock; **335** (T) Judy Kennamer/Shutterstock, (C) ESB Professional/Shutterstock, (B) Zuma Press, Inc./Alamy Stock Photo; **336** (Bkgrd) Monkey Business Images/Shutterstock, Faberr Ink/Shutterstock, **346** (L) hotshotsworldwide/Fotolia, (C) Imagebroker/Alamy, (R) Imagebroker/Alamy; **348** John Luke/Index open; **356** David R. Frazier Photolibrary, Inc/Alamy **377** Sam D'Cruz/Fotolia; **379** (T) Stephen Van Horn/Shutterstock, (B) FS11/Shutterstock; **380** (T) Shafera photo/Shutterstock, (B) Impact Photography/Shutterstock; **384** Palou/Fotolia **405** Nancy Gill/ShutterStock; **407** (T) 123RF, (C) Light field studios/123RF, (B) Hurst Photo/Shutterstock; **408** (Bkgrd) Igor Bulgarin/Shutterstock, Bartolomiej Pietrzyk/Shutterstock, Ianinas/Shutterstock **433** B.G. Smith/Shutterstock; **435** (T) Andy Deitsch/Shutterstock, (B) Liunian/Shutterstock; **436** (T) Holbox/Shutterstock, (B) Hannamariah/Shutterstock; **481** Cathy Keifer/ShutterStock **483** (T) Cheryl Ann Quigley/Shutterstock, (C) Niko Nomad/Shutterstock, (B) Mavadee/Shutterstock; **484** (Bkgrd) Photo.ua/Shutterstock, India Picture/Shutterstock **531** (T) Iassedesignen/Shutterstock, (B) Rawpixel/Shutterstock; **532** (T) 581356/Shutterstock, (B) S_oleg/Shutterstock; **547** (T) Photolibrary/Photos to go, (B) Simple Stock Shot; **548** (L) Ecopic/iStock/Getty Images, (R) Simple Stock Shot; **555** (T) Stockdisc/Punch Stock, (C) Jupiter Images, (B) Getty Images **581** Amy Myers/Shutterstock; **583** (T) Rhona Wise/Epa/REX/Shutterstock, (C) Giocalde/Shutterstock, (B) Anmbph/Shutterstock; **584** (Bkgrd) Peter Turner Photography/Shutterstock, (T) Peyker/Shutterstock, (B) Michael Leslie/Shutterstock **609** Photocreo Bednarek/Fotolia; **611** (T) Margouillat Photo/Shutterstock, (B) Ksenia Palimski/Shutterstock; **612** (T) Topten22photo/Shutterstock, (B) Hola Images/Alamy Stock Photo